本书受"江苏省高校哲学社会科学基金项目（项目编号：2011SJD630029）"和"江苏省社科应用研究精品工程课题（项目编号：15SYB-029）"资助

产业链视域中的中国农业产业发展研究

戴孝悌 著

中国社会科学出版社

图书在版编目（CIP）数据

产业链视域中的中国农业产业发展研究/戴孝悌著. —北京：
中国社会科学出版社，2015.11
ISBN 978 - 7 - 5161 - 7043 - 4

Ⅰ.①产… Ⅱ.①戴… Ⅲ.①农业产业—产业发展—研究—
中国 Ⅳ.①F323

中国版本图书馆 CIP 数据核字（2015）第 268454 号

出 版 人	赵剑英	
责任编辑	李庆红	
特约编辑	罗淑敏	
责任校对	周晓东	
责任印制	王　超	

出　　版	中国社会科学出版社	
社　　址	北京鼓楼西大街甲 158 号	
邮　　编	100720	
网　　址	http：//www.csspw.cn	
发 行 部	010 - 84083685	
门 市 部	010 - 84029450	
经　　销	新华书店及其他书店	

印　　刷	北京明恒达印务有限公司	
装　　订	廊坊市广阳区广增装订厂	
版　　次	2015 年 11 月第 1 版	
印　　次	2015 年 11 月第 1 次印刷	

开　　本	710×1000　1/16
印　　张	16.25
插　　页	2
字　　数	275 千字
定　　价	59.00 元

凡购买中国社会科学出版社图书，如有质量问题请与本社营销中心联系调换
电话：010 - 84083683

目　录

第一章 导论

第一节 研究背景、目的和意义

一 研究背景

马克思指出：农业生产是人类生存和"创造历史"的首要条件。"我们首先应当确定一切人类生存的第一个前提，也就是一切历史的第一个前提，这个前提是：人们为了能够'创造历史'，必须能够生活。但是为了生活，首先就需要吃喝住穿以及其他一切东西。因此第一个历史活动就是生产满足这些需要的资料，即生产物质生活本身。"① 毛泽东也曾指出："全党一定要重视农业。农业关系国计民生极大。要注意，不抓粮食很危险。不抓粮食，总有一天要天下大乱。"② 我国是个农业大国，农业问题始终是我国经济社会发展中的重大问题。

农业是国民经济的基础，新中国成立以来，我国一直致力于对传统农业进行改造，积极探索现代农业发展之路。新中国成立后，中央人民政府就通过土地改革和重塑农业微观经营主体，使约 3 亿农民实现了"耕者有其田"，使农业生产在很短的时期获得迅速的恢复和发展。从 1954 年 9 月周恩来在《政府工作报告》中提出建设"现代化农业"起，中国开始进入从改进农业生产手段和生产条件出发，促进现代化农业发展的历程。只是由于当时的指导思想、产业政策特别是"文化大革命"的错误指导思想等方面的问题，改革开放之前，中国的农业产业发展缓慢，举步维艰。

---

① 《马克思恩格斯选集》第一卷，人民出版社 1995 年版，第 78—79 页。
② 《毛泽东文集》第七卷，人民出版社 1999 年版，第 199 页。

以中共十一届三中全会为转折点，中国发展现代化农业之路正式进入了全面发展的新时期。改革开放以来，我国农业农村改革大体经历了三个大阶段。第一阶段主要是改革农业基本经营制度，发展农业农村经济。这个阶段的主要内容是结束生产队劳动方式，改革人民公社经营管理体制，实行家庭承包经营责任制，扩大农户经营自主权，允许劳动力、资金等生产要素在农村经济各部门间流动，同时，通过鼓励发展乡镇企业以推动农村工业化，家庭承包经营责任制的实施、农村工业化的推动极大地发展了农业和农村经济。第二阶段主要是农产品市场化改革。改革开放初期，小范围放开农产品市场，从此开始了农产品市场化改革的步伐。1992 年，党的十四大确立了建立社会主义市场经济体制的目标。围绕这个目标，农村、农业领域加快了农产品市场化改革的步伐。在农产品供给逐步改善后，传统的以统购、派购为核心的农产品流通体制已不能适应建立社会主义市场经济体制的目标要求，由此开始实行最具特色的农产品价格双轨制改革和相应的农产品流通体制改革，使农业农村生产要素资源逐步实现按市场需求进行优化配置。第三阶段主要是推进工业反哺农业、城市支持农村发展。党的十六大后，随着我国进入全面建设小康社会新阶段，中央适时做出了推进工业反哺农业、城市支持农村发展的重大战略部署，形成了"多予少取"的政策框架。"多予"就是国家公共财政逐步扩大了农业农村的覆盖范围，"少取"就是免除了农业税。从此我国农业产业发展进入了新的历史时期。党的十八大更是提出，解决好农业农村农民问题是全党工作重中之重，城乡发展一体化是解决"三农"问题的根本途径。当前，我国农业发展总体平稳，农业产值稳步提高，生产能力不断增强，粮食连续 11 年增产，特别是粮食总产量连续 8 年超过 1 万亿斤，农产品供需实现基本平衡。

尽管经过 30 多年的改革开放，我国的农业农村改革已经取得了举世公认的伟大成就，但当下中国的农业农村发展，仍然面临着没有解决的城乡二元结构等深层次矛盾问题，又迎来了城镇化高速推进阶段农业农村发展面临的新情况和新问题。正如党的十七届三中全会通过的《中共中央关于推进农村改革发展若干重大问题的决定》中指出的那样：农业基础依然薄弱，最需要加强；农村发展仍然滞后，最需要扶持；农民增收仍然困难，最需要加快。于是党的十八届三中、四中全会特别是 2015 年中央一号文件强调，要进一步解放思想，主动适应经济发展新常态，按照稳粮增收、提质增效、创新驱动的总要求，以改革为根本动力，继续全面深化农村改革，努力在提高粮食生产能力上挖掘新潜力，在优化农业结构上开辟新途径，在转变农业发展方式上寻求新突破，在促进农民增收上获得新成效，在建设新农村上迈出新步伐，为我国经济社会持续健康发展提供有力的支撑。

二 研究目的

农业问题，是发展农业这个产业所要解决的问题。农业发展主要表现为解决农产品的供给数量和农产品的质量两个方面的问题。当前农业方面的问题可能多种多样，但归根结底是农产品生产数量不足和农产品质量不高的问题。[1] 其实这两个问题就是集中反映了农业产业的效率不高问题。换句话说，解决农业问题就是提高农业产业的效率问题。我国农业产业之所以效率较低，主要是因为小规模、分散的农户家庭经营劳动生产率低；农业生产组织化程度不高导致农户难以进入市场，即使进入市场风险也大；市场机制不健全，导致土地、资金、劳动力、技术等生产要素配置效率低下。解决上述农业产业效率发展问题，从大的方面来说有两种思路，一是从农业入手，提出我国农业的发展方向是适度规模经营获得规模经济效益，以解决小规模、分散的农户家庭经营劳动生产率低的问题；提高农业生产组织化程度，以减少农户家庭进入市场的风险；完善市场机制，充分发挥市场对土地、资金、劳动力、技术等农业生产要素配置的基础作用。二是跳出农业发展农业的思路。本书的目的就是本着跳出农业发展农业的思路，以分工理论、系统理论、产业发展理论、产业经济学、制度经济学为基础，从产业链的视角，将农业产业放在由第一产业、第二产业和第三产业组成的大产业链中进行分析，分别从企业链、供需链、空间链和价值链四个维度探讨农业产业发展的途径，即从农业产业发展市场主体、农业产业市场体系、农业产业空间分布和农业产业价值发展四个方面分析中国农业产业发展方向，以期为我国农业产业的发展提供一种新的思路。

三 研究意义

农业产业发展问题的重大价值，在于将建设现代农业放在建设社会主义新农村的首要任务中。农业问题是涉及中国十几亿人口的吃饭问题，农业问题关系党和国家事业发展全局，始终是经济社会发展的基础。当农产

---

[1] 柯炳生主编：《工业反哺农业的理论与实践研究》，人民出版社 2008 年版，第 3 页。

品供给不足时，城市的消费者和以农产品为原材料的工业企业首先受到损害。特别是当粮食等农产品的供给数量不足，粮食等农产品的供给价格过高，会对整个社会经济和社会心理产生巨大影响，甚至会加剧社会矛盾。如果是农产品质量方面出现问题，则更是直接影响到城市消费者的身体健康，甚至危及城市消费者的生命，因此，可以说农产品质量问题是具有全社会影响的重大问题。

农业产业发展问题的重大价值，还在于它是建设社会主义新农村，逐步解决"三农"问题的经济基础。首先，对农业进行产业化改造和经营，使农村的加工业以及服务于农、林、牧、渔的服务业大发展，显然能优化和提高农业和农村经济结构化水平，有助于解决农业问题。其次，农业产业发展，使农业与城市工业的联系更为紧密，推进了产业集聚，能实现农村城市化，从而解决农村问题。最后，农业产业发展提高了农产品附加价值，延伸了农业产业链条，拓宽了农民就业增收渠道，提高了农民生活水平和综合素质，使农民问题也能逐步得到解决。所以说，农业是安天下、稳民心的战略产业，没有农业现代化就没有国家现代化，就不可能有富裕、民主、和谐的社会主义新农村。

总之，如上所述，推进我国农业产业发展，可逐步解决"三农"问题，促进农民增收和城乡经济统筹发展，最终实现国民经济的现代化，这就是本书研究我国农业产业发展意义之所在。

第二节　关键概念解释

一　产业与三次产业

1. 产业

依据《辞海》，产业有两种基本解释：一是指私有的土地、房屋等财产或家产；二是指各种生产的事业等，有时特指工业。其实，人们对于产业的认识总是随着社会生活的发展而不断发展的。产业这个词最早是由重农学派提出来的，特指农业。当工业革命后人类进入资本主义时代，产业的内涵发生了很大改变。英文中的产业（industry）变成了一个宽泛的概念，既可以泛指国民经济中的工业、农业、服务业等各个具体部门，也可以指钢铁、化工、纺织等更具体的部门。在国内的产业经济学或产业组织理论教科书中，大多将产业定义为是一个集合概念，认为产业是"同一属性的经济活动的集合"。杨公朴、夏大慰（1998）指出，产业是由具有使用相同原材料、相同工艺技术或生产产品用途相同的企业所组成的集合。龚仰军、应勤俭（1999）认为，产业就是相近商品或服务在相同或相关价值链上活动的企业共同构成的企业集合。

可见，无论是产业的英文概念，还是产业的中文概念都是有层次、种属划分的。从经济系统的角度界定产业，产业是指由众多门类和层次构成的一种经济系统。一般将国民经济系统划分为农业、工业、服务业三大产业部门。由于农业、工业、服务业又是由若干处于不同层次的细分产业构成的。按照不同层次的细分产业所具有的不同属性进行定义，产业是指具有某种同类属性的企业集合。通常表现为同一产业中的企业从事相同或相近性质的经济活动。这里的同类属性，不仅是指生产相同的产品或提供同类服务，还包括其生产过程中具有相同的技术特征，采用相同的原材料，产品具有类似的用途等。比如，工业产业包含冶金业、化工业、纺织业、机械制造业、建筑业等。而纺织产业由毛纺业、棉纺业、针织业等细分产业组成。

2. 三次产业

"三次产业"一词来源于三次产业分类法。三次产业分类法是1935年由新西兰经济学家费舍尔在其著作《安全与进步的冲突》中首先提出来的，英国经济学家和统计学家克拉克在1940年的著作《经济进步的条件》中首次运用了三次产业分类法。三次产业分类法，就是将全部的经济活动划分为第一产业、第二产业和第三产业。第一产业是指直接从自然界获得生产物或产品的产业；第二产业是指对取自于自然界的生产物或产品进行再加工的产业；第三产业是指为生产和消费提供各种服务的产业。

当下，虽然国际上对三次产业的划分还没有一个统一的标准，但多数国家和国际组织都认同和采用三次产业的分类方法，三次产业的划分范围也大体一致。20世纪80年代中期中国开始引入三次产业的分类方法，经过两次修订，现行的标准产业分类是新《国民经济行业分类与代码》（GB/T4754—2002）标准：第一产业是指农业、林业、牧业、渔业；第二产业是指采矿业，制造业，电力、煤气及水的生产和供应业，建筑业；第三产业是指除第一、第二产业以外的其他行业（见表1-1）。本书中，如没有特别说明，一般将农业等同于第一产业、工业等同于第二产业、服务业等同于第三产业。

表 1 - 1　　　　　　中国的标准产业分类（GB/T4754—2002）

产业类型	具体产业
第一产业	A. 农、林、牧、渔业
第二产业	B. 采矿业
	C. 制造业
	D. 电力、煤气及水的生产和供应业
	E. 建筑业
第三产业	F. 交通运输、仓储和邮政业
	G. 信息传输、计算机服务和软件业
	H. 批发和零售业
	I. 住宿和餐饮业
	J. 金融业
	K. 房地产业
	L. 租赁和商务服务业
	M. 科学研究、技术服务和地质勘查业
	N. 水利、环境和公共设施管理业
	O. 居民服务和其他服务业
	P. 教育
	Q. 卫生、社会保障和社会福利业
	R. 文化、体育和娱乐业
	S. 公共管理和社会组织
	T. 国际组织

资料来源：原毅军、董琨：《产业结构的变动与优化：理论解释和定量分析》，大连理工大学出版社 2008 年版。

二　产业发展与农业产业发展

在西方文献中，常常见到"产业发展"（industry development）这个词与"产业演化"（industry evolution）、"产业动态"（industry dynamic）等词一同使用，相对于产业演化而言，产业发展的使用频率要低。虽然在西方文献中能常见到产业发展这个词，但很少有关于产业发展的正式定义，大多数情况下它泛指产业发展变化的历史过程，没有给出一个明确的概念界定。

在国内学术界，产业发展这个术语使用得非常普遍。但对产业发展这一概念给出一个明确定义的也不多见。倒是有一些学者对"产业发展"的概念进行了认真的思考。著名学者苏东水认为，首先，类似于经济发展，产业发展是一个从低级向高级不断演进、具有内在逻辑，不以人们意志为转移的客观历史过程；其次，产业发展是指产业（既包括单个产业也包括产业总体即整个国民经济）的产生、成长的进化过程，进化过程的实质就是一个产业结构高级化的过程；最后，还指出经济发展包括了产业发展，经济发展又是以产业发展作为前提和基础的，进一步指出产业发展的实质是产业结构不断高级化的过程。① 厉无畏、王振则认为，一方面，产业发展包含产业"集群化、融合化、生态化"等一系列变化趋势，这些变化不仅"创造出各种新的消费方式"，而且推动着"产业本身的创新与变革"，包括"产业结构方面的新内容、产业技术、产业组织方面的新动向"；另一方面，他们将产业发展同未来的视角联系在一起，指出产业效率、科技创新、产业竞争、产业政策等是产业发展或产业"集群化、融合化、生态化"三大发展趋势的动因。② 胡建绩认为产业发展是以价值发展为其实质，以主导产业群为其载体，以经济长波为其形式的产业的一个内生提高过程。推动产业发展的因素可能是技术、制度、劳动力、资本、组织和需求的变化。③

因此，综合上述观点，可以认为，产业发展是既包括单个产业也包括产业总体的产业产生、成长的一个从低级向高级不断演进、具有内在逻辑、不以人们意志为转移的客观历史过程。产业发展的实质就是这个产业的产业结构由低级向高级变化的过程。产业发展的动因可能在于技术、制度、劳动力、资本、组织和需求因素的变化。

于是，根据上述产业发展的内涵，我们可以这样来理解农业产业发展这个概念。农业产业发展是指包括农业、林业、牧业、渔业在内的大农业产业总体产业产生、成长的一个不断从低级向高级演进的进化过程，技术、制度、劳动力、资本、组织和需求等是影响农业产业成长进化的因素。农业产业发展的实质就是调整优化农业产业结构，推动农业产业一体化发展，不断提高农业产业的竞争力。本书就是遵循农业产业发展的这个

---

① 苏东水：《产业经济学》，高等教育出版社 2000 年版，第 474 页。
② 厉无畏、王振：《中国产业发展前沿问题》，上海人民出版社 2003 年版，第 3 页。
③ 胡建绩编著：《产业发展学》，上海财经大学出版社 2008 年版，第 3—4 页。

内涵去分析研究我国的农业产业发展的。

三 产业链与农业产业链

1. 产业链

产业链的思想一般认为最早可追溯到分工的思想。早期西方经济学家认为，有了分工，企业生产活动开始划分为采购、生产、销售等各种内外不同的活动，产业链是制造企业将外部采购的原材料通过生产转化为产品并经过销售活动传递给用户的一种内部活动。这种思想标志着产业链思想的萌芽。只是当马歇尔把分工扩展到企业与企业、产业与产业之间，并关注企业间、产业间的联系时，产业链的理论才算真正诞生。

国外有关产业链内涵的分析，赫希曼（1958）在《经济发展战略》中提出产业链是指产业的前向联系和后向联系。荷利汉（1988）认为产业链是指始于供应商并经生产者、流通者最终到达消费者的涉及供产销的一系列物质流动过程。史蒂文斯（1989）进一步指出，产业链是一个由供应商、生产商、销售商和消费者组成的纵向系统，这个纵向系统伴随着物流和信息流。哈里森（1993）认为，产业链是指通过将采购的原材料转化为中间产品或成品并将产品销售给用户实现产品价值保值、增值的功能网络。

与国外的研究相比，国内对产业链内涵的研究要广泛、深刻许多。较具代表性的有：龚勤林博士（2003）指出，产业链是各个产业部门之间基于一定的技术经济关联并依据特定的逻辑关系和时空布局关系客观形成的链条式关联关系形态。蒋国俊、蒋明新（2004）指出，产业链是指由在某个产业中具有较强国际竞争力的企业，与在这个产业群聚区内的相关产业中的企业结成的一种战略联盟关系链。刘刚（2005）则认为，产业链是由不同产业的企业所构成的空间组织形式，通常是指不同产业中企业之间的供给和需求关系。杜义飞、蒋国俊、李仕明（2005）定义的产业链是指提供满足消费者需求的一系列相关联的特定产品或服务，包括从原材料的提供到市场的销售，以及前后顺序关联的经济活动的集合。郁义鸿（2005）认为，产业链是指从最初的自然资源经过生产、加工成产品到最终到达消费者手中所包含的各个环节所构成的整个生产链条。刘贵富、赵英才（2006）认为，产业链是指在一定地域空间范围内，同一产业部门或不同产业部门中具有竞争力的企业及其相关企业，以产品为纽带按照一定的逻辑关系和时空关系，联结成的具有产品价值保值、增值功能的链网式企业战略联盟。吴金明、邵昶（2006）分析指出，产业链包含企业链、供需链、空间链、价值链四个维度。这四个维度之间相互影响、相互制约，共同揭示产业链的最重要关系特性。

综合上述国内外学者对产业链内涵的不同理解，认为产业链的内涵至少应包含四个方面的内容：产业链的主体是产业或企业；产业链描述产业或者企业之间满足彼此供应和需求的契约关系；产业链强调产业的地理空间布局特性；产业链包含从原材料到产品或服务的价值传递和增值过程。因此，对产业链的概念可以这样理解：作为生产力和社会分工进一步发展的产物，产业链是基于一定的技术经济关联的各个产业（企业）部门之间，并依据特定的逻辑关系和时空布局关系客观形成的具有价值增值功能的链条式关联关系形态。产业链的本质是描述具有某种内在联系的产业（企业）群结构，它是相关产业组织形成的一种功能性的网络结构。

2. 农业产业链

在国际上，农业产业链的研究是一个新兴领域。国外学者有关农业产业链内涵的论述很少见。相反，国内有关农业产业链概念的研究则很多。比较具有代表性的有：

王国才（2003）认为，农业产业链是一个由为农业产前、产中、产后提供不同功能服务的企业或单元组成的涉及资源市场和需求市场的网络结构。赵绪福、王雅鹏（2004）则认为，农业产业链是指由农业或农产品作为其中的构成环节和要素并与其他部门和环节发生密切技术经济联系的特殊链条。王凯（2004）研究指出，农业产业链是指由具体的蔬菜产业链、棉花产业链、果品产业链等构成的总和。张利庠、张喜才（2007）认为，农业产业链是指由农业产业前期产业部门、中间产业部门和后期产业部门的供给和需求关联构成的网络结构。刘菲菲（2008）则认为，农业产业链是农产品从研发育种、种养殖、深加工、销售等一系列增值环节组成的链条，既是农业产业化发展的结果，又对农业产业化有积极的推动作用。在她看来，农业产业链有着自身的运行规律，具有以农民为主体，以产品分工为主，各环节具有利益差异性、主体多变性和分布区位性等运行特征。王静（2009）也指出，农业产业链是按照现代化大生产的要求，在纵向上实行产加销一体化，将农业生产资料的采购供应和农产品的生产、加工、销售等环节连接成一个有机整体。

综上所述，农业产业链的内涵至少应包含以下几方面的内容：农业产业链是由产业（企业）、农户等众多主体链环组成的链条；农业产业链描述农业产前、产中及产后部门之间满足彼此供应和需求的契约关系；农业产业链应体现农业产业或者农产品生产的地理空间布局特性；农业产业链包含从农业产前、产中及产后部门之间的价值传递和增值过程。因此，农业产业链是指基于一定的技术经济关联的农业产前、产中及产后部门之间，并依据一定的逻辑关系和空间布局关系客观形成的具有价值增值功能的链条式关联关系形态。可见，农业产业链是一条涉及第一、第二、第三产业的产业链。本书有关农业产业链的研究就是本着上述农业产业链的内涵展开的。

第三节　研究方法和技术路线

一　研究方法

1. 规范研究方法与实证研究方法

本研究所有问题的研究都是规范研究方法和实证研究方法的结合运用，只是有些研究以规范研究方法为主，如对我国农业产业的基本特征、产业空间分布的基本特征和规律的分析等，有些研究以实证研究为主，如对市场农业市场主体和农业企业化的分析等。

2. 定性研究方法与定量研究方法

本研究对大多数问题的研究运用的是定性研究方法，并同时结合一定的定量研究方法。如作为三大产业价值链主要问题的工农产品价格"剪刀差"问题、产业的关联问题分析则主要采用计算的方法进行定量研究。

3. 比较研究方法

运用比较研究方法，对农业产业发展主体与工业产业发展主体进行比较，探讨农业产业主体发展方向；对发达国家、发展中国家的农业产业发展的经验进行分析，并将其促进农业产业发展的条件和我国进行比较，在比较基础上吸收其可供借鉴的经验。

4. 归纳研究方法与演绎研究方法

本研究把归纳研究和演绎研究结合起来，揭示了农业产业发展的相关问题，从一般到特殊或从特殊到一般的内在规定性。如运用归纳研究方法对国外和国内农业产业发展的实践及其经验进行分析，再运用演绎研究方法，推演出农业产业发展的一般规定性，进而又以中国的现实条件作为依据推演出中国农业产业发展的特别规定性。

5. 系统研究方法

本研究从农业、工业和服务业组成的国民经济大产业链的视角，来审视农业产业发展的问题，并运用系统的思想与方法，将农业产业这个系统放到国民经济三大产业这个大系统中加以系统思考，形成一个完整、系统的分析框架。

二　技术路线

技术路线是指导本书研究的规划构思。本书研究的思路是：首先，进行概念界定、文献综述，在此基础上探讨农业产业发展的机理，并确定从产业链的视角分析我国农业产业发展的研究思路；紧接着遵循主要将农业产业放在由农业、工业和服务业组成的大产业链中审视的原则，从产业链的企业链、供需链、空间链和价值链四个维度视角，分别就我国农业产业发展市场主体、农业产业市场体系、农业产业空间分布以及农业产业价值发展进行研究；其次，依据产业链的四个维度，分别对一些发达国家和发展中国家的农业产业发展进行研究，以期为我国的农业产业发展提供借鉴；再次，借鉴国外农业产业发展的经验，从农业产业发展主体培育、统一市场体系的建立、农业产业空间布局优化和农业产业价值发展四个视角提出农业产业发展的对策措施；最后，对全书进行总结与展望。

第四节　研究框架和主要研究内容

一　研究框架

本书主要以分工协作理论、产业组织理论、制度变迁理论为基础，通过学习借鉴产业链理论、农业产业链理论、产业发展理论及农业产业发展理论，遵循上述研究技术路线对我国农业产业发展展开研究，主要研究框架如图 1-1 所示。

二　主要研究内容

第一章　导论。主要阐述本书的研究背景、目的及意义，对产业、三次产业、产业发展、农业产业发展、产业链、农业产业链等关键概念进行限定，并阐述了本书的研究方法与技术路线、研究框架与主要研究内容。

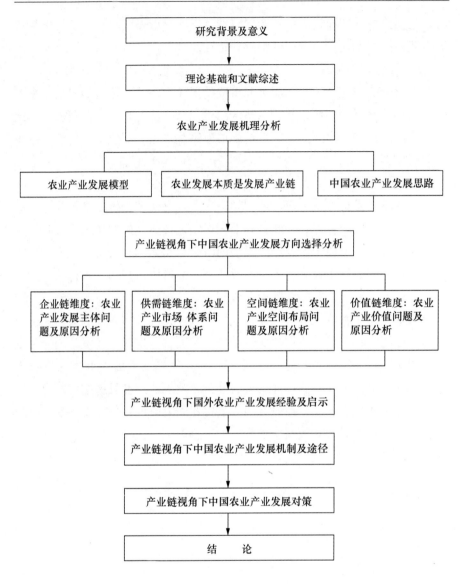

图 1-1　本书研究框架

第二章　理论基础和文献综述。结合支持农业产业发展研究的分工协作理论、制度变迁理论、产业组织理论等基本理论，对产业链、农业产业链、产业发展、农业产业发展等相关文献进行研究与评述。

第三章　农业产业发展机理研究。首先在对技术、制度、劳动力、土地、资本、组织和需求等农业产业发展动因进行分析的基础上构建出农业产业发展概念模型，然后再依据该模型进一步分析指出农业产业发展的本质是发展产业链，最后提出从产业链的视角发展中国农业产业的发展思路。

第四章 企业链维度：农业产业发展主体研究。首先在对农业产业发展主体的历史演变进行总结的基础上，再具体分析新中国成立以来的农业产业发展主体的曲折发展过程，并就中国农业产业发展主体选择进行了探讨；其次基于农业、工业、服务业组成的产业链视角，对比分析该产业链上农业、工业、服务业三个链环主体，即分析农业与工业、服务业产业发展主体；最后分析现阶段中国农业产业发展主体存在的主要问题及其产生的原因。

第五章 供需链维度：农业产业市场体系研究。首先考察基于农业、工业、服务业所组成的产业链上的农业与工业、服务业产业间的供需关系，然后利用直接消耗系数、产业影响力系数和感应力系数等分析了现阶段中国农业与工业、服务业产业的关联效应及其特征，在此基础上，基于统一市场体系的视角，分别探讨分析现阶段中国农业产业主要生产要素、资源、土地、劳动力和资金的供给与需求，农产品的供给与需求状况，以及农业生产要素市场和农产品流通市场存在的主要问题及其产生的原因。

第六章 空间链维度：农业产业空间布局研究。首先从产业空间分布的影响因素、运行机制入手，探寻了产业发展的空间分布规律和特征；其次在此基础上，基于农业、工业、服务业组成的产业链视角，分析农业与工业、服务业产业融合的农业产业空间分布新特点，以探讨农业产业发展的空间演变个性特征与规律；最后分析新中国成立以来的农业产业发展空间布局和现阶段中国农业产业发展空间布局存在的主要问题及其产生的原因。

第七章 价值链维度：农业产业价值研究。首先基于农业、工业、服务业组成的产业链视角，总结了该产业链上农业与工业产品价值交换的规律与特征，并用比价"剪刀差"和比值"剪刀差"方法分别计算分析了新中国成立以来的工农产品价格"剪刀差"变动状况；然后分析了中国农业产业链短、窄、薄的特点，并在分析农业处于农业、工业、服务业组成的产业链上的低端价值环节的基础上，阐明工农产品价格"剪刀差"实质上反映了工业与农业高、低端产业间的价值关系，表明现阶段中国农业产业仍处于产业价值链的低端。

第八章 产业链视角下国外农业产业发展的经验及其启示。从产业链的企业链、供需链、空间链和价值链四个维度，分别对美国、法国、日本等发达国家以及韩国、巴西、印度等发展中国家的农业产业发展的实践经验进行总结，并从产业链的四个维度总结了国外农业产业发展的基本经验及其启示。

第九章 产业链视角下中国农业产业发展机制及途径研究。本章首先构建分析了中国农业产业发展的产业链四维拓展模型；然后基于农业、工业、服务业组成的大产业链视角，归纳分析了中国农业产业发展中农业产业发展主体、农业市场体系、农业产业空间分布和农业产业价值发展四个方面存在的主要问题和核心问题；最后对中国农业产业的发展路径进行了探讨。

第十章 产业链视角下中国农业产业发展的对策措施。基于产业链四个维度的视角，提出了要培育现代农业产业发展市场主体，促进农业生产经营集约化、专业化、组织化、社会化；要建立开放、统一、有序的市场体系，促进农业生产要素优化配置，提高农业生产效率；要不断优化农业产业空间布局，促进农业产业集群、农业产业融合，增强农业产业竞争力；要大力推进以农民合作社为主体，发展农产品加工业的农业产业化经营，实现农业产业链整体价值最大化的对策措施。

第十一章 总结与展望。指出本书研究结论、创新之处以及研究展望。

第二章　理论基础和文献综述

第一节　理论基础

本研究的理论基础主要来源于制度变迁理论、产业组织理论和分工协作理论。

一　制度变迁理论

所谓制度，是指要求所有行为人共同遵守的一系列行为规则，它包括法律等正式制度和习俗、宗教等非正式制度以及它们的实施机制。所谓制度变迁是指创新和打破一种既有的制度框架过程，它的实质是一种效率更高的制度对另一种制度的替代过程。

制度变迁理论形成于19世纪末20世纪初，以凡勃伦、康芒斯等为主要代表的老制度主义学派，反对新古典经济学忽略制度的非中性以及过分形式化的表现方式，主张从制度分析出发建立经济学体系。凡勃伦指出，制度是人们思想和习惯长期积累的产物，而制度变迁则是一个"累积因果"的过程，一方面，现存的制度框架影响技术变迁的速度和方向；另一方面，技术又通过改变物质条件以及个人生活和思想的方法、模式和习惯而产生制度后果，以推动制度变迁。以科斯、诺思等为代表的新制度学派对制度变迁理论进行继承和发展，研究成果卓著。其中，诺思最有代表性。诺思主要从制度变迁的条件和动因、制度变迁的过程、制度变迁的步骤、制度变迁的主体以及制度变迁的方式等方面深入系统地发展了制度变迁理论。诺思及其合作者还设计出一个产权理论、国家理论以及意识形态理论三位一体的经济模型，从制度变革与制度创新来解释长期经济增长的原因和人类社会的历史进程。1989年林毅夫博士则结合中国的实际，将制度变迁扩展为诱致性制度变迁和强制性制度变迁。诱致性制度变迁是指基层的微观主体为潜在利润所诱惑，自发形成的自下而上、从易到难地推动制度创新以追求潜在利润的制度变迁方式。强制性制度变迁是指国家政府为了追求租金最大化和产出最大化的目标，通过推行政策法令等强制规定而导致的自上而下的制度变迁方式。

农业是一个制度需求最为强烈的产业，制度变迁理论可以很好地分析和解释中国农村改革较为曲折的三十多年。从 1978 年开始，安徽的小岗村开始实施包产到户，拉开了中国农村改革的序幕，随后家庭联产承包责任制在全国广泛推广，家庭联产承包责任制的实施，极大地调动了广大农民的积极性，使改革初期这个阶段的农业经济迅速增长，农民福利实现"帕累托改进"，原因在于从农村开始的中国改革制度变迁的成本较低，但其相应的收益十分明显；而当改革从农村进入城市，农村制度变迁相对城市经济体制改革开始失去优势，从而出现劳动力、资本等生产要素资源向城市集中，使农村经济发展出现相对滞后和农民收入增长缓慢的现象；进入新世纪，国家又把关注的目光投向农村，推出新农村建设方略，加快户籍制度改革的步伐，继续加大对农村公共财政支持的力度，推动农村专业合作经济组织建设的进程，以寻找实现农村经济制度创新的路径，农村经济又获得了新的快速发展。

二 产业组织理论

产业组织是指企业、行业（产业）、市场这三者的组织形式及其相互关系。产业组织理论就是研究企业、行业（产业）、市场这三者的组织形式及其相互关系的理论。1890 年，马歇尔在《经济学原理》中提出规模经济和垄断是一对矛盾的被后人称为"马歇尔冲突"的论断，而"马歇尔冲突"正是现代产业组织研究的核心内容之一，所以，许多学者尊称马歇尔为产业组织理论的先驱。而传统产业组织理论成为一门比较完整的理论体系则要归功于哈佛学派的梅森、贝恩等建立的第一个产业组织理论范式，即著名的市场结构、市场行为和市场绩效分析框架，简称 SCP 范式。SCP 范式形成和盛行于 20 世纪 30—70 年代。20 世纪 70 年代后，以斯宾塞、施马兰西等为代表的新的产业组织理论开始形成。新产业组织理论研究重点是企业行为及其对市场结构和市场绩效的影响。无论传统还是新产业组织理论，研究的核心是企业行为模式、竞争状况、社会福利效果和政府监管措施。①

产业组织理论认为，规模经济是决定市场结构的重要因素之一。规模经济又称规模节约或规模利益，是指生产规模扩大和产量增加导致单位生产成本大幅下降、收益上升的情况。它可分为内部规模经济和外部规模经济两个方面。前者是指在单个企业的生产规模扩大和产量增加时，由其自身内部因素导致的单位生产成本下降、收益上升的经济现象。后者则是指整个行业生产规模扩大和产量增加时而导致单个企业的单位生产成本下降或收益上升的经济现象。追求规模经济有可能导致垄断的产生和发展，而垄断有可能使价格机制受到人为因素的控制与扭曲，从而抑制竞争，使经济失去活力，导致资源配置的不合理、不科学。然而，现代工业化生产的突出特点就是规模化生产，体现了规模经济的优势，有利于生产要素资源配置效率的提高和社会福利的改善。规模经济既是竞争的起点又是竞争的结束。②

我国农业产业之所以竞争力不强，一个很重要的原因就是规模小，规模不经济。综观世界农业发展的总过程，也就是生产规模不断扩大的过程。发达国家的农业产业化，走的是规模经济的道路。所以，通过农业产业集中化、专业化、一体化形式，不仅有利于扩大我国农业产业经营主体的规模，还有利于形成农业关联产业群体的优势，即整个产业系统获得相应规模优势。因此，一方面，要通过实施农业产业集中化、专业化获得农业产业的内部规模效益；另一方面，还要发展农业产业一体化，以获得农工商产业系统所带给农业的外部规模经济优势。这样，农业产业就会与工业、服务业产业均衡发展，农业产业的竞争力就会大大提高。

三　分工协作理论

分工是指生产劳动的划分及其专门化、独立化。协作是指劳动者组合在一起协力合作而进行的劳动。那么，分工协作就是指建立在专业分工基础上的协同劳动。有关分工问题的论述最早可追溯到古希腊思想家柏拉图，他认为，劳动分工是天赋的要求，不同的人有不同的性格，适合于不同的工作，每个人应该做天然适合于自己的工作。真正从经济角度研究分工问题的第一人应该是亚当·斯密。亚当·斯密用制针的例子解释了分工

---

① 刘树成：《现代经济词典》，凤凰出版社、江苏人民出版社 2005 年版，第 81—82 页。
② 臧旭恒等：《产业经济学》，经济科学出版社 2007 年版，第 84 页。

的好处：第一，由于减少了工作转换次数节约了劳动时间；第二，劳动者由于专门从事单一、简化了的工作，可以积累专业知识和操作技能，积累人力资本；第三，操作过程的简化和专业知识的积累使工具的发明及使用有了更大的可能性，积累物质资本。马克思也在《资本论》中将协作生产的发展概括为简单协作—分工协作—使用机器的协作，并考察了分工协作的好处。阿伦·杨格进一步深化了亚当·斯密的分工思想，提出了劳动分工水平自我演进的思想，史称"杨格定理"。此后，舒尔茨、贝克尔、杨小凯等对"杨格定理"进行了扩展和深化。特别是杨小凯，为以亚当·斯密为代表的古典经济学关于劳动分工是经济发展和增长的原动力这一伟大洞见，提供了微观机制和数学框架。

分工协作是生产社会化、一体化和社会生产力发展的标志。一方面，一切分工都是劳动的较高社会结合方式，是社会生产力发展的内在要求和必然结果，同时，分工又进一步促进了生产的社会化、专业化和社会生产力的提高。人类历史上曾出现了三次社会大分工。而当代社会的分工更是遍及各个部门、各个领域、各个产业、各个企业，分工水平相当高。另一方面，协作是分工的客观必然要求，它不仅使劳动专业化和工具专门化，而且也使劳动组织和劳动方式发生重大变革，有利于创造集体生产力、提高个体与整体劳动效率、降低交易成本、推动技术进步等。在当下科技迅速发展和经济全球化的新时代，分工协作将在更大的空间和范围内发挥更大的作用。

根据生产社会化、专业化的要求，农业产业发展客观上要求其内部各环节、各领域、各经营主体进行分工与协作。发达国家由于实施农业生产的地区专业化、农场专业化、部门专业化和工艺专业化等生产专业化，使其农业产业化的分工与协作水平达到了较高程度，大大促进了发达国家的农业产业发展。当下，我国农业很多仍是传统的家庭经营、自给自足的生产方式，分工协作水平低，与关联产业缺乏有机的紧密联系，因此，很有必要走农业产业化道路，实施农业生产的专业化、社会化生产。即农户主要从事专业化种养，基地连接千家万户，龙头企业负责农产品的加工与销售，各种协会、合作组织等服务机构负责提供产前、产中、产后全过程的系列化服务，形成"一条龙"的经济发展格局。

第二节　相关文献综述及简评①

一　产业链与农业产业链文献综述

（一）国内外产业链文献综述

1. 国外产业链理论研究

国外对产业链的研究，除了前面提到的赫希曼、荷利汉、史蒂文斯、哈里森等少数学者从自己的角度对产业链的概念进行研究探讨之外，就没有更多的学者从更广泛的层面对产业链理论进行深入的研究，正如邹春燕分析检索英文资料发现（时间截止到 2010 年 8 月 12 日），真正与产业链有关的理论文献几乎为零，重复的搜索结果较多，大多是"Industry"（或 Industrial）与"Chain"分开的检索结果。可见，国外的有关产业链理论研究远不如国内红火。

2. 国内产业链理论研究

国内研究产业链的学者主要有芮明杰、郁义鸿、龚勤林、蒋国俊、李仕明、李心芹、刘刚、刘大可、吴金明、赵绪福等，除研究产业链的内涵之外，他们的研究内容还主要表现为以下四个方面：

（1）产业链类型。李心芹和李仕明（2004、2005）根据产业链内部企业与企业之间的供给与需求的依赖强度关系，将产业链划分为资源导向型、产品导向型、市场导向型和需求导向型四种类型。郁义鸿（2005）则从理论研究的需要出发，将产业链划分为产业链类型Ⅰ、产业链类型Ⅱ和产业链类型Ⅲ三种不同的类型。刘贵富、赵英才（2006）提出产业链的行业分类法、层次范围分类法、关联结构分类法、生态特性分类法、龙头企业地位分类法、形成机制分类法和其他分类法 7 种不同的产业链分类法。

（2）产业链运行机制。蒋国俊博士（2003、2004）认为产业链运行主要由竞争定价机制、利益调节机制以及沟通信任机制共同作用决定。吴金明教授（2006）提出了产业链运行机制的"4 + 4 + 4"模型。这个运行

---

① 戴孝悌：《新世纪以来我国农业产业发展研究述评》，《黑龙江农业科学》2011 年第 12 期。

机制模型指出产业链是由价值链、企业链、供需链和空间链四个维度对接和这四个维度调控以及市场交易式、纵向一体化、准市场式和混合式产业链四种具体模式形成的。刘贵富（2007）提出产业链的运行机制主要有利益分配机制、风险共担机制、竞争谈判机制、信任契约机制、沟通协调机制和监督激励机制六种机制，并在此基础上，建立了产业链的运行机制模型图。

（3）产业链优化整合。芮明杰等（2006）提出了产业链知识整合、价值模块整合与产品整合的三维度模型，探讨了产业链分化整合的机理以及整合过程中知识共享的动力机制、模块创新机制、知识创造机制以及产业链整合的组织模式。郑大庆、张赞、于俊府等（2011）提出产业链整合理论框架要符合"5+4+3"战略框架，"5"表示产业链整合的核心是调整供需链、价值链、技术链、产品链和空间链；"4"表示影响产业链整合的4类必要非充分因素：生产要素、技术创新、产业管制和相关支持性产业发展；"3"表示产业链整合有3种方式：横向一体化、纵向一体化和产业融合。

（4）产业链构建。龚勤林博士（2004）提出，应从接通产业链和延伸产业链两个层面构建产业链。接通产业链是指借助某种产业合作形式将一定地域空间范围内的产业链断环和孤环（本来具有联系但被割断联系的产业部门）连接起来；延伸产业链则是将一条本已存在的产业链尽可能地向前、向后延伸。有一些学者从行业、企业实践的角度，研究了产业链的构建问题，像董广驰（2004）、冯久田（2003）、尹琦（2003）则分别介绍了山东沂州水泥集团创建的生态产业链、鲁北企业集团的生态工业产业链模式以及对纸业生态产业链进行了设计。

（二）国内外农业产业链文献综述

1. 国外农业产业链理论研究

国外研究农业产业链的历史不长。近年来，国外研究农业产业链的学者关注的重点主要在农业产业链中的信息流动及其管理、农业产业价值链分析和农产品的质量安全控制等几方面。对于农业产业链的组织形式方面的研究也有些涉及，主要有农业采用哪种类型的产业链会更合适、产业链上的核心企业如何发挥领导作用、产业链上的各链环主体之间的利益和风险如何分配和分担等，但这些问题的研究都显得不够深入。

2. 国内农业产业链理论研究

近年来，国内对农业产业链的研究获得了长足进展。国内对农业产业链的研究主要集中在农业产业链的基本理论研究方面，除前面所述的农业产业链的内涵研究外，主要集中在以下几方面：

（1）农业产业链的组织形式。王凯、颜加勇（2004）依据谁做"龙头"及其所带动的参与者的不同，将我国农业产业链组织形式分为"龙头"企业带动模式、中介组织带动模式、专业市场带动模式和其他模式。李晓红（2005）根据产业链各功能主体不同的联结方式，将中高档猪肉产业链组织模式分为合同契约组织模式、混合组织模式、纵向一体化组织模式以及混合纵向一体化组织模式，其中每一大类组织模式下还可以细分为若干不同的模式。

（2）农业产业链组织的运行机制。王凯、颜加勇（2004）分别研究了"龙头"企业带动型、中介组织带动型、专业市场带动型、科技带动型四类农业产业链组织形式的不同运行机制。王桂霞（2005）具体分析了新型牛肉产业链中的肉牛生产、屠宰加工、流通销售三个主要环节的联结方式及其内在运行机制，大中型屠宰加工企业居于三个环节的核心地位，它协调并决定着牛肉产业链的稳定运行。

（3）农业产业链的整合与优化。王凯（2004）从农业的产业发展战略高度提出了整合我国农业产业链的四大对策：要采用从单一到综合、从短到长、从小到大、从内到外等多种形式发展农业产业链组织，使农业产业链的组织联系更加紧密；通过发展农产品品牌链、特色农产品链和竞争优势农产品链等方式，不断壮大农业产业链组织发展的内在动力；建立和健全包括价值链、信息链、组织链和物流链的农业产业链的综合管理系统；给农业产业链的发展提供宽松的法律保障和政策环境。朱毅华、王凯（2004）通过建立模型，对南京市的农业产业链的整合进行了实证研究。

（4）农业产业链管理。王凯（2004）提出，农业产业链管理是将农业生产资料的采购供应和农业生产、加工、储运、销售等产业链链环连接成一个有机联系的整体，并对其过程中出现的物流、信息流等进行组织、协调与控制，以期获得农产品价值增值的活动过程。毛尔炯、祁春节（2005）指出，国外的农业产业链管理主要涉及农业产业专业化、农工商一体化、服务社会化等方面以及政府推动农业产业专业化、农工商一体化、服务社会化等。

（5）我国农业产业链存在的主要问题及发展对策。张利庠、张喜才（2007）认为，我国农业产业链的缺陷主要表现为以下几个方面：农业产业链断层，处于农业产业链底端的小农户十分脆弱；农业产业链的价值错位，利润中间小、两头大，处于产业链中间的小农户家庭几乎无利可图；农业产业链的风险易失控，导致食品安全事件时有发生；农业产业链松散，市场集中度过低；产业链连接不畅，产业链监管乏力等。李杰义（2010）提出，农业产业链是实现"以工促农"目标的重要载体。基于农户和消费者满意的、城乡产业互动的双动力驱动机制是"以工促农"机制动力模式的最佳选择，其价值基础在于农业产业链上存在着价值链连结点，农业产业链通过这些价值链连结点，遵循先内后外的价值发现与再创造路径，持续地对其价值系统进行设计和再设计，最终形成城乡协同发展的动态农业产业链群。

二 产业发展与农业产业发展文献综述

（一）产业发展文献综述

近年来，国内外对中国产业发展的研究主要集中在产业发展规律、产业系统要素、产业组织、产业聚集与产业集群、产业政策等几方面：

（1）产业发展规律。肖文韬（1999）指出，产业结构演进的一般规律表现在：第一，工业化时期随着经济发展及人均收入水平的逐渐提高，第一、第二、第三产业结构呈有序变化；第二，工业化过程中，随着工业化水平提高，相继出现重工业化趋势，加工高度化趋势及技术密集化趋势；第三，工业结构演进过程中又表现为各工业部门对各种资源的吸收和依赖程度的变化，形成以劳动密集型产业为主，资金密集型产业为主及技术密集型为主的顺序发展阶段。高峰、唐家龙（2011）分析归纳国外新兴产业的发展规律如下：经济衰退孕育新兴产业的"机会窗口"，"机会窗口"的开启有两种方式并具有时限性，抢先进入是引领新兴产业发展的关键所在；需求和市场决定了新兴产业的发展方向和技术方向；产业聚集与产业延伸是新兴产业走向成熟不可缺少的环节；产业延伸是新兴产业成熟的标志。

（2）产业系统要素。黄茂生、王新华、王俊鹏（2005）认为，产业系统是一个复杂的经济系统。产业系统要素包括管理要素、技术要素、人员要素、信息要素、市场要素、资源要素、生产要素七个方面。杜靖（2009）认为，产业系统是由相互区别、相互联系、相互作用，分布在一定阶层结构之中的若干要素，在一定的环境约束下所组成的具有特定功能的有机集合体。其构成要素包括管理、技术、人员、信息、市场、资源、生产、营销等，这些要素缺一不可。

（3）产业组织。孙明华（2009）认为，虚拟企业、战略联盟、企业集群和社会网络是近几年发展起来的新型产业组织形态，其特点是介于企业市场之间起到配置资源的作用，是看得见的手和看不见的手双重作用机制。借助于新型产业组织形态，企业可以整合外部资源，提高资源配置效率，增强竞争优势。邹文杰（2010）认为，合作是产业组织的一个基本行为特征。现代产业组织合作的基本特征表现为合作组织形式网络化、合作手段契约化、合作范围立体化等。产业组织合作新范式对现有的市场结构衡量体系提出了挑战。向秋兰、蔡绍洪（2010）认为，产业组织包含产业生产组织、产业市场组织和产业管理组织三重内涵。它们既彼此独立，又相互影响、相互制约、相互适应，统一于产业组织这一整体中。

（4）产业聚集与产业集群。王缉慈等（2001）认为，产业集聚本身可以带来外部经济；相互关联的企业集聚可以促进专业知识特别是隐含经验类知识的传播和扩散，能激发新思想、新方法的应用，促进学科交叉和产业融合。张平（2006）则把产业集群的竞争优势归结为生产成本优势、区域营销优势、创新优势、国内市场竞争优势、国际市场竞争优势、信用优势、产业组织优势七个方面。麻昌港（2010）在论述产业聚群与经济增长关系的研究中认为，大量经验表明，地方产业聚群（local industrial clusters）正在推动着世界各地的经济增长。

（5）产业政策。王顺雁（2010）认为，要提高产业政策的有效性，关键是能否在研究参与产业结构调整各经济主体行为规律基础上尽快完成体制创新和制度创新。徐华（2010）提出，在当前全球产业链大调整、低碳经济迫在眉睫的形势下，提出三次产业能否实现协同发展的产业政策设计，更加需要依据四种机制的要求灵活包容地开展行业分类管理，运用负向表列供给侧管理和正向表列需求侧管理相结合的方式，降低企业决策的盲目性，有效地促进产业转型和升级。关鹏（2011）在研究合理发挥产业政策的宏观调控作用时指出，首先要进一步完善财政政策和货币政策；其次要避免过分依赖行政手段的偏向；最后要加强产业政策与总量政策的协调配合。

（二）农业产业发展文献综述

近年来，国内外主要从通过农业产业化、农业工业化促进农业产业发展和发展农业产业政策三个方面分析探讨中国农业产业的发展情况。

1. 农业产业化

（1）农业产业化的内涵。20 世纪 50 年代美国哈佛大学的 John M. Davis 和 Roy A. Goldberg 在出版的著作中，首次提出农业产业化。但至今国外学术界对农业产业化的内涵仍没有一个统一规范的限定。国内关于农业产业化的内涵研究有许多，1997 年农业经济问题杂志社对农业产业化的内涵进行了详细总结，认为主要有十一种认识。马骥（2008）则研究指出，农业产业化是在保持家庭联产承包责任制稳定不变的基础上，以国内外市场为导向，以提高经济效益为中心，按照建立利益共享、风险共担的有效机制原则，把农业产前、产中、产后的产加销各个环节结成一个统一的利益共同体，科学、合理地配置农业生产要素资源，多元化、多层次、多形式地发展具有竞争力的农业产业化体系。

（2）农业产业化基础理论。在专业化分工与农业产业化方面，陈吉元（1996）、方齐云（1997）、蔡伟民（1998）认为，农业产业化就是农业的专业化、市场化、社会化。在交易费用与农业产业化方面，由于市场交换和组织内部存在交易费用，所以，市场主体（企业、农户）会主动寻找交易费用最低的交易方式，农业产业化是一种有效的方式。鲁振宇（1996）、胡定寰（1997）、丁力（1999）从不同的角度论证说明农户的市场交易费用过高，是农户选择产业化经营以降低交易费用的初衷。在规模经济与农业产业化方面，靳相木（1998）、赵惠（1998）、康云海（1999）指出，农业产业化是小农经济走出内部规模不经济而获得外部规模经济的重要方式。在制度创新与农业产业化方面，牛若峰（1997）认为，农业产业一体化是属于能够降低交易成本、生成规模优势的诱致性制度变迁。

（3）农业产业化的运行机制。朱立军（2001）把农业产业化运行机制分为企业一体化运营机制、政府的调控诱导机制和市场的拉动牵引机制。刘宝龙（2002）认为，我国农业产业化的具体运行机制主要包括：契约式、联合农户直接进入市场式和企业组织式。黄祖辉（2000）认为，利益协调机制加风险规避机制是农业产业化的运行机制。丁力（1997）认为，农业产业化的运行机制是市场机制加非市场安排。

（4）农业产业化的组织模式比较。在农业产业化的多种多样的组织模式中，李宏明（1999）认为，合作社型和"公司＋农户"型农业产业化组织模式成本较低。孙天琦（2000）认为，契约型、批发市场型和合作经济型农业产业化组织模式较好地克服了市场失灵和内部科层组织失灵的不足。庄丽娟（2000）认为，契约型"公司＋农户"模式具有利益分配机制灵活多样、适应不同资源禀赋条件区域的不同选择、能够缓解产业化经营中的制度变迁需求和制度变迁供给之间矛盾等诸多优势。黄祖辉（2000）认为，"公司＋中介组织或市场＋农户"型和合作经济组织型模式比较适合中国实际，中国农村更多地采用该模式充分说明了这一点。

2. 农业工业化

（1）农业工业化的内涵。陈心宇（2006）认为，农业工业化简单地说就是把农业当作工业来经营，即农业内部分工，包括设施农业、机械化农业等。刘茂松（2007）认为，农业工业化是指运用工业化的经营方式和管理模式来谋划农业产业发展，在农业生产过程（产前—产中—产后）中推动一系列基要生产函数连续高度化的演进，实现农业与工业的高级形态的产业整合，即农业生产过程的工业化、农业生产结果的工业化和农业产业经营管理的现代化，最终形成工业化的新型现代农业生产方式。肖立（2008）指出，农业工业化是以农业市场化为背景，运用先进的工业化技术、现代的经营管理理念、组织方式管理农业生产和经营，将农产品生产与加工集中化、企业化、规模化，实施全程标准化经营。

（2）我国农业工业化进程所面临的主要问题及发展思路。王孝春（2006）认为，我国农业工业化进程面临农业基础设施落后、农产品加工业发展滞后、农业科学技术水平低、市场优化农业结构的机制不健全、农业社会化程度低等主要问题。提出发展农业工业化的思路应是大力发展农产品加工业，大力发展农业机械化，加快对传统农业的改造，加强基础设施建设、制定合理的产业政策，加快农村城镇化步伐，构建完整的农业立法体系。袁春新、周明霞等（2007）指出，实现农业工业化，尚存在龙头企业规模偏小、辐射和带动力有限，农产品加工水平较低、工业化的核心环节没有大的突破，务农人员的整体素质偏低、培训手段落后、方式僵化、达不到预期效果，农产品品牌意识不强，或有品无牌，或有牌不用，或有牌无名，或有牌不护，工业反哺农业时忽视农业市场主体的培育等制约因素。认为发展农业工业化的关键是全面提升农业科技创新能力，培育和壮大农业龙头企业。胡彬（2008）指出，发展农业工业化应发展非农业生产应大力发展农产品加工业和农业机械化，这是发展农业工业化的根本途径；加快农村城镇化步伐，实现农业人口向非农产业的转移；构建完整的农业工业化相关的法律法规。

3. 农业产业发展

汪细伍（2003）在《论我国农业产业结构的调整与优化发展》中总结提出，促进农业产业优化发展的措施主要包括：通过发展农产品加工业，延长产业链，实现农产品增值；扶持和培育大型龙头企业，提高农民组织化程度，促进农业产业一体化；大力实施科教兴农战略，推广农业标准化生产，提高农产品质量，使农业产业发展水平得到优化提高等。此外，调整和优化发展农业产业结构还必须完善农村土地承包制，建立合理的土地流转制度；完善税费改革，减轻农民负担；政府加大公共财政支农力度，完善支农金融格局，健全农业价格保护政策等。同时，还要通过农业专业、批发市场的建设，农业信息服务体系建设等，健全和完善农村市场体系和产业服务体系。

刘茂松（2004）在《论我国农业产业发展中的制度创新与制度分析》中指出，农业产业发展是经济再生产和自然再生产的交叉过程，因此，农业产业发展的直接矛盾在于自然约束，而解决这个直接矛盾的关键又在于有效的制度安排。古往今来，国内外农业产业发展的历史充分说明了农业是对制度需求最强烈的一个基础产业。因此，要着重关注农业产业发展与制度变迁的逻辑联系及其规律，探讨新时期农业产业发展的制度需求以及制度创新，从制度经济学的方面来分析新的历史时期农业产业的基础地位和发展方略。

王德勇（2005）在《制度演进与农业产业发展》中，通过制度演进对农业产业发展作用机理的分析，提出制度对于推动农业发展具有重大作用。首先阐明制度是分工、专业化的产物，产权制度在于减少资源的外部性，企业产生的目的在于削减交易费用，降低交易成本。因此，制度变迁是农业产业发展的动力系统，我国的农业产业发展中确实需要制度一般和产权制度的创新，当农业产业发展进入较高阶段，需要龙头企业的带动作用，但并不必然表明中国农业产业发展的任何阶段都需要龙头企业。

孙燕（2007）在《深化和拓展农业产业发展的思考》中提出，在农业产业发展上要重视解决好以下几个问题：逐步用现代理念和运行机制改造传统农业；大力发展循环农业；努力实现农业多层次、多环节增值增效；要建立政府、社会、农民相结合的投入机制；研究新农村建设落实保障机制。

蒋和平、蔡松锋（2010）在《我国农业产业发展现状与预测》一文中通过分析中国农业产业发展的现状和前景，提出加快我国农业产业发展的对策措施：完善农业补贴制度，坚持对农民种粮进行直接补贴；稳定发展粮食等大宗农产品的产量；加强农业科技创新及推广能力；突出抓好水利基础设施建设；大力提高农业生产经营组织化程度；积极推进林业改革。

三　文献综述简评

通过上述文献研究可以发现，进入新世纪以来，我国理论界本着就农业探讨农业发展的思路，主要就农业产业化促进农业产业发展、农业工业化加快农业产业发展和加强农业产业链管理促推农业产业发展等方面展开了理论研究，取得了丰硕的成果，这为进一步研究打下了基础。但也还存在一些不足之处：第一，我国农业产业发展是在二元经济的现实背景下进行的，在学习借鉴国外农业产业化、农业工业化与农业产业链理论研究指导推进我国农业产业发展时并没有很好地重视这一现实，具体体现为缺少在小农经济条件下如何促进农业产业发展的理论研究；第二，单独研究农业产业化、农业工业化与农业产业链等某方面的成果不少，但将农业产业化、农业工业化与农业产业链之间存在联系和区别作为研究对象，并就如何将农业产业化、农业工业化与农业产业链联系起来进行研究以指导推进中国农业产业发展的研究太少；第三，农业产业化、农业工业化与农业产业链理论研究给人的总体感觉是就农业论农业，就农业抓农业，孤立地看待农业产业发展问题，缺少把农业与工业、服务业产业发展有机地结合起来进行研究的成果。

因此，基于上述文献研究，如果要对我国农业产业发展理论研究进行展望，下阶段研究的重点可能在以下三个方面：第一，由于我国农业产业发展的二元经济现实背景决定了农户、企业、地方政府等各主体的双重经济目标和市场结构，从而决定了各经济主体的利润最大化等实际经济和理论假设必然不一样，自然会影响到不同经济主体的不同经济行为、农业产业发展的不同运行机制以及不同经济效果。所以，研究中国的农业产业发展就不能脱离二元经济这个现实，走小农经济条件下的有中国特色的农业产业发展之路就必然是理论研究关注的重点。第二，既然农业产业化、农业工业化与农业产业链之间存在一定的联系，它们在促进农业产业发展的思路方面又存在许多相似的东西，并且它们推进农业产业发展的方式、方法和手段又有许多共同之处。所以，将农业产业化、农业工业化与农业产业链之间的联系作为研究对象，并将农业产业化、农业工业化与农业产业链联系起来进行研究以指导农业产业发展，其研究意义是不言而喻的，必将引起广泛的关注。第三，知识经济时代，农业与工业、服务业产业之间相互结合、渗透，成为一个有机的整体，农业多产业融合发展已经成为一种趋势。在这种历史条件下，要解决好农业产业发展问题，必须在以农业与工业、服务业产业均衡协调发展的条件下去拓展思路，孤立地去研究、发展农业产业是行不通的。所以，跳出农业，从农业与工业、服务业产业协调发展中去研究农业产业、去发展农业是符合时代发展要求的，也必将成为新时期农业产业发展理论研究的重点。

第三章　农业产业发展机理研究[①]

本章首先试图在对技术、制度、劳动力、土地、资本、组织和需求等农业产业发展动因进行分析的基础上构建出农业产业发展的概念模型；然后再依据农业产业发展概念模型，进一步分析指出农业产业发展的本质是发展产业链；最后提出从产业链的视角发展中国农业产业的发展思路。

第一节　农业产业发展概念模型

一　农业产业发展动因

纵观农业产业发展的历程可以看出，推动农业产业发展的因素有很多，主要的动因可归结为技术、制度、劳动力、土地、资本、组织和需求因素的变化。这些重要因素的不断变化共同推动农业产业向前发展。

1. 农业科技

科学技术是第一生产力，农业科技是农业产业发展的第一推动力，世界农业产业高速发展应归功于近代科学技术的重大贡献。众所周知，18世纪中叶，以动力机械在农业产业上的开始应用为标志的第一次农业科技革命，结果体现在机械劳动代替手工劳动，使农业劳动生产效率得到极大提高；19世纪中叶，以广泛应用高产良种、化学肥料为标志的第二次农业科技革命，使生物技术、化学技术在农业产业中得到推广，从而农业产业获得了飞跃式发展。当下，在世界范围内兴起的以推广应用生物技术、信息技术为标志的第三次农业科技革命，正在或将要改变农业产业的方方面面。如农业生产施用化肥成为近一百多年间世界粮食产量成倍增长的主要因素；以利用高新技术、生物工程技术培育出来的中国优质杂交水稻，

① 戴孝悌：《发展产业链：中国农业产业发展新理路》，《农业经济》2015 年第 1 期。

产量高、米质好，正在为解决全球六十多亿人口的吃饭问题贡献着巨大的力量。

2. 制度因素

第二章已经分析过，所谓制度，是指要求所有行为人共同遵守并约束其行为的一系列规则，它包括法律、习俗、宗教、规章、管理方式等规制以及它们的实施机制。制度可划分为正式制度和非正式制度两种。人们的经济活动就是在制度的约束下进行的追求效用最大化的行为。制度是经济增长的内生变量，制度为各经济主体提供激励机制和有效合作创造条件。企业产权制度可以有效地降低交易费用，节约交易成本。制度创新是指对调节人与人之间关系的各种规则及组织形式进行改革，目的在于获得新的经济利益，以实现制度潜在收益的最大化。制度变迁中，产权制度是所有经济制度中最核心的制度。制度创新带来经济利益的最为典型的例子是，1978 年改革开放以后，中国根据自己的国情，形成了以家庭承包为基础，统分结合的双层经营体制，激发起广大农民生产的积极性和主动性，极大地解放了农业生产力，促进了农业产业的快速发展（见表 3 - 1）。相反，由于收入分配制度的城乡不均衡、严格的城乡二元户籍制度、农产品市场和农业要素市场制度安排的非均衡以及农村公共物品供给严重不足，这些制度因素又极大地阻碍了中国农业产业的进一步发展。

表 3 - 1　　　　　1952—2012 年主要农产品产量的年均增长率　　　　单位:%

年份	1952—1978	1978—1987	1987—1992	1992—2004	2004—2012
稻谷	3.71	2.73	1.14	-0.29	1.56
小麦	7.30	5.95	3.04	-0.73	3.51
玉米	8.59	4.16	3.39	2.82	6.42
大豆	-0.76	6.47	-2.90	5.30	-2.78
薯类	3.50	-1.11	0.14	1.93	-0.83

资料来源：国家统计局《中国农村统计年鉴（2013）》。

3. 劳动力、土地、资本三大生产要素

劳动力一般是指存在于活的人体中的劳动能力，是人体中的脑力和体力的总和。物质资料的生产过程是劳动力作用于劳动对象生产资料的过程。离开人的劳动力，生产资料本身是不可能创造出任何东西的。因此，劳动力是社会生产的永恒条件。劳动力素质的高低，极大地影响了农业产业的发展。对农业产业来说，由于土地不仅是农业生产的劳动手段，而且是劳动对象，再加上自然界中的土地资源数量总体来说又是有限的，因而，相对于工业、服务业而言，土地生产要素对农业产业的制约作用更大。世界各国农业产业发展的共同趋势表明，农业生产力的发展和技术进步根本离不开农业资本的推动，在传统农业向现代农业的转变过程中，农业生产力的发展和技术进步必须以持续增长的农业投资来推动，否则，农业产业的发展就是不可持续的。关于生产要素对农业产业的影响，最具代表性的当属中国。大家比较一致的看法是：当下中国农业劳动力数量多，但素质低，且存在大量过剩，土地资源高度分散、细碎化程度很高，农业产业融资困难、农业产业投资少，这些因素严重地影响了中国农业产业的快速发展。

4. 农业产业组织

广义的组织是指按照一定方式将诸多要素相互联系起来的系统。狭义的组织是指人们为了实现一定的目标而互相协作结合而成的集体或团体。因此，可以说农业产业组织是指为了实现农业生产经营目标而按照一定方式将诸多要素相互联系起来的系统。综观世界各国农业生产经营，为了适应农业生产经营特性的要求，各国的农业生产经营都采用以农户为主的经营方式，尽管社会制度不断变迁，但家庭经营的方式始终难以被替代。当然，随着农业产业的不断发展，家庭经营方式也暴露出规模小、成本高、风险大等问题。于是，资本主义家庭农场这一农业产业组织便首先在英国应运而生。从世界家庭农场的生产实践看，这种经营形式既坚持了以农户为主的农业生产经营特性，又扩大了经营规模，解决了家庭经营低、小、散问题，以集约化、商品化促进了农业增效、农民增收。与此同时，为了解决家庭经营的低效问题，世界各国也广泛采用了专业合作社这样的农业产业组织，以便将广大农户组织起来扩大农业产业生产经营规模，降低农业产业生产成本，减少农业产业市场风险。

5. 农产品市场需求

农产品市场需求拉动农业产业生产，农业产业生产则会带动社会经济发展，社会经济发展又会导致农产品的需求扩大。农产品需求与农业产业生产的互动促进区域经济和行业经济的发展，最终促成农业产业结构的发展演变。农业产业系统需要不断满足社会经济系统对农产品的各种需求，这个法则也就成了推动世界农业产业发展的原动力，它不断地推动生产力的发展、生产关系的更新、经济的发展和人类生态系统的发育。农产品市场需求是由消费意愿和支付能力两个方面的因素共同决定的：消费意愿源于农产品的功能、农产品对生活的必需、农产品效用的替代性、消费者对农产品功用的认识以及嗜好、习惯等；支付能力源于农产品的价格、消费者的收入水平，只有既具有农产品消费意愿又具有相应的支付能力时，农产品市场需求才能实现。可见，社会文化特别是社会经济对农产品需求具有决定作用，社会经济发展水平越高，农产品市场总需求就越大。

二 农业产业发展概念模型

从上面农业产业发展的动因分析可知，农产品市场需求是推动农业产业发展的原动力。从原动力出发，受市场需求拉动，农业产业主体根据自身条件决策进行不同的农业生产、加工、销售活动，以实现农业产业的保值增值，同时满足经济社会对农产品的市场需求，需求满足又会促进经济社会的发展，而经济社会的发展将进一步扩大农产品的市场需求，如此循环地推动农业产业不断向前发展。基于此，顺着这个思路就可以构建一个农业产业发展概念模型（见图3-1），以此来揭示农业产业发展的机理。

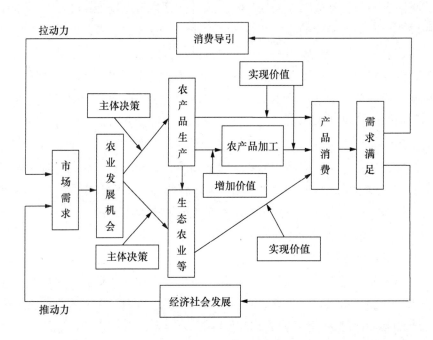

图3-1 农业产业发展模型

第二节 农业产业发展的本质是发展产业链

一 农业产业发展的实质是价值发展

农业产业发展是指农业产业总体产业产生、成长的一个不断从低级向高级演进的进化过程，现阶段中国的农业产业发展具体是指农业产业由传统农业产业向现代农业产业发展的过程。传统农业产业是指在自然经济条件下，主要依靠采用人力、畜力、手工工具等手工劳动方式，采用历史上沿袭下来的耕作方法和技术，发展以自给自足的自然经济占主导地位的农业。现代农业产业是广泛地应用现代科学技术、现代工业提供的生产资料和科学管理方法的社会化农业。它是经济发展、社会分工不断深化、产业之间联系越来越紧密，由传统农业产业向前、向后不断演化，涵盖第一、第二、第三产业的现代农业产业系统。传统农业与现代农业的典型特点可参见表3-2。

表3-2 传统农业与现代农业的特点

类型比较	传统农业（主要是以中国等为代表的自给性雨养农业）	现代农业		
		以中国为代表的东方集约农业	美国大规模商品农业	西欧中规模集约商品农业
1	小农户，土地破碎	人口多，农业劳动力多，土地少	规模大	中等规模
2	主要是人畜耕作	大量使用化肥，农业机械还不突出	农业机械化、良种化和农业化学化	单位面积机械、化肥水平高于美国
3	以自给性生产为主	主要是半自给半商品农业	农产品商品率高，农产品出口大于进口	农产品商品率较高，农产品进口大于出口
4	主要是种植粮食作物	主要种植谷物	农业生产专业化程度高	农业生产专业化程度较高
5	土地耕种很长时间，劳动密集度高	技术密集与劳动密集相结合	资本密集和技术密集结合	技术和资本密集度较高
6	生产水平低	土地单产较高，劳动生产率较低	农业劳动生产率高	单产高于美国但农业生产率低于美国

资料来源：笔者归纳总结。

结合上述农业产业发展模型，可以看出，农业产业的发展表现为配置效率和生产效率两个维度。一是从横向上来看，同一时点上的产业内和产业间形成怎样的结构才能使既有资源的利用达到最优，即农业产业主体根据自身资源状况决定是发展农产品生产还是发展旅游农业等能够获得更大的利益；二是从纵向上来看，在时间流中产业借助于技术和组织等生产方式内生地实现自己的发展，即基于现有的技术和组织，农业产业主体决定是发展初级农产品生产还是进行农产品的精深加工而实现农产品的价值问题。前者是要提高资源配置效率的问题，后者是要提高生产效率问题。可见，农业产业发展也是一个效率问题。提高农业产业的配置效率和生产效率，可以达成两个方面的目标，一是大大增加农业产业的收益，二是显著降低农业产业的发展成本。换言之，农业产业发展就是农业产业主体受价值驱动，根据自身资源状况决定以最低的农业产业发展成本投入，获得价值最大的农业产业产出，以满足市场各方面的需求。

二 价值发展是要实现农业产业链整体价值最大化

如上所述，通过提高农业产业的配置效率和生产效率，可以达成农业产业价值发展的目标。可见，价值发展离不开效率问题。经济学鼻祖亚当·斯密、马克思等先后对效率与分工的思想进行了阐述。美国著名经济学家阿林·杨格进一步从专业化水平、生产迂回程度和专业多样化程度三个方面来阐述分工与效率：专业化水平随每个个体的活动范围缩小而提高；生产迂回程度与产业链的中上游和下游专业部门间的纵向分工有关；专业多样化程度与产业链中同一层次的专业部门间的横向分工有关。之后，效率与分工的思想又经过科斯最早提出并经威廉姆森等发展的交易费用理论得以继续发展。姚小涛、席酉民（2002）认为，随着社会生产力和社会分工的进一步快速发展，市场交易成本和协作的费用大大增加，相对于生产中的潜力来说，搜寻一种以节省交易费用并进一步促进分工的企业组织结构的潜力大大增加。由于分工与交易活动越来越复杂，企业不得不依靠企业间的相互关联以求降低交易费用，所以这种搜寻最佳企业组织结构的动力与实践就成为产业链的形成条件，于是，产业链就形成了。可见，发展产业链可以节省交易费用，促进产业分工，提高产业效率。

作为生产力和社会分工进一步发展的产物，农业产业链作为特殊的产业链，是一条涉及农业产前、产中及产后部门之间的具有价值增值功能的链条式关联关系形态。可见，中国农业由传统农业产业向现代农业产业发展的过程，就是由包括种植业、林业、牧业、副业和渔业在内的传统农业产业体系向包括传统农业产业向前延伸的农药、化肥、农业机械等上游行业和向后延伸的农产品物流、食品加工、造纸、纺织、建材等下游行业的现代农业产业体系的转变过程。结合上述农业产业发展模型，可以看出，农业产业发展一方面要求尽量延长农产品的生产、加工、销售链条的过程；另一方面要尽可能拓展农产品生产、生态农业、观光农业的空间，即纵向上尽量延长农业产业链、横向上极力拓宽农业产业链，以便节省交易费用，促进产业分工，提高产业效率，从而实现农业产业链的价值最大化。显然，这种农业产业链的价值最大化是建立在农业产业链的生产、加工、销售等各个链环价值最大化特别是整条产业链的价值最大化基础之上的。因此，农业产业价值发展就是力求实现农业产业链整体价值的最大化，因而，从本质上可以说发展农业产业就是发展农业产业链。

第三节　产业链视域中的中国农业产业发展思路分析

一　新中国农业产业发展演变进程分析[①]

农业产业发展是指农业产业总体产业产生、成长的一个不断从低级向高级演进的进化过程，中国的农业产业发展具体是指由传统农业产业向现代农业产业发展的过程。[②] 传统农业产业是指在自然经济条件下，主要依靠采用人力、畜力、手工工具等手工劳动方式，采用历史上沿袭下来的耕作方法和技术，发展以自给自足的自然经济占主导地位的农业。现代农业产业是广泛地应用现代科学技术、现代工业提供的生产资料和科学管理方法的社会化农业。它是由传统农业产业向前、向后不断演化，涵盖第一、第二、第三产业的现代农业产业系统。可见，农业产业发展既包括农业劳动方式的发展转变，也涵盖农业产业结构的发展演变。因此，我们可以通过农业劳动方式的转变和农业产业结构的演变来分析总结中国农业产业发展的经验教训，以便加快推进中国农业由传统农业产业向现代农业产业的

---

① 陈红英、戴孝悌：《新中国农业产业发展演变进程分析》，《农业考古》2015 年第 1 期。

② 郭剑雄：《农业发展：三部门分析框架》，中国社会科学出版社 2008 年版，第 22 页。

转变。

（一）封闭经济条件下农业产业发展分析

1. 1949—1957 年中国农业产业快速恢复和发展

1949—1957 年，中国农业产业得到快速恢复和发展。为迅速医治多年战争对农业的创伤，恢复农业产业发展，国家首先在 1950 年 6 月颁布《中华人民共和国土地改革法》指导推动全国土地改革，到 1953 年春，除新疆、西藏、台湾等地方外，全国土地改革基本完成。土地改革的基本完成，全国 3 亿多无地、少地的农民无偿获得了土地及其他生产资料，实现了农民的土地所有制，极大地解放了农业生产力，促进了农村经济发展。其次，与土地改革同步，国家开始将农业个体所有制改造为社会主义的集体所有制，以进一步解放农业生产力。最后，提出发展工业和发展农业同时并举的方针。由于 1953 年国家开始实施优先发展重工业的战略，为配合这个战略的实施，国家开始实施"统购统销"，从农业提取剩余，以确保优先发展重工业所需的大量资金和资源。因此，为解决这个资源问题，国家提出发展工业和农业同时并举方针。特别是 1956 年国家以解决农业制约工业化问题推出的对今后若干年农业发展产生重大影响的《1956 年到 1967 年我国农业发展纲要（草案）》，规定国家通过组建农业科技工作体系，以促进和推动农业产业快速发展。据中国农村统计年鉴资料，到 1957 年，农业化肥施用量增长了好几倍达到 37.3 万吨，农业机械总动力也增长到 12.1 亿瓦，农业产业得到快速恢复和发展，全国粮食产量由 1949 年的 11318 万吨剧增为 1957 年的 19505 万吨，种植业产值占农业总产值的比例在不断下降，林业、牧业和渔业的产值占总产值的比例在不断增加。

2. 1958—1965 年中国农业产业不断调整

1958—1965 年，是中国农业产业"大跃进"和农业产业调整时期。党的八届三中全会提出恢复农业发展纲要四十条，引发了农业"大跃进"运动，农业中出现了严重的浮夸风。与农业"大跃进"运动相配合，1958 年 8 月，农村又掀起了一场声势浩大的人民公社化运动。人民公社化后，农业生产遭到严重破坏，农业丰产不丰收。因此，从 1959 年 8 月的北戴河会议后，中央开始整顿人民公社，并着手对农业、农村经济体制进行局部调整。特别是三年困难时期，严峻的形势迫使党中央不得不采取"三包一奖"等制度措施促进农业产业发展。系列措施加上开始"农业学大寨"运动,对我国农业产业发展产生了一些积极影响。农业产业政策经过不断的调整,使农业化肥施用量由 1957 年的 37.3 万吨增加到 1965 年的 194.2 万吨,农业机械总动力由 1957 年的 12.1 亿瓦增加到 1965 年的 109.9 亿瓦(数据来源于中国农村统计年鉴资料)。因此,全国的粮食产量也有了一个较大幅度的提升,仅一年时间,粮食产量就由 1964 年的 750 亿斤剧增为 1965 年的 3890 亿斤,棉花产量则由 1964 年的 3325 万担增加为 1967 年的 4707 万担。[①] 这期间,种植业、林业、渔业产值占农业总产值的比例有些许下降,而牧业产值占农业总产值的比例则有一定程度的增加。

3.1966—1977 年中国农业产业调整恢复

1966—1977 年,农业产业在纠"左"和调整中得到恢复和发展。1966 年 12 月 5 日,中共中央发出《关于农村无产阶级文化大革命的指示(草案)》,由此开始了十年之久的全国范围内农业、农村、农民大内乱。"文化大革命"中,由于一切工作都必须以阶级斗争为纲,农业生产始终被置于次要的地位,虽然中共九大后,主持政府工作的周恩来、邓小平等领导同志着手治理受到严重冲击的经济秩序,采取了一些有力措施支持农业产业发展,农业在纠正"左"倾错误和调整中得到了一些发展。但总的来说,由于"文化大革命""左"倾路线的严重干扰,使调整时期刚刚兴起的农业生产又出现停滞、下降的局面。1976 年 10 月,"四人帮"被粉碎,"文化大革命"命结束,但此后的两年时间里,由于"左"倾思想远没有被肃清,尽管中共中央、国务院采取了一系列加强农业产业发展的措施,但效果仍不理想。直到 1978 年年底党的十一届三中全会的召开,才从根本上端正农业产业发展的指导思想,为后来农业产业快速发展打下坚实的思想基础。这期间农业产业政策在纠"左"中不断进行调整,使得农业生产条件得到一定程度的改善,农业化肥施用量由 1965 年的 194.2 万吨剧增到 1978 年的 884.0 万吨,农业机械总动力也由 1965 年的 109.9 亿瓦剧增到 1978 年的 1175.0 亿瓦。因此,随着农业生产条件的改善,全国的粮食产量由 1965 年的 19453 万吨增加为 1978 年的 30477 万吨(数据来源于中国农村统计年鉴资料)。这期间,种植业、渔业产值占农

---

① 张新华:《新中国探索"三农"问题的历史经验》,中共党史出版社 2007 年版,第 88 页。

业总产值的比例有一些下降，而林业、牧业产值占农业总产值的比例则有较大程度的增加。

（二）开放经济条件下农业产业发展分析

1. 1978—1991 年中国农业产业快速发展

改革开放以后农业产业的第一次大的变化是在 1978—1991 年。首先，由于改革是先从农村开始的，并且这次土地承包经营责任制的制度改革极大地解放了生产力，因而为农业产业发展提供了巨大的动力。其次，1981年，中共中央转发了国家农委《关于积极发展农村多种经营报告》的通知，提出要改变过去"以粮为纲"，实施"绝不放松粮食生产，积极发展多种经营"的战略方针，为农业产业发展指明了方向。最后，1982—1986 年，中央连续下发了五个中央一号文件，提出落实农业生产责任制，推广和完善家庭承包经营制度，发展多种经营，优化农业和农村经济结构，搞活商品流通和市场经济，逐步地破除束缚农业生产力发展的制度障碍，较快地促进了农业现代化的发展。[①] 据中国农村统计年鉴资料，这期间农业化肥施用量由 1978 年的 884.0 万吨剧增到 1991 年的 2805.1 万吨，农业机械总动力也由 1978 年的 1175.0 亿瓦剧增到 1991 年的 2938.9 亿瓦，全国的粮食产量由 1978 年的 30477 万吨增加到 1991 年的 43529 万吨。此时，糖料、油料和烤烟等经济作物的播种面积也有了显著的增加。可见，这个阶段随着我国农业科技进步水平、农业产业化经营水平和农业综合产出能力的显著提高，农业生产效率逐年稳步提高。又据 1992 年中国统计年鉴资料，与 1978 年相比，1991 年农业总产值中种植业所占比重由 76.71% 下降到 63.1%，此时牧业产值所占比重由 14.98% 上升到 26.5%，渔业产值由 1.58% 上升到 5.9%。可见，这期间过去高度单一和效率低下的产业结构模式得到一定程度的改善，农业、林业、牧业、渔业之间的关系也逐步趋向合理。

2. 1992—1998 年中国农业产业稳步发展

改革开放后农业产业第二次大的变化出现在 1992—1998 年。首先，1992 年初，邓小平南方谈话后，人民思想进一步得到解放。随即国务院发出了《关于发展高产、优质、高效农业的决定》提出，要以市场为导向继续调整和不断优化农业产业结构，进一步把农产品推向市场；要以流

[①]　郑有贵、李成贵：《一号文件与中国农村改革》，安徽人民出版社 2008 年版，第 7—13 页。

通为重点建立贸工农一体化的农业经营体制；继续增加农业投入，改善农业生产条件，依靠科技进步发展高产、优质、高效农业；进一步建立健全农业标准体系和监测体系等。其次，1993 年 11 月，《中共中央国务院关于当前农业和农村经济发展的若干政策措施》，提出在原定的耕地承包期到期之后再延长三十年不变的稳定土地承包政策，以鼓励农民增加投入，提高土地的生产率。最后，90 年代中期，国家打出大幅度提高粮食、棉花收购价格，以及政府实施"米袋子"省长负责制等组合拳，极大地促进了农业产业的发展，使粮食等农产品产量连年增加，至 1998 年，粮食产量达到破历史纪录的 51230 万吨，棉花达到 450.1 万吨，推进了我国农产品由长期短缺向总量基本平衡、丰年有余的历史转变，农业和农村经济发展进入一个新的发展阶段，为后来农业产业结构战略性调整奠定了坚实的物质基础。据 1999 年中国统计年鉴资料计算，与 1992 年相比，1998 年农业总产值中种植业所占比重由 61.5% 下降到 58.0%，此时，牧业产值所占比重由 27.1% 上升到 28.6%，渔业由 6.8% 上升到 9.9%，农业产业结构进一步优化。

3. 1999—2003 年中国农业产业结构战略调整

改革开放后农业产业第三次大的变化发生在 1999—2003 年这个时期。一方面，由于 20 世纪 90 年代中后期我国种植业生产连年丰收，粮食、棉花、食糖等农产品国家储备和商业库存大幅度增加，畜牧业、水产品产量持续增长，据中国农村统计年鉴资料，至 1999 年，粮食产量达到 50839 万吨，棉花产量达到 441.7 万吨，糖料产量达到 7635.3 万吨，肉类总产量达到 5949.0 万吨，奶类产量达到 806.9 万吨，水产品总产量达到 3570.1 万吨。此时，国内大部分农产品出现了阶段性、结构性的供大于求。另一方面，据上面的计算，1998 年农业总产值中种植业所占比重为 58.0%，牧业所占比重为 28.6%，渔业所占比重为 9.9%。可见，农业、林业、牧业、渔业之间的比例仍不完善，为此，1998 年，中央提出新阶段我国农业发展的中心任务是对农业和农村经济结构进行战略性调整。经过这段时期的经济结构战略性调整，我国农业、林业、牧业、渔业之间的比例进一步趋向合理。据 2004 年中国统计年鉴资料计算，与 1999 年相比，2003 年农业总产值中种植业所占比重由 57.5% 下降到 50.1%，此时牧业产值所占比重由 28.5% 上升到 32.1%，渔业由 10.3% 上升到 10.6%。

4. 2004 年以来中国农业产业发展进入新阶段

自 2004 年起，中央又就农业、农村等问题连续发了 11 个中央一号文件，提出要加大农业技术、农业基础设施投入，加快农业科技创新；进一步深化农村土地制度改革，加快农村金融制度创新，促进农业生产要素资源的合理配置；推进工业反哺农业战略，全面深化农村综合改革；强化农业支持保护制度，以建立农业可持续发展的长效机制；围绕农业现代化，构建新型农业经营体系；继续完善国家粮食安全保障体系，健全城乡发展一体化体制机制。[①] 于是，我国农业产业发展进入了依靠加大农业投入、大力开展农业基础设施建设、用先进科学技术装备农业、着力推动资源要素配置向农业倾斜以提高农业质量、优化农业结构和增加农业效益为主的新阶段，农业产业结构也从以往只注重数量比例关系间的调整，转向强调农业产业结构质的飞跃。据 2014 年中国统计年鉴资料计算，至 2013 年年底，粮食产量达到 60193.8 万吨，并且这是自 2007 年以来粮食产量连续突破 50000 万吨大关，棉花也达到 629.9 万吨。就农业产业结构而言，2013 年农业、林业、牧业渔总产值为 96995.3 亿元，其中种植业总产值为 51497.4 亿元，所占比重为 53.1%；林业总产值为 3902.4 亿元，所占比重为 4.0%；牧业总产值为 28435.5 亿元，所占比重为 29.3%；渔业总产值为 9634.6 亿元，所占比重为 9.9%。可见，种植业所占比重由 2004 年的 50.1% 上升到 53.1%，林业所占比重由 2004 年的 3.7% 上升到 4.0%，此时牧业所占比重由 33.6% 下降到 29.3%，渔业则基本维持 9.9%。

（三）简短的结论

改革开放前，在重工业优先发展战略指导下，中国长期实行人民公社的农业经营体制，农产品统购统销，导致工农产品价格出现"剪刀差"，所有这些严重抑制了农民的生产积极性，加上忽视工业对农业的技术支持，农业生产技术长期没有大的突破，使农业劳动生产率低下，农业产业也一直局限于单一的生产环节，延续了新中国成立前种植业占绝对主体地位、农业单一的粮食生产功能的格局，显著地表现为"农业 = 种植业 = 粮食"的农业产业运作特点。

---

① 肖功为：《改革开放以来中央推进我国农业现代化政策创新的历史逻辑——基于 16 个中央"一号文件"政策的考察》，《邵阳学院学报》（社会科学版）2014 年第 2 期。

改革开放以来，随着我国经济体制改革的逐步推进，农业产业政策的适时调整，农业产值稳定增加，农业产业结构持续优化。首先，种植业比重不断缩小，畜牧业、渔业比重持续上升，农业生产结构不断优化；其次，粮食作物的比例不断优化，经济作物的种植面积不断扩大，农产品品种结构不断优化，农业产品结构显著改善；最后，主要农产品良种覆盖率和优质化水平明显提高，农产品总量持续增加，农产品质量也不断提高，农业生产能力显著增强，农村第二、三产业得到长足发展，中国农业进入了一个全方位的结构调整优化和功能调适的新的发展阶段，中国由传统农业迈向现代农业的进程加快了。

新中国成立以来中国农业产业发展的历程表明，中国农业产业在由传统农业产业迈向现代农业产业的征程中，有经验也有教训。要加快中国农业现代化的进程，首先，要全面深化政治经济体制改革，彻底改革计划经济体制下强制筑造的城乡分离、工农分离的二元社会经济结构，使农业生产要素资源在城乡间和工农间自由流动，消除阻碍农业产业发展的根本障碍；其次，全面深化农村改革，继续大力推进社会主义新农村建设，健全城乡发展一体化体制机制，为保持农业产业持续健康发展提供有力支撑；再次，继续实施工业反哺农业的战略，加大农业技术投入和农业水利等基础设施投入，加快农业科技创新，建立农业可持续发展的长效机制；最后，不断深化农村土地制度改革，围绕农业现代化构建新型农业经营体系，加快农村金融制度创新，强化农业支持保护制度，继续完善国家粮食安全保障体系建设，进一步优化调整农业产业结构。

二　产业链视域中的中国农业产业发展思路分析

从生产力的角度考察，一般把农业的发展历史划分为原始农业、传统农业、现代农业三个阶段。我国现在是处于工业化中后期阶段，是处于传统农业向现代农业过渡时期。通过上一节的分析，并由表3-2可以看出，当下，中国农业产业表现出以下几个基本的特征：正处于向农业操作手段机械化和生产技术科学化转化阶段；正处于向农业生产要素配置、农业结构调整、农业区域布局市场化运行机制转化阶段；正处于由小规模、分散化家庭经营向农业产业经营一体化方向转变阶段；农业产业发展的目标由追求农产品产量最大化向追求农业效益最大化方向转变。相应地，现阶段中国农业产业发展存在以下几个主要问题：农业生产基础薄弱，综合生产能力不高；农业生产资源匮乏，资源压力突出；农业生产规模小而分散，效率低，风险大；农业产业生产经营组织化程度低；农产品市场特别是农业生产要素市场体系不健全。

　　可见，近年来尽管我国在加强农业基础，实现传统农业向现代农业转变的过程中取得了长足的进步，但还存在不少的问题，突出地表现为当下我国农业产业效率水平低。如何提高我国农业产业的效率水平，发展现代农业产业，是值得大家深刻思考的重大问题。

　　上一节的分析已经表明，农业产业发展的本质是发展产业链。产业链包含价值链、企业链、供需链和空间链四个维度。供需链描述产业或者企业之间满足彼此供应和需求的契约关系；价值链是指从原料到产品或服务的价值传递和增值过程，强调价值的增值及分配；企业链则表明产业链的主体是产业或企业；空间链是指产业链的地理空间布局特性，强调产业空间分布。这四个维度相互影响、相互制约，共同揭示产业链最重要的关系特性：价值链是企业链、供需链和空间链的价值导向，企业链则是价值链、供需链和空间链的载体，供需链是企业链、价值链和空间链存在的前提，空间链则是企业链为追求价值链而通过供需链连接所形成的必然结果（见图 3 - 2）。产业链的整合发展是一个动态协调的过程，它始终围绕如何提高产业链上各个节点的效益和效率，表现为价值链、企业链、供需链和空间链特性的改变，表现为产业链的扩展和延伸。由于技术创新、政策管制等因素的影响，产业链的整合发展已成为一种常态。

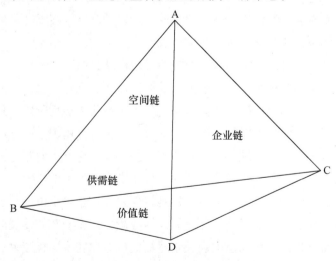

图 3 - 2　产业链四个维度

所以，从产业链的视角探讨提高农业产业的效率，实现从传统农业向现代农业的转变，就成了一种发展我国现代农业的有价值的思路。从产业链的视角探讨我国农业产业的发展，可以循着两种思路推进：一是宏观角度，将农业产业放在由第一产业、第二产业和第三产业组成的大产业链中进行分析，分别从企业链、供需链、空间链、价值链四个维度探讨农业产业发展的途径；二是微观角度，从企业链、供需链、空间链、价值链四个维度探讨农业产业内部各个产业环节间相互联系、相互制约、相互依存的过程，从而为农业产业本身的发展提供发展路径。本书将遵循跳出农业谈农业发展的理念，即主要遵循第一种思路，从宏观的角度，将农业产业放在由第一产业、第二产业和第三产业组成的大产业链中进行分析，分别从产业链的企业链、供需链、空间链、价值链四个维度探寻农业产业发展的方向，即分别从农业产业发展市场主体、农业产业市场体系、农业产业发展空间分布和农业产业价值发展四个方面研究中国农业产业的发展问题。

第四章 企业链维度：农业产业发展主体研究

本章在对农业产业发展主体的历史演变进行总结的基础上，具体分析新中国成立以来的农业产业发展主体的曲折发展过程，并就中国农业产业发展主体选择进行了探讨；然后，基于农业、工业、服务业组成的产业链视角，分析该产业链上的农业、工业、服务业三个链环主体，即分析农业、工业、服务业产业发展主体；最后，分析现阶段中国农业产业发展主体存在的主要问题及其产生的原因。

第一节 农业产业发展主体演进及选择

主体有四种基本的解释：主体一般指事物的主要部分；为属性所依据的实体；哲学名词，与客体相对；法学用语。主体有时也指实践活动的参与者和承担者。[①] 从这些意义上来理解，农业产业发展主体即发展农业产业的主要参与者和承担者。毫无疑问，农业产业发展主体就是参与农业产业发展活动的组织和个人，包括农户、企业、政府、其他非营利组织和一些中介组织。其中，农户是最重要的农业产业发展主体。农户一般是指在农村居住一年以上并享有土地且主要依靠本家庭人员劳动力从事农业生产经营活动的家庭组织单位。农户构成一般须满足三个要件：一是以家庭为基础，长期居住在农村；二是依法拥有土地并享有土地的基本权益；三是就职于农业或经营农业。[②]

---

① 辞海编辑委员会编：《辞海》缩印本，上海辞书出版社1979年版，第1202页。
② 李瑜：《中国农户经营组织化研究》，中国社会科学出版社2008年版，第35页。

一　农业产业发展主体的历史演变

作为社会经济单位的农户家庭，在人类漫长的历史时期发生了许多变化，其农业的家庭经营也在各个历史阶段中多次改变其发展条件和经营内容，表现出各个时期的不同特点。

进入新石器时代以后，才开始有了原始农业和畜牧业。与原始社会这种极其低下的生产力状况相适应的，是以原始共同体、氏族公社为单位的公有制关系。因此，农户本身就是原始共同体，就是原始社会的一个基本经济组织单位。在原始社会，表现出以农户占有生产资料和农户家庭成员共同从事农业劳动的特征。

进入奴隶社会，最初是家长奴隶制，家庭生产经营表现为作为奴隶主的家长支配全部家产、妻子、儿女和奴隶，当然家长自己也参加生产劳动。当进入社会范围内的奴隶制后，就出现了奴隶主大规模地使用奴隶进行生产劳动的普遍现象。

当历史进入封建社会后，封建生产方式代替奴隶社会生产方式是一种历史的进步，农户家庭普遍有了自己的一定的家庭经济和经营农业的权力；农业家庭经营是自给自足的，除向地主纳租以外，农民在土地上的收获主要是供家庭消费。

进入资本主义社会后，家庭农场这一农户经营的高级形式首先在英国出现，随后迅速发展到其他欧美国家，相比较实行雇工经营、工厂化劳动的资本主义大农场，家庭农场发展得更快。所谓家庭农场是指以农户家庭为单位进行农业生产经营，是一种农户家庭拥有生产资料的所有权或使用权，能自主决策、独立经营的经济组织。[①] 家庭农场有两个显著的特点：农场主集所有者、经营者、劳动者于一身；农场主要依靠家庭劳动力，雇工一般不超过总劳动量的二分之一或者 1.5 人/年。

当历史进入社会主义社会，世界上第一个社会主义国家苏联在农村普遍建立集体农庄，计划以农业的合作化、集体化、国有化来代替农户家庭经营、消灭家庭经营，结果农业经济效率普遍低下，农产品的供给长期难以满足日益增长的社会需要。继苏联之后，东欧各社会主义国家和中国也都仿照苏联建立集体农庄，结果与苏联大同小异，所以，各国不得不纷纷改革探索农户家庭经营的措施，以寻求农业发展的新出路。

---

① 李秉龙、薛兴利：《农业经济学》第 2 版，中国农业大学出版社 2009 年版，第 246 页。

总之，不同社会形态的农业产业发展主体表现出不同的特点，可列表总结如表 4 - 1 所示。

表 4 - 1   不同社会制度的农业产业生产经营主体

序号	社会制度	农业生产主体
1	原始社会	农户家庭共同从事农业劳动
2	奴隶社会	奴隶主使用奴隶从事农业劳动
3	封建社会	一定程度的农户家庭经营农业
4	资本主义社会	家庭农场经营农业
5	社会主义社会（计划经济时代）	集体农庄取代家庭经营农业
6	社会主义社会（市场经济时代）	农户家庭经营，并发展合作社、家庭农场等多样化的农业生产组织

资料来源：笔者归纳总结。

从表 4 - 1 可以看出，农业产业发展主体演变的历史表明，农户家庭经营存在于原始社会以来的所有社会制度中，也广泛存在于发达国家、发展中国家，这说明农户家庭经营可以与不同的生产力水平、不同的物质技术条件、不同的生产关系相适应，农户家庭经营具有巨大的发展潜力和旺盛的生命力。

二　新中国农业产业发展主体的演变

新中国农业产业发展主体的发展，经历了农户主体地位的确立、削弱、丧失直至重新恢复这样一个迂回曲折的发展过程。

（一）土地改革确立农户农业产业发展主体地位

中华人民共和国成立前，在老解放区约 1. 19 亿人口的地区已经进行了土地改革。中华人民共和国成立后，从 1950 年秋季开始，根据《中华人民共和国土地改革法》规定在 2. 9 亿农业人口的新解放区有计划、有步骤、有秩序地开展了土地改革工作。土地改革坚持依靠贫农、雇农，团结中农，中立富农，有步骤、有分别地消灭封建剥削制度，发展农业生产的总路线。[①] 由于实行了正确的方针、政策，土地改革进行得比较顺利。

————

① 吴承明、董志凯主编：《中华人民共和国经济史》（1949—1952）第 1 卷，中国财政经济出版社 2001 年版，第 216 页。

到 1953 年年底，除西藏、新疆等少数民族聚居的地区外，全国范围内的土地改革基本完成。又过了五六年，在新疆、西藏和彝族、傣族等少数民族地区，也按照不同民族、不同地区的条件和特点，因地制宜地分别完成了土地改革。土地改革的完成，废除了封建剥削的土地所有制，从根本上摧毁了中国农村长期存在的封建剥削制度，约 3 亿无地和少地农民无偿地分得耕地 4700 万公顷和其他生产资料，实现了耕者有其田，使劳动者与土地很好地结合起来，农户农业产业发展主体得到确认，极大地解放了农业生产力，激发了农民的生产积极性，使我国农业生产得到了较快的恢复和发展。

（二）农业互助合作运动时期农户主体地位削弱直至消失

1952 年国民经济恢复时期，党中央提出在我国农业社会主义的改造中，通过建立各种形式的农业生产互助组到农业生产初级合作社再到农业生产高级合作社，走上了农业生产合作化的道路。农业生产互助组的主要特点是生产资料私有、个体经营、实行劳动互助、农产品归农户自己所有，生产资料和劳动力在互相交换中使用，因数量和质量不等不能完全相抵的部分，根据当地的社会工资或当地的习惯以实物或现金的形式补足。农业生产初级合作社的土地私有，耕畜农具大部分也是私有的，但实行土地折股入社、统一经营和主要生产资料交给合作社统一使用，社员参加集体组织的生产劳动，实行有计划的经营，产品统一分配。公积金、公益金和管理费用由合作社集中掌握、统一使用，采取按资和按劳相结合的形式分配给社员的收入。农业生产高级合作社的特点是，集体共同拥有土地、耕畜与大型农具等主要生产资料，社员共同劳动，统一分配劳动成果，实行"各尽所能、按劳分配"的制度。高级合作社社员完全丧失了个体生产经营自主权，一切生产经营活动听命于集体的统一安排。到 1956 年 4 月，全国合作社总数已达 100.8 万个，参加农业生产合作社的农户达到 10668 万户，占全国农户总数的 90%，到当年年底入社农户达到 1.2 亿多户，占全国农户总数的 90%[1]，并基本实现了由初级社向高级社的转化，从而，农业社会主义改造任务基本完成。

可见，在生产互助组阶段，虽然在劳动过程中产生了"插犋换工"

---

[1]　梅德平：《中国农村微观经济组织变迁研究（1949—1985）——以湖北省为中心的个案分析》，中国社会科学出版社 2004 年版，第 80 页。

（以人工换畜力）、"变工"等传统的互助合作形式，但农户还是最基本的土地所有者和最基本的生产经营单位，农户的农业产业发展主体地位依然未有动摇。当进入到初级社，虽然原则上土地还归农户所有，但除了少量自留地外，其他土地都要折股入社，实行统一经营，农户已开始丧失了生产经营最基本决策单位的地位，此时，农户的农业产业发展主体地位开始动摇。到高级社阶段，由于完全取消了农户对土地、耕畜、大型农机具的私有产权，社员共同劳动，统一分配劳动成果，农户作为农业生产经营最基本决策单位的地位几乎完全消失，农户的农业产业发展主体地位几乎丧失殆尽。

（三）农村人民公社化时期农户主体地位完全丧失

1958 年，国家决定在农村建立人民公社制度，该制度的基本特征，第一是"一大二公"。"大"指的是公社的组织规模大，公社规模大小是衡量所有制水平先进的标志。"公"指的是主要生产资料追求纯粹的公有制，在全公社实行统一经营、统一分配、自负盈亏。第二是"政社合一"。是指人民公社既是劳动农民的集体经济组织，又是农村政权的基层单位，集工、农、商、学、兵为一体。第三是"一平二调"。"一平"指分配上实行平均主义。"二调"指在公社范围内，村与村、队与队之间，在人、财、物上常常实行无偿调拨。第四是三级所有，队为基础。即生产资料归人民公社、生产大队和生产队三级所有，生产队为基本核算单位，人民公社确定生产计划和分配方案。可见，人民公社时期，农业生产经营的最基本决策单位是生产队，而不是农户。这股"共产风"带来的结果就是使农户发展农业的主体地位遭到毁灭性冲击，消失殆尽。

（四）以家庭联产承包责任制为中心的改革重新恢复农户的主体地位

人民公社体制运行 20 年，明显暴露出这种农业管理体制的低效率。1978 年年底，党的十一届三中全会确立了在农村实行以家庭联产承包责任制为中心的经济体制改革：在所有制形式上，联产承包责任制在保留土地归集体所有的基础上，将其他生产资料作价到户，归农户所有和使用。农户也可以根据自身发展的需要购置其他生产资料。在经营方式上，确立农户是农业生产经营的主体，生产队是农业生产的辅助性服务单位，只负责组织少数不适合家庭承包经营的生产项目或农业生产经营过程中一家一户做不好、做不了的环节。在分配方式上，农户在按承包合同规定上缴国家农业税和集体提留以后，剩下的农产品全部归自己所有和处置。这样，在广大农村就形成了以家庭承包经营为基础、统分结合的双层经营体制，随着家庭联产承包责任制的普遍推行，农户农业产业发展的主体地位重新得到恢复。

（五）近几年来农户的主体地位得到进一步巩固和发展

随着农业、农村改革的深入和社会主义市场经济体制的建立，特别是党的十六大做出了我国总体上已进入以工促农、以城带乡发展阶段的重要判断，党的十七届三中全会通过了《中共中央关于推进农村改革发展若干重大问题的决定》，党的十八大特别是十八届三中全会提出要把解决好农业农村农民问题作为全党工作重中之重，这些战略部署进一步巩固了家庭农户的农业产业发展主体地位（见表4-2），并有力地推动了专业户、专业大户、农民合作社、家庭农场等各种适应现代农业发展要求的农业产业组织的发展。

表4-2　　　　农业生产经营户和农业生产经营单位数量及构成

	农业生产经营户		农业生产经营单位	
	数量（万户）	比重（%）	数量（万个）	比重（%）
合计	20016	100.0	39.5	100.0
按行业分				
农作物种植业	18414	92.0	7.0	17.9
林业	411	2.1	9.9	25.1
畜牧业	990	4.9	4.4	11.1
渔业	149	0.7	4.3	10.8
农、林、牧、渔服务业	52	0.3	13.9	35.1
按地区分				
东部地区	6550	32.7	19.3	48.9
中部地区	6060	30.3	9.0	22.8
西部地区	6128	30.6	8.7	22.0
东北地区	1278	6.4	2.5	6.3

资料来源：2008年国家统计局发布第二次全国农业普查主要数据公告（第二号）。

总之，可将上述新中国农业产业发展主体的演进过程做如下的归类分析（见表4-3）。

表4-3　　　　　　新中国不同时期的农业产业生产经营主体特点

序号	时期	农业生产主体
1	土地改革完成	农户生产经营主体地位确立
2	农业互助合作	农户生产经营主体地位开始削弱
3	农村人民公社化	农户生产经营主体地位完全丧失
4	家庭联产承包责任制确立	农户家庭经营主体地位重新恢复
5	建立社会主义市场经济以来	农户主体地位得到发展，专业户、专业大户、合作社、家庭农场等农业组织呈现多样化

资料来源：笔者归纳总结。

从表4-2、表4-3可以看出，农业初级社以前农户被确立为农业产业发展的主体；农业初级社、高级社以及农村人民公社时期，生产队、生产大队成为农业产业发展的主体，农户的农业产业发展主体地位被削弱甚至完全丧失；农村人民公社体制崩溃，家庭联产承包责任制确立，农户取代生产队重新成为中国农业发展的最基本的经营主体；近几年来，虽然适应现代农业产业发展要求的各种农业专业大户、农民合作社、家庭农场等农业产业组织不断出现并发展壮大，但农户生产经营仍占所有农业生产经营户（单位）的99.8%，农户的农业产业发展主体地位得到进一步巩固和发展。

三　中国农业产业发展市场主体选择

现代农业发展的经验表明，只有按照现代市场经济的要求建立起规范的农业产业发展市场主体，不断提高农业的市场竞争力，才能顺利实现对传统农业的现代化改造。很显然，要实现对我国传统农业的现代化改造，就必须依据我国的国情塑造和培育自己的农业产业发展市场主体。

（一）中国农业产业发展市场主体选择应考虑的因素①

一般认为，家庭、企业和政府是现代市场经济的三大市场主体，三者中间，企业又是最主要的市场主体。那么，我国农业产业发展的市场主体究竟是家庭、企业还是政府抑或其他，我国农业产业发展的市场主体选择到底应考量哪些影响因素及约束条件，分析认为我国农业产业发展市场主

① 戴孝悌：《我国农业产业发展市场主体选择因素探析》，《安徽农业科学》2011年第33期。

体选择主要应考量下面四个方面的因素：

1. 政治层面要充分考虑现阶段我国农业产业发展主体特点

前面已经分析，农业初级社以前农户被确立为农业产业发展的主体；农业初级社、高级社以及农村人民公社时期，生产队、生产大队成为农业产业发展的主体，农户的农业产业发展主体地位被削弱甚至完全丧失；农村人民公社体制崩溃，家庭联产承包责任制确立，农户取代生产队重新成为中国农业发展的最基本的经营主体。但是，这个演进过程中所表现出来的农户经营主体地位的这样一个否定之否定过程，绝不是简单的重复与回归。与传统农户主体地位相比，当代中国的农户主体地位具有其鲜明的时代特征。首先，相比农业初级社以前的农户对土地具有所有权而言，当代中国的农户只有土地的使用权，而没有所有权，农户只是一种特殊制度安排下的租佃（承包）农户；农户与村社的关系变得更为松散，有着更为广阔的制度创新空间。其次，我国当代的农户经营是在我国建立社会主义市场经济体制这一宏观大背景下的农户经营，它虽保留了传统的小规模农户家庭生产经营的组织形式，但逐步改变了传统的自给自足的自然经济属性，农户家庭经营越来越向市场化、社会化和组织化方向发展。几十年的农业产业发展实践证明，农户家庭经营是符合我国农业产业发展的经营体制，也是深受广大农民欢迎的农业经营形式。因此，包括培育农业产业发展市场主体在内的任何农村改革都必须以此为基础。

2. 经济层面必须坚持双层经营体制并按市场主体企业特性培育

与西方各国市场经济不同，我国建立的是社会主义市场经济，它内在包含着两个方面的规定性：一是市场经济的一般共性，二是社会主义制度本身的特性。所以，一方面，要坚持社会主义制度，坚持在我国的农村和农业经济发展中，实行以家庭承包经营为基础，统分结合的双层经营体制这一农村经济的基本制度。理论和实践证明，家庭承包经营调动了农民的积极性，解放了整个农村的生产力，促进了农村集体经济发展。因此，发展市场农业，塑造和培育我国农业产业发展市场主体必须坚持社会主义市场经济制度，坚持土地等基本农业生产资料的集体所有制，在坚持以家庭承包经营为基础、统分结合的双层经营体制的前提下进行，绝不能照搬西方发达国家对农业进行私有化改造的经验。

另一方面，塑造和培育我国农业产业发展市场主体，也应该考量市场经济的共性，即必须考虑市场经济最重要的市场主体企业的特性，并按照其特性要求进行农业产业发展市场主体的塑造和培育。因为市场经济中的企业，遵循市场经济运行的规则，充分发挥市场对资源配置的基础性作用，按照自主经营、自我积累、自我发展、自负盈亏的原则，直接从事生产、流通和服务性的经营活动，追求利益最大化，并依法纳税，从而成为市场经济条件下最基本、最重要的市场活动的主体，是市场机制运行的微观基础。所以，塑造和培育农业产业发展市场主体，就应该研究市场经济中企业的特征，这是市场经济对其企业主体的要求，也是对农业产业发展市场主体的要求。

3. 自然层面必须考虑农业产业特性及我国农业资源禀赋状况

农业生产的特点是自然再生产过程与经济再生产过程交织在一起。农业生产既受生物学规律的支配，又受诸多自然条件的影响，这些特点决定了劳动组织不宜太大，生产者的利益要与最终经营成果挂钩。又由于农业生产的大部分作业不能实行严格的分工协作，甚至一些简单的协作也不能取得明显的效果，因此农业生产不能将工业中的协作方式生搬硬套到农业中去。[①]

我国农业资源禀赋状况特点明显：土地总量较大，人均占有量较少。我国陆地总面积约占全世界陆地面积的 1/15、亚洲面积的 1/4，位居世界第 3 位。但人均占有土地面积仅 0.8 公顷，相当于俄罗斯的 1/14、加拿大的 1/42、世界平均水平的 1/3。农用地比重偏低，人均占有耕地少。人均耕地面积只有世界人均量的 1/4、美国的 1/7、印度的 1/2。[②] 近年来，各项建设的发展又使耕地面积逐年减少，人口与土地资源的矛盾更加突出。并且，在相当长的一个时期内，土地还将是我国农民生存的基本保障，平均分配土地承包经营不可避免。目前，我国有 2.5 亿左右农户，承包后农户的平均土地经营规模仅有 0.54 公顷，而且为充分体现公平，将各种高、中、差土地搭配分配，平均每户有 10 块土地。而国外中等以上收入的国家农户户均耕地面积为 1147 亩，是我国土地经营规模的 150 多倍。我国农业经营规模只相当于欧盟国家的 1/40，相当于美国的 1/400，即使与人多地少、自然条件特殊的日本相比，我国也只相当于其经营面积

① 李秉龙、薛兴利：《农业经济学》第 2 版，中国农业大学出版社 2009 年版，第 249—252 页。
② 周亚鹏、许皞等：《土地资源可持续利用与我国土地资源利用对策》，《河北农业科学》2005 年第 2 期。

的 1/2。① 由于我国从事农业的人口众多，土地面积相对较小，机械化程度和科技水平还相对落后，农业规模经营的压力是一种现实存在，这样的农业资源禀赋状况，使我们在塑造和培育我国农业产业发展市场主体时不得不考虑。

4. 社会层面必须借鉴发达国家发展农业市场主体成功经验

从国外农业现代化的历程来看，伴随着工业化、科技化和社会化的迅速发展，像美国、加拿大、法国等发达资本主义国家原先的小农经济都逐步转化成了具备现代化、专业化和社会化特征的家庭农场经济，家庭农场成了市场农业发展的主体，成为现代农业最基本的组成要素。家庭农场按照经营规模可分为大、中、小型家庭农场，美国、加拿大等人少地多的国家的农场属于大型家庭农场，法国等欧洲国家属于中型家庭农场，日本和台湾地区等人多地少的农场则属于小型家庭农场；按农场的经营范围可将家庭农场分为专业型和复合型两类，专业型农场是指主要从事诸如粮食作物、经济作物、畜牧养殖等某类农产品生产的农场，而复合型农场则是指从事种养结合或者种植业与加工业相结合的家庭农场。据统计，美国、加拿大、法国在实现农业现代化之后，家庭农场的数量占各种农场总数的比例分别达到了 88%、92% 和 80%。上述三国农业发展的历史表明，家庭农场是农业产业发展的重要市场主体，有力地推动了三国农业产业的快速发展。

除家庭农场外，农业合作社也是发达国家农业产业发展的市场主体。目前，发达国家农民合作经济组织主要有传统农业合作社以及新一代农业合作社两种组织形式。传统农业合作社是指按国际合作社联盟的"自愿、开放的会员资格"、"成员民主管理"、"成员经济参与"、"独立性与自主性"、"教育、培训与信息"、"合作社间的合作"和"关注社会"7 项原则组建起来的合作社，这种合作社主要有以美国、加拿大为代表的农场主合作社，以德国、法国为代表的专业性合作社，以及以日本为代表的社区性合作社。2002 年，美国当年共有 3140 个农业合作社在运营，共拥有279 万多社员（美国农民的数量不过 200 万左右）。目前，法国有 1300 多个农业服务合作社，43000 个农业共同经营组合，90% 的农场主是农业合作社的成员。日本有综合农协 25000 多个，专业农协 3513 个左右，全国

---

① 杨国玉、郝秀英：《关于农业规模经营的理论思考》，《经济问题》2005 年第 12 期。

100％的农民以及部分地区的非农民参加农协，现在正式会员 546 万人，准会员 350 万人。① 新一代合作社是指过去大约 20 年间最早出现于美国北达科他州和明尼苏达州，以后逐渐发展到相邻的其他州和加拿大的 200 多个开展农产品加工增值、实行封闭成员制的合作社。新一代合作社具有符合国际合作社联盟 7 项基本原则的大多数特征，同时又有了一些新的发展：提高社员支付的首期投资；社员享有同投资额相当的交货权并可以转让交货权益；各个社员资本具有封闭性和稳定性；主要发展高附加值的加工业以增加社员收入；随着赢利趋势的增强，将尽可能多的利润及时以现金形式返还给社员。② 总之，发达国家的农业合作社为分散的农户实现规模经营，为加快农业产业发展做出了巨大贡献，也为培育和塑造我国农业产业发展市场主体提供了宝贵的经验。

（二）现代农业产业发展市场主体分析

考量上述制约我国农业产业发展市场主体选择的四个方面因素，分析认为我国农业产业发展市场主体可以是现代家庭农场、现代农业企业和农民专业合作社。下面主要分析这三大农业产业发展市场主体。

1. 现代家庭农场

建立在家庭承包经营体制基础之上的现代家庭农场是适合我国现代农业发展要求的组织形式，是适合现代市场经济发展要求的农业产业发展市场主体。所谓现代家庭农场是指以农户家庭为生产经营组织单位，通过租赁、承包经营较多国有或集体土地的形式适度规模经营，采用现代化的生产手段和科学的管理方式，实行自主经营、自我积累、自我发展、自负盈亏的以追求利润最大化为目标的农业法人经济实体。具体来说，现代家庭农场具有以下特点：

第一，现代家庭农场土地集体所有权不变。这是由我国将长期实行以家庭承包经营制度为基础、统分结合的双层经营体制的基本制度决定的。第二，现代家庭农场适度规模经营。由于土地等基本资源紧缺，人口多土地少特别是耕地少的基本矛盾会更加突出，再加上长期实行以家庭承包经营制度为基础、统分结合的双层经营体制，决定了我国现代家庭农场仍不可能像美国家庭农场那样的大规模，而只能是有些农户通过向集体承包较

----

① 吕青芹、张林、韩星：《国外的农业合作社》，中国社会出版社 2006 年版，第 28、57、112 页。

② 郭灿章：《发达国家农业经营组织发展的形式及特征》，《世界农业》2006 年第 3 期。

多土地或通过土地流转的形式进行适度规模经营，以实现规模经营经济。第三，农场主主人及家庭人员可能还直接参与生产经营活动，但现代家庭农场的生产经营活动将会更多地依靠雇用家庭外成员参与生产经营活动，通过来自家庭外的市场上的人力资源、产品信息等信息资源决定自己的生产经营方向，调整农产品生产结构，以实现其价值追求的目的。第四，生产专业化、社会化程度高。现代家庭农场将依据土地特点、气候条件、家庭人员的技术经验在农场集中种植一两种作物或养殖一两种动物，实行专业化生产，提高农产品的商品化率；或者根据自己的专长并通过自己所能筹集到的资源专门进行农业产前、产中、产后服务，以获得农业生产更高的效率。第五，农业生产技术设备先进，管理科学有效。现代家庭农场就是一个现代企业，为了追逐利润最大化，提高家庭农场的市场竞争力，农场会尽力采用农业先进技术，运用企业管理的理念来进行管理，实行科学管理，以提高农业机械化、化学化、科学化水平。第六，现代家庭农场经营稳定效率高。与西方家庭农场的经营管理与生产主要依赖市场调节带来生产经营不稳定、农产品浪费损失大、农业效益受到影响不同，因而仍将接受政策与市场双层调控的我国现代家庭农场的生产经营稳定、农业效率高。

2. 现代农业企业

现代农业企业是指充分发挥市场对土地、劳动、资金等农业生产要素的基础配置作用，按照现代企业生产经营方式，以营利为目的，独立经营、自负盈亏，从事农业、林业、牧业、副业、渔业等商品性农业生产以及涉农生产经营活动的产权清晰、权责明确、政企分开、管理科学的具有独立完善法人地位的经济实体。现代农业企业主要包括由专业大户或家庭农场发展演变而来的现代中小型农业企业和农业股份公司。更能适应社会主义市场经济体制发展要求的现代农业企业表现出传统农业企业更多的特点，具体主要有：

第一，现代农业企业产权清晰，有明确的产权主体对资产行使占有、使用、处置和收益等权利。产权清晰有利于对农业的各种生产资源进行优化配置，为规范市场交易行为提供制度基础，有效保障产权主体的合法权益，并有助于解决外部性问题。第二，权责明确，指现代农业企业的所有者、经营者和劳动者各自的权利和责任得到合理区分和确定。所有者、经营者、劳动者在企业中的地位和作用是不同的，他们享有的权利和承担的责任也是不同的。所以，在所有者、经营者、劳动者及其他利益相关者之间，建立起了相互依赖又相互制衡的机制，以确保企业共同目标的实现。第三，政企分开，就是政府行使管理职能、宏观和行业管理职能与现代农业企业经营管理职能分开。既充分发挥了市场对土地、劳动、资金等农业生产要素的基础配置作用，也有效地发挥了政府的宏观调控作用，达到了提高农业企业适应市场经济发展的能力。第四，管理科学，它包括了现代农业企业组织合理化和企业质量管理、生产管理、供应管理、销售管理、研究开发管理、人事管理等各个方面管理的科学化以及采用供应链管理、团队管理、客户关系管理、组织再造、学习型组织等先进的管理方式。为了实现现代农业企业管理科学化，现代农业企业积极学习和创新，引入包括国际上先进的管理方式，设计出科学合理的内部激励、约束机制，最大限度地调动人的积极性、创造性，以降低企业管理成本，提高企业管理收益，最终达到提高企业管理经济效率的目的。总之，表现在现代农业企业的经营管理上，确立了以市场为中心和依托的现代化管理观念；建立了市场适应性能力强的组织命令系统，健全和完善了企业内部各项规章制度，实现了组织现代化；广泛采用现代管理技术方法和手段，建立了高水平的科研开发机构和高效率的决策机构，强化了企业发展的战略研究制定和实施明确的企业发展战略、技术创新战略和市场营销战略，并根据市场供需变化适时调整战略。

3. 农民专业合作社

作为我国农业产业发展市场主体选择方向之一的农民专业合作社，它是一种农业合作经济组织，尤为引人关注，并值得期待。

根据《中华人民共和国农民专业合作社法》，规范的农民专业合作社是指在农村家庭承包经营基础上，同类农产品的生产经营者或者同类农业生产经营服务的提供者、利用者，自愿联合、民主管理的互助性经济组织。它包含以下两层意思：一是农民专业合作社以合作社成员为主要服务对象，为合作社成员提供农业生产资料的购买，农产品的销售、加工、运输以及与农业生产经营有关的技术、信息等服务；二是合作社要依照农民专业合作社法在工商部门进行登记，取得法人资格。经典农民专业合作社具有下面一些显著的特点[1]：农民专业合作社由农户遵照农民拥有、农民

---

① 简小鹰：《中国现代农业的组织结构》，中国农业科学技术出版社 2010 年版，第 130—136 页。

管理、农民受益的基本原则，自发自愿组织而成，实施民主管理，专业合作社不直接干预农户经营，农户拥有完全的经营自主权；农民专业合作社围绕农业产前、产中、产后各方面的服务以及农产品的储运加工等方面开展活动，其主要功能是提供信息、调剂资金、协调生产、帮助交易谈判等；无论农民专业合作社形式如何变迁，农民专业合作社的核心仍是按交易额分配盈利，但农民专业合作社不是一个纯营利性的经济组织；农民专业合作社通过将分散的农户组织起来，依靠合作社的集体行动，能够提高农户在购买投入品和服务以及销售自己的产品中与其他商家的谈判权，从而降低单个农户在收集信息、合同谈判及实施等环节的交易成本，实现规模经济，提高农户的市场竞争力。总之，一方面，经典农民专业合作社是一种企业组织，虽然它与普通的属于非企业组织的社会团体不同；另一方面，经典农民专业合作社与其他商业性企业不同，它是一种由它所服务的人们共同拥有和民主管理，其利益在使用的基础上取得并公平地进行分配的特殊企业。农民专业合作社的上述特点决定了它对我国农业产业的发展具有极其重要的作用，主要表现在：由于各种运输、销售和加工合作社的存在，促进了农产品的流通，而流通又是商品经济发展的关键环节，所以农民专业合作社推动了农业商品经济的顺利发展；农民专业合作社通过为农业发展提供足够的资金、先进的技术和装备，推动了农业现代化进程；农户通过农民专业合作社将家庭经营与社会化大生产及大市场联系起来，促进了农业生产的专业化和一体化，有利于降低农户进入市场的交易费用，有利于农户获得规模经营带来的利润，有利于减少或避免农业经营的自然风险和市场风险。

第二节　农业与工业、服务业产业发展主体分析[①]

上一节分析表明，农户成为我国农业产业发展的最重要的主体，今天，专业户、专业大户、农民合作社、家庭农场等也发展成为农业产业的重要主体。与农业不同，工业、服务业产业发展的主体是企业，是在家庭手工业基础上发展起来的现代企业，有着与农业产业发展主体农户经营不

---

① 戴孝悌：《我国农业产业组织与工业产业组织比较分析》，《发展研究》2011 年第 3 期。

同的优势。

一　中国农业产业发展主体的优势

（一）农户家庭经营的优势

1. 农业生产的自然特性决定农户家庭经营有着较高的效率

农业生产过程是自然再生产和产品再生产过程的统一，具有可控性较低、风险大，生产连续性和生产周期长，以及劳动监督成本高等特征，这就要求农业生产组织既要有一定的灵活性和分散性，又要有较高的稳定性，尽可能达到生产成本和社会成本的一致。农户家庭组织正好具备上述这些要求，表现出在农业直接生产过程中有着较高的效率。舒尔茨、林毅夫、文贯中等通过计量分析充分说明农户家庭经营在我国农业直接生产过程中表现出巨大的制度绩效。林毅夫（1994）曾计算表明，在 1978—1984 年间的农业总产出中，实施家庭承包经营责任制使农业产出增长了约42%，大约相当于投入增加的总效应。毛科军、巩前义曾计算表明，由于家庭联产承包责任制的实施，1978—1992 年整个农业劳均创造的农业总产值年均增长率为13.08%。

2. 农户家庭经营是坚持效率与公平原则配置土地资源的最佳载体

由于我国人多地少，农户户均耕地面积只有 0.53 公顷，对于大部分农民来说，土地依然是其生存之本、衣食之源，土地所承担的生存即社会保障功能重于生产功能。所以，土地在稳定农村经济和促进农民就业中的地位不能动摇，因而也就意味着农户家庭经营在农业生产中的地位不可改变。于是，在公平优先、兼顾效率的原则下，实行了耕者有其田的政策，土地按劳动力或人劳比例平均分配，完善家庭承包经营制度。高度紧张的人地关系制约着我国农业经济的快速发展，也决定了我国农业生产经营的组织形式必须是农户家庭经营，农户家庭经营自然就成为我国土地资源配置中坚持效率与公平原则的最佳载体。

3. 农户家庭经营组织与我国农业生产力发展水平相适应

现阶段，总的来说，我国农业生产力发展水平还比较低。要提高我国农业生产力发展水平，一般来说有两条主要的途径：一是在实现农业劳动力顺利转移和实行土地适度规模经营的基础上，提高农业机械化、现代化水平；二是在农户家庭承包经营的基础上，加大生物工程技术等现代生物技术的投入和推广，并通过精耕细作，实现集约化生产。由于生物、化学技术具有较强的可分性，基本不受农地经营规模的限制，所以我国人多地少的农业资源禀赋决定了农业的技术选择应该以生物技术为主，农户家庭组织无疑是这种生产力与生产关系相统一的生产方式的主要载体。

（二）农业产业组织经营的优势

为了解决"小生产"与"大市场"的矛盾，农户家庭希望组织与合作的愿望越来越强烈，因而各种各样的农业产业组织便应运而生。由于农业产业组织分类缺乏统一标准，名称也比较混乱，比如有产业化经营组织、农民技术协会、农产品行业协会、农业行业协会、专业协会、专业合作经济组织、合作社、社区合作经济组织、农联等，对上述各类组织的内涵、外延的使用也很不规范。但如按照组织多元参与主体间的内部交易方式和利益结合形式的不同，可以将各种不同农业产业组织划分为合同生产模式、合作社模式、公司企业模式三类不同的组织模式。① 下面分别就农业产业的这三种模式展开分析。

1. 合同生产模式组织的经营优势

合同生产模式是由独立的农业生产经营主体农户通过与中介组织签订临时产销合同（因为公司企业本身也是一种契约，所以相对于作为一种长期契约的公司企业而言，这种产销合同只能算是一种临时契约），确立缔约各方相应的权利与责任关系，从而借助中介组织实现农户"小生产"与"大市场"的有机连接。该种模式在我国的典型形态就是"市场＋公司＋农户"，根据中介组织的不同，该种模式具体表现为"市场＋龙头企业＋农户"、"零售市场＋专业批发市场＋农户"等多种形式（见表4－4）。②在这种模式下，中介组织就成了农户走向市场的桥梁和纽带。

"市场＋公司＋农户"是一种最典型的合同生产组织模式。它是指拥有雄厚资本实力的公司与众多拥有微量资本且资本分散的农户通过合同契约联结成的一种组织模式。组织运行制度安排为农户按照合同契约约定的数量进行生产，公司按合同契约约定的数量进行收购、加工、销售并提供一定的产前、产中信息、技术等服务。在这一合同生产组织形式中，由于公司拥有相对雄厚的资本实力，使得公司在和其他类型的公司进行市场交易时有较大的自主权和谈判能力，同时也具备较强的市场信息收集、市场开拓、加工增值、技术开发等能力，从而在一体化发展中能按照契约给农

① 王能应：《我国农村经济组织模式的比较研究》，《党政干部论坛》2004 年第 2 期。
② 池泽新等：《关于农业中介组织若干问题的探讨》，《农业经济问题》2004 年第 5 期。

户更多的稳定的原料供应、技术支持和信息服务。在这种模式下，农户按照公司的市场经验和信息渠道获取到的市场供求信息，及时调整生产经营结构，组织生产经营并按照契约合同向公司提供所需的货源以满足市场需求。这种模式利用契约规定公司与农户之间的经济利益关系，一方面，在一定程度上降低了企业和农户等的市场交易费用，促进了农业产业的发展；另一方面，市场价格手段和非市场的组织机制的有效结合，使得组织形式比较灵活，组织成本低。[①] "市场＋公司＋农户"组织形式，使公司与农户双方形成了一种市场化联系和类企业化经营，在农业发展市场风险高、农业产业需要引入资金和现代技术要素的发展阶段，"市场＋公司＋农户"组织具有较大的适应性。

表4－4　　　　　　　　　合同生产模式组织的具体类型

具体 　　　类型 组织 模式	类型1	类型2	类型3	类型4	类型5	类型6
合同生产 模式	市场＋公司 ＋农户	市场＋龙头 企业＋农户	零售市场＋ 专业批发市 场＋农户	市场＋农业 科研院所＋ 农户	市场＋农民 科技协会或 研究会＋ 农户	市场＋政府 技术服务部 门＋农户

资料来源：笔者归纳总结。

2. 合作社模式组织的经营优势

合作社模式是农户为改善农业生产经营条件，谋求和维护自身利益，按照自愿、民主、平等、互利等原则建立起来的一种合作经济组织和社会团体，具体形式包括各种各样的合作社及其各种联合组织。合作社将分散的、弱小的家庭农户等小生产者组织起来，使农户成为一个联合体，提高农民的组织化程度。典型的合作社，运用合作剩余，为入社的农户谋取经济利益，按社员与合作社的交易额来实行利润返还。合作社可以自身直接从事农业产前、产中、产后等各种生产经营活动，成为农业产加销一体化经营的直接载体和组织者，也可以以中介人的身份与涉农的工商企业进行接洽，将分散的农户纳入农业产业一体化发展轨道。目前，我国合作社模

---

① 张绍丽：《我国农业产业组织的主要模式与绩效分析》，《新东方》2006年第6期。

式主要包括各类专业协会、技术研究会、行业协会、农民专业合作社、农联和各种农民专业性合作联合组织等新型农业专业合作经济组织，农村供销合作社、信用合作社等传统的农业专业合作经济组织，以及社区合作经济组织（农民合作经济组织分类见图4－1）。①

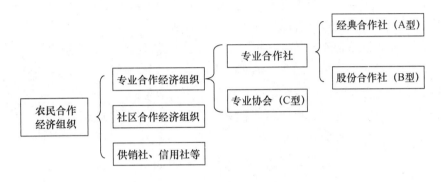

图4－1　农民合作经济组织分类

资料来源：徐旭初，2005。

　　以农民专业合作社为典型代表的合作社组织一经出现就表现出了很多优势。首先，合作社组织有利于降低农户进入市场的交易费用。因为合作社组织可以为农户提供信息服务，满足农户对各种信息日益增长的需要，从而有利于节约单个农户获取信息的费用；农户通过合作社组织进行合作运销，减少市场交易数量，提高市场交易效率；还有利于增强农户的市场力量，保护农民利益。其次，有利于农户获得规模经营带来的利润。农业规模经营一般有农户家庭内部经营规模扩大和外部经营规模扩大两种基本方式。而合作社组织就是一种外部经营规模扩大的组织形式，它可以提高农业生产的集约化和市场化程度，降低农户的生产成本和市场交易成本，获得农户在分散经营条件下无法获得的规模经营效益。最后，有利于减少或避免各种农业经营风险。因为通过合作社组织与市场连接，按市场需求组织农户安排生产，发挥合作优势，避免分户生产经营的盲目性和随意性，从而减少生产经营风险；通过合作社组织成员之间的互助合作，共同抵御自然灾害，尽快恢复生产，有效减轻灾害程度；合作组织还能有效地

①　孙亚范：《新型农民专业合作经济组织发展研究》，社会科学文献出版社2006年版，第130—131页。

提高技术普及的深度和广度，避免和减少技术风险。

3. 公司企业模式组织的经营优势

公司企业模式是指农户或专业大户出于逐利的目的，从事农业生产经营活动而组成的农场、公司或者企业组织，它主要包括传统家庭农场和农业企业两种模式。传统家庭农场是指以家庭为单位，通过经营自有土地或租赁、承包经营较多国有或集体土地的形式从事适度规模、标准化的农业生产，并销售品牌农产品的一种新型农业生产经营组织。农业企业是指从事农业、林业、牧业、副业、渔业等农业生产经营活动，具有较高的商品率，实行自主经营，产权明晰的具有独立法人地位的经济实体。[1] 按照现代企业组织形式不同，可以将我国多种多样的农业企业做如下归类（见图 4 - 2）。具体则主要有独资型、合伙型、联营型、合作制型、股份制型、集体农业企业和非农企业创办的农业企业等类型。[2]

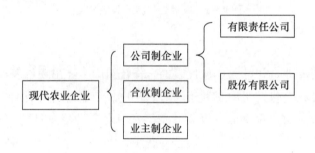

图 4 - 2　现代农业企业分类

资料来源：笔者绘制。

相比家庭农户而言，传统家庭农场具有下述优势：第一，传统家庭农场是在土地集体所有的框架下，耕地通过流转向种植养殖能手和经营型人才集中，他们通过承包集体较多的土地实现适度规模经营。这种家庭农场经营模式可以兼顾小农经济的灵活、因地制宜的优点和现代农业的规模经营的优势，有利于克服家庭联产承包责任制下一家一户经营分散、规模小、效率低的缺陷。第二，传统家庭农场根据土地资源的特点和市场需求实行专业化种植或养殖，充分学习利用现有的各种了解当地的自然与风土

① 农业大词典编辑委员会：《农业大词典》，中国农业出版社 1998 年版，第 1200 页。
② 闫占定：《论建立农业企业的选择性》，《湖北电大学刊》1996 年第 10 期。

并对他们耕作的土地与节气时令以及作物生长特征十分熟悉的农业乡土人才，继承、发展和利用当地的传统农业生产工艺技术，并积极采用新技术、新农艺和农业新机械，以便提高农业商品化、机械化、专业化水平，提高农业生产效率。第三，传统家庭农场的家庭利益的共同性和目标的一致性会使全体家庭人员容易协调共事，所以，传统家庭农场的管理成本低。另外，由于家长制的权威领导可以使家庭生产经营决策迅速，从而减少决策的环节，相应地节省了决策产生效用的时间，从而大大提高经营决策的效率。

相比家庭农户而言，我国的农业企业突破了农业个体生产和小农经济的低效率、低效益的限制，具有生产组织科学、技术条件较好、效率较高、效益较好等优点。具体表现在：第一，在家庭承包经营已使农户家庭生产资源使用结构优化、组合效率提高的基础上，受农业企业经营主体追求最大化利润动机的驱使，土地、资本、劳动力等农业生产力要素资源再次突破家庭、地域边界进行流动、重组和配置，从而提高社会生产力要素资源组合的使用效率，进而提高农业企业的利润率和农业生产力水平。第二，将超小规模的农户改造成为追求利润最大化的农业企业，就会促使农业企业为追求自己最大化利润目标而引入资金、技术、劳动力等现代生产要素，扩大企业生产规模，降低企业生产成本，提高企业生产效率，以便获得超额利润。第三，农业企业能有效克服与避免小规模农户的有限市场理性、信息闭塞及农户相互之间的过度竞争，打破农户"小而全"的经营方式，提高农业专业化、商品化、规模化及农民组织化水平，从而增强企业参与市场竞争的能力，促进市场的发育和完善，进而加快农业市场化进程。第四，相比小规模农户经营，农业企业提高了农业的比较收益，从而大大增加了农民的收入。农民收入的增长，又会产生对工业品的更大市场需求，从而推动城市及工业的发展，这又会大大加速农村剩余劳动力转移的进程。

二　中国工业、服务业产业发展主体企业的特点

工业特别是服务业成长的历史表明，作为工业、服务业发展主体的现代企业，是从事商品生产、流通和服务性活动的经济组织，具有以下几个显著的特点和优势：

（一）企业是人们之间为了更有效地竞争而组成的一种分工合作组织

一方面，企业不同于个人、家庭、家族宗法组织、同乡组织或宗教组织，而是由企业所有者和员工主要通过契约关系自由地（至少在形式上）组合而成的一种开放的社会组织。企业是具有不同利益、偏好和知识的利益相关者间博弈的结果。相对市场而言，企业合约的建立帮助行为主体减少知识搜寻成本并增强与他人合作的信心，企业合约的不确定性降低了许多。另一方面，与市场中的分工活动不同，企业中的生产、经营、质量、安全、设备、材料管理等专业化分工活动虽然多种多样，但这些分工活动存在着一定的联系，并通过对这些专业化分工活动的协调管理和一定的组织结构形式聚集在一起。因此，企业比单个分工生产活动简单联结具有较大的优势，它可以产生一种系统集成放大的作用。

（二）企业是一种有效率的制度安排

首先，企业是优化资源配置的一种方法。市场经济条件下，社会资源配置的基础性手段是市场，价格机制只能完成经济的协调职能。科斯研究认为企业的本质是对价格机制的取代，是通过计划机制实现企业内部资源配置的一种方法，目的是为了降低市场交易成本。其次，企业是一种激励、监察装置。[1] 阿尔钦曾论证说明，市场机制能使资源所有者按其产出获得相应报酬，从而为经济活动提供动力，所以，市场机制是一种有效的激励方式。但是针对团队生产，由于团队联合生产的产品中很难分别测量出每个人的产出贡献是多少，因此团队生产中不可能以产出交换的方式提供激励。阿尔钦认为，企业中必须有专人负责监督劳动，并且让监督者获得剩余索取权，以此产生激励，保证监督的有效性。因此，企业是一种节约费用的监察装置。最后，通过劳动市场获得的有关劳动者的相关信息是极为有限的，而企业中的管理者通过对劳动的监察过程，可以获得关于劳动者技能特长和品质方面的全面信息，并且企业的管理者还可以方便地利用这些信息，并通过薪酬等手段引导劳动力资源的优化配置。

（三）企业是进行管控的一种有效机制

首先，企业具有超越市场的协同能力。[2] 众所周知，工业企业生产要求生产的上下各道工序连续稳定运行、各个相关部门协同配合，由于企业生产有了统一指挥和调度以及协作各方在长期合作中形成的默契和共同适应的调整方式，企业生产能够连续有序运行，大大地减少了协调费用。如

---

① 刘东：《企业性质的完整解释——兼评交易费用论》，《南京大学学报》1998 年第 3 期。
② 同上。

果生产团队不是企业，缺乏组织指挥和统一调度，生产的协同性、连续性得不到保证，生产过程就会付出高昂的代价。其次，企业还具有超越市场的解决能力和避免冲突的能力。[①]企业现存的权威命令常常比无休止的讨价还价或诉讼更能有效地解决细小的冲突，因此，通过企业中已有的权威实施裁判，则大大节省了费用。再者，由于企业是长期合约，保证了团队生产成员的相对稳定性，在团队生产过程中长期发展起来的严密规则，会便于交流和沟通，因而易形成一种利于成员间相互沟通和调解冲突的能力。

（四）企业是围绕市场以收益最大化为目标的经济性组织

从企业的产生和发展过程可以看出，企业是市场经济的基本单位，是市场经济的最重要的参与主体。由于企业是单个职能资本的运作实体，追求利润是一切资本的天性，所以，企业的本质在于利用生产、经营某种商品的手段，通过资本经营，追求资本增值和利润最大化。从这个意义上说，社会主义市场经济体制下的所有企业，其作为资本实体的实质并没有变也不会变，社会主义市场经济体制下的企业所有者是资本所有者，这些企业经营者则是资本的经营运作者。因此，社会主义市场经济体制下的一切企业的运营本质上都是资本的运营，所有企业家的根本职能、职责都是用好、经营好资本，并尽一切办法让资本带来更多的利润并使资本自身增值。

（五）现代企业呈现出技术更先进、规模更大、管理更科学的特征

现代企业表现出不同于早期企业的许多新特征：现代企业普遍建立在现代先进的技术基础上，运用计算机和互联网等先进技术，大大提高了企业的生产效率；由于生产力向前发展，作为生产力形成和发展的组织形式的企业也进一步发展，现代企业规模进一步扩大，特别是跨国公司的出现，使企业经营规模达到前所未有的高度；为应对企业经营规模扩大的需要，企业普遍实行包括集成管理、机遇管理、知识管理、客户关系管理、绩效管理、团队管理、项目管理、虚拟管理、供应链管理、协同商务等在内的现代化科学管理等。

---

① 刘东：《企业性质的完整解释——兼评交易费用论》，《南京大学学报》1998 年第3 期。

第三节 现阶段中国农业产业发展主体 存在的问题及其原因

一 现阶段中国农业产业发展主体存在的主要问题

当下，一方面，农户家庭是我国农业产业发展的最重要主体；另一方面，农户家庭组织与合作起来的各种各样的农业产业组织也发展成为农业产业发展的重要主体。与工业、服务业的主体企业相比较而言，中国农业产业发展主体存在诸多问题。下面，将就上述两类农业产业发展主体发展中存在的主要问题分别进行分析。

（一）农户家庭经营存在的主要问题

我国以农户家庭承包经营为主的生产方式，虽然成功地解决了 9 亿农民的温饱问题，显示出了较高的生产效率。但由于分散的小农家庭市场能力缺乏，农业市场效率损失明显，农户家庭经营的缺陷日益显现出来。

1. 农户经营中分工协作与规模经济效率损失大

一般认为，分工协作能提高劳动生产率，规模经济也能大大降低生产成本，有效提高劳动生产率和管理效率。但是，由于我国有 2.44 亿农户，他们的生产经营方式呈现出传统农业典型的兼业化、细碎化、分散化特征，农产品商品化程度不高（见表 4 - 5），从表 4 - 5 可以看出，到 2006 年，大多数农户的农产品出售率不是太高，每个农户家庭都是生产几乎相似的农产品，农户间的经济联系十分薄弱，很难使农户进入农业产业链条上的加工、流通等领域，更难与之共享农业产业链价值。所以，农户经营使得农业内部分工协作与规模效益损失明显。

表 4 - 5　　　　　　　　1985—2006 年主要年份农村居民家庭
平均每人出售主要农产品数量　　　　　单位：公斤

年份	粮食	棉花	油料	麻类	烟叶	蔬菜	水果
1985	123.49	4.13	14.37	2.80	2.25	53.76	6.78
1990	180.24	4.31	12.87	1.56	2.67	65.07	13.17
1995	179.20	4.31	12.02	0.73	2.21	79.96	24.28
2000	264.74	5.59	18.43	0.47	2.73	132.07	46.43
2006	394.64	23.79	17.79	0.43	3.83	172.98	59.49

资料来源：毛科军、巩前文：《中国农村改革发展三十年》，山西经济出版社 2009 年版。

2. 农户经营交易成本高、市场风险大

由于农户经营规模狭小且极为分散，掌握的市场信息既不充分又不准确，与农业产前、产后部门所掌握的市场信息无论在质还是在量的方面都严重不对称，因而在市场交易中，农业产前、产后部门往往处于垄断地位，致使农户常常承担的风险大而获利较少，使农户在市场竞争中处于弱势地位。与此同时，由于农户缺乏自我组织能力和代表农民利益的合作经济组织等农业市场组织，大量农户分散、无序地进入市场参与竞争加剧了市场价格的波动，使农业生产中农产品价格和供给量不断变化的蛛网模型呈发散之势。单个农民直接闯市场，不仅市场交易成本很高，而且占有的市场份额很少，许多农户同场竞争，相互压价，增产不能增收。

3. 农户经营不利于农业技术进步

无论是采用新的农业生产技术措施、改善农业生产条件、提高农业管理技术水平还是农业生产劳动者与管理者的技术进步等，都需要投入一定数量的资本，而现实情况则是大多数农村、农户缺乏资金，并且我国的农村金融制度又很不完善，难以满足农户各方面生产经营对资金的需求，加之农业生产周期长导致农业投资风险大，而农户抗击风险的能力又相对比较低，从而大大地降低了农户进行农业技术改造和采用先进农业技术的积极性。再者，即使某些地区的单个农户具备资金供给能力和采用农业先进技术发展农业的意愿，由于农业技术进步存在着很大的外部性，从而也会在一定程度上限制农户家庭对农业新技术、新成果的运用。

4. 农户经营管理不规范，管理水平低

很多农户家庭内部的经营管理基本上是家长制，家庭成员之间按长幼排序，依靠血缘亲情关系使成员自觉地服从家长的管理，表现出家长独揽大权，家长的管理行为有较大的随意性，家庭经营分工不明，责任不清，缺乏严格的办事规则及明确的组织规范等特点。在农户经营发展的初期，这种模式是有一定效率的，对农户的成长作用也不小。但随着农户家庭经营规模扩大，生产日益组织化、社会化，农户经营管理不规范，管理水平低的问题日益凸显，反映在家长决策失误的可能性不断加大，对外融资的难度增加，排斥人力资本的民主参与和决策。这些"家长制"作风，势必阻碍农户家庭的进一步发展，严重地影响我国农业产业的发展。

（二）农业产业组织经营中存在的主要问题

如上所述，按照组织多元参与主体间的内部交易方式和利益结合形式的不同，可以将农业产业组织划分为合同生产模式、合作社模式、公司企业模式三种类型，下面将分别分析这三种组织模式经营中存在的主要问题。

1. 合同生产模式组织经营中存在的主要问题

在"市场 + 公司 + 农户"合同生产模式中，由于公司是一个具有相对实力的组织和资本实体，而众多的农户是分散的一个个个体，且其资本也是分散的，因而公司的资本实力远远大于分散农户的资本实力。加上签订契约的公司和农户双方的信息又是不对称的，所以农户在和公司谈判签约的过程中，常常处于非常不利的地位。又由于农业生产过程中如气候、土壤等自然条件的作用，很难对农产品的产量事先做出准确预测，因而也很难在契约中明确规定最终的交易量。所以，当市场价格因为不可预测的原因出现波动时，市场风险会再度转嫁到弱势的农户家庭身上。一旦遇到自然灾害，农户无力承担违约责任和自然灾害造成的损失，强势的公司也会因为自身利益遭受损失而拒绝给农户以必要的补偿，因此，基于合同契约的"市场 + 公司 + 农户"交易关系也就变得更加不稳定，这是一方面。另一方面，"市场 + 公司 + 农户"组织本身存在合作双方博弈的机会主义行为的内部缺陷，使得合同契约的约束变得脆弱，合作风险增加，合同不稳定。当市场出现波动，导致市场价格与契约价格存在差异时，公司和农户都有可能发生机会主义行为。因此，农户与公司契约得以有效履行的条件就是合约双方博弈达到均衡。一旦协议不构成纳什均衡，契约就不可能自动实施。而农户与公司合约双方信息的不对称、地位的不对等，普通农户要想维护自身的利益并构成纳什均衡有相当的难度，所以，"市场 + 公司 + 农户"这种组织模式缺乏长期效率。

2. 合作社模式组织经营中存在的主要问题

据中国合作经济的统计，截至 2013 年 11 月底，全国依法登记的农民合作社达到 95.07 万家，实有成员达 7221 万户，占农户总数的 27.8%。虽然合作社增长势头良好，但总体上说，还处于发展的初级阶段，这可从 2009 年、2010 年郭红东课题组两次组织研究生、本科生对 10 省 29 个地级市 442 家农民专业合作社的调查结果得到证实（详见图 4 - 3 至图 4 - 10，所有图中数据均来自于郭红东课题组）。

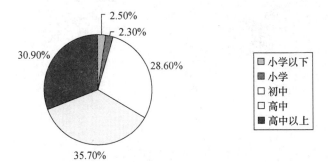

图 4 - 3　农民专业合作社社长文化程度

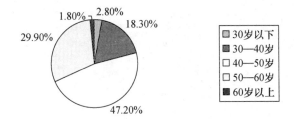

图 4 - 4　农民专业合作社社长年龄

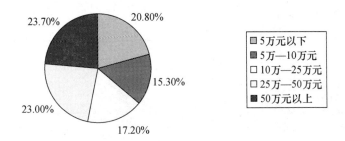

图 4 - 5　农民专业合作社注册资金

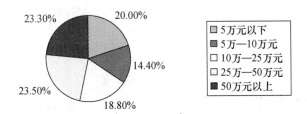

图 4 - 6　农民专业合作社成员平均总出资额

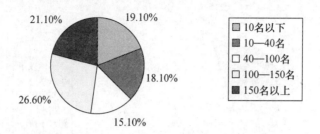

图 4 - 7　农民专业合作社社员数量

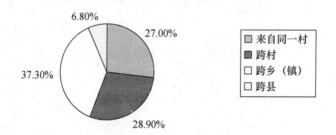

图 4 - 8　农民专业合作社社员分布

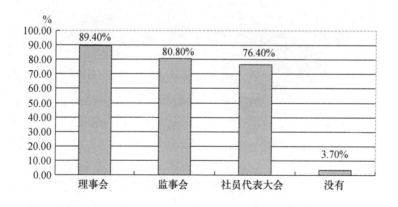

图 4 - 9　农民专业合作社成立相关机构分布

从上述图 4 - 3 至图 4 - 10 可以看出，农民专业合作社总体上不仅发展水平较低，功能还不完善，而且在组织制度上存在着一些缺陷，具体表现在：第一，存在地缘性、封闭性和自我保护性等先天缺陷。我国 90% 多的农民专业合作社等组织往往是为了改善特定社区的群体社会和经济状况而成立的以地缘为单位的经济组织，这种地缘性决定了合作社经济组织

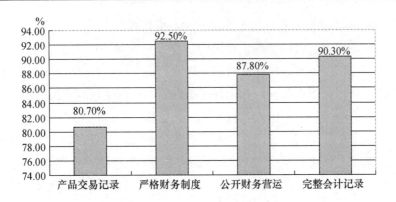

图4-10　农民专业合作社财务制度、会计记录分布

具有某种程度的封闭性，表明这个组织在一个相对封闭的地域和行业内从事与自身有关的经济活动，从而决定了组织机动性、灵活性较差。进一步来看，由于合作社经济组织是一种弱者的联合，带有浓厚的自我保护主义色彩，所以会导致合作社经济组织很难采纳先进的现代企业制度，难以发展壮大合作社经济组织自身。第二，内部运行机制不健全，发展不规范，决策效率不高。上述调查数据表明，农民专业合作社等组织普遍存在着组织机构不完善，规章制度不健全，利益联结机制薄弱，对外部组织依赖性强等诸多问题。特别是组织管理中强调社员的民主参与，实行社员大会一人一票的集体决策制度，容易降低合作社对于市场的应变能力。第三，资金不足，服务功能、市场竞争力和持续发展能力不强。农民专业合作社等组织的地缘性、封闭性，使得其缺乏必要的社会联系，仅局限在周边的几十户经营同一农产品的农户，跨行业、跨地区的组织还较少，所以一般的合作组织经营规模较小、注册资金少、资金缺乏、服务项目单一。上述调查数据表明多数合作社组织局限于提供一些对资本需求较低的技术服务和信息咨询，还不能够为农民提供加工、销售、采购、信用等多方面的服务。因为资金偏少、规模不大、服务单一，所以使得合作社经济组织综合实力不强，自我发展后劲不足。第四，组织化程度不高，抵御市场风险能力弱。上述调查数据表明，我国的农民专业合作社等组织大多数是以会员业务联合为基础的松散型合作，以社员劳动联合和资产联合为基础的紧密型合作社经济组织较少。由于以会员业务联合为基础的松散型合作社组织没有建立起社员所有的产权制度，因而组织内部利益关系松散，产销衔接不够紧密，组织市场应变能力很低，很难有效抵御各种市场风险。

3. 公司企业模式组织经营中存在的主要问题

相比现代家庭农场而言，我国的传统家庭农场还存在技术条件较差、生产组织化程度不高、农产品商品化程度不高、生产经营管理效率比较低等不足。具体如下：第一，相比现代家庭农场，传统家庭农场由于受到农场资本实力的限制，它的农业机械化、化学化、良种化水平普遍不高，农业技术的推广和运用受到诸多限制，农业生产和加工等方面的技术也相对较低。第二，相比现代家庭农场，传统家庭农场整合人力资源、金融资源、市场资源等各种生产要素资源的能力有限，其参与市场所具有的竞争实力以及抗击自然风险和市场风险的能力要低得多。第三，相比现代家庭农场，传统家庭农场由于受到传统生产观念、生产资源限制、农业产业结构的影响，不能有效地根据市场的供需状况进行生产经营，因而农产品商品化程度不高，很难有效地适应市场供求变化。第四，相比现代家庭农场，由于传统家庭农场实施家长式管理，缺少现代企业的管理理念和运行模式，缺少企业发展所需的合理规章制度和科学的管理方式，所以传统家庭农场的组织管理效率较低。

相比现代工商企业而言，我国的农业企业还存在生产组织水平不高、技术装备条件不好、生产效率较低等不足。具体如下：第一，农业企业人才供给不足，组织管理水平不高。农业企业的人才主体是文化素质较低的农民，为数不多的农民企业家的文化素质也普遍偏低。这些农业企业的人才主体普遍市场意识淡薄，缺乏现代企业生产经营管理的技能，组织管理水平不能满足企业快速发展的需要。人才问题特别是农民企业家缺乏的问题、组织管理问题已成为制约我国农业企业持续发展的"瓶颈"。第二，资金供给匮乏，技术装备条件不好。由于目前我国农业金融机构思想观念存在诸多偏差，无论是政府项目还是银行贷款，都难以足量投放到农业企业手中，融资难已成为当下制约农业企业发展的最重要因素。农业企业融资难最直接的后果就是导致许多农业企业技术人才缺乏，产品、工艺的更新改造艰难，农产品生产、加工技术装备落后，农业技术改造和创新能力低。第三，信息处理手段落后，信息化程度不高。由于我国多数农业企业处于信息化程度较低的农村地区，人才的缺乏、通信基础设施的落后，使当下我国许多农业企业仍采用手工处理方式进行市场信息的收集和处理，数据处理技术落后，不能充分利用电子数据交换技术（EDI）和互联网（Internet）等先进技术，导致企业市场信息处理不及时、不准确和低效率，特别是企业不同地域的数据库无法集成共享，更没法采用网上采购、网上销售等电子商务，从而导致农业企业经营效益大大降低。

二　现阶段中国农业产业发展主体存在问题产生的原因

（一）市场环境条件制约农业产业发展主体

1. 农业产业主体发展受到环境和基础设施的制约

首先，农业资源严重不足，可供农业产业主体有效利用的资源严重缺乏。我国虽拥有耕地 13 亿公顷，占世界总量的 9%，但人均耕地只有 0.1 公顷，且其中有效灌溉面积占耕地的比重不足 50%。与国际相比较，我国人均耕地只有世界平均水平的 1/3 和发达国家的 1/9。这种人多地少的矛盾随着工业化和城镇化的推进而日益尖锐。淡水资源同样短缺，全国虽拥有水资源总量 2.4 万亿立方米，占世界总量的 6%，但人均淡水资源每年仅 1865 立方米，相当于世界平均水平的 28.4%。并且淡水资源时空分布的不均衡，又加剧了这种资源紧张的状况。

其次，农业基础设施薄弱，制约农业产业主体对资源的有效利用。近几年来，尽管国家加大了对农业基础设施的投入，但由于历史欠账太多，农村水利基础设施年久老化失修，农业现代装备条件也差，与农业相关的水、电、路、气等基础设施比较落后的局面还没有根本改观，至 2012 年年底，全国水库库容总量为 7211 亿立方米，农业机械总动力为 102558.96 万千瓦，农村用电总量为 7508.46 亿千瓦时，这些在不同程度上制约了农业产业主体对农业资源的利用效率，大大阻碍了农业现代化进程。

最后，农业科研成果储备不足，农业科技推广体系不健全，科技支撑能力弱，大大制约了农业产业发展主体科技装备水平的提高。中国当下农业科研投资占农业总产值的比重为 0.2%，大大低于发达国家 5% 的水平，同时也低于世界 1% 的平均水平，结果农业科技成果创新供给不足；受到诸多因素影响，农业技术推广机构不稳、职能不强、人员流失严重，导致农业技术推广服务不足。可见，我国虽拥有世界上最大的农业科研、教育、推广机构和队伍，但创新能力尚未发挥出来，目前，我国农业科技成果转化率为 40%，约为发达国家的二分之一，还有很大的提高空间。

2. 农业产业主体发展受到要素资源和商品流通市场条件的制约

市场经济条件下，无论是作为农业市场主体的农户，还是作为农业市场主体的合作社、家庭农场和农业企业等农业产业组织，首先，它们享有根据市场需求独立进行生产、经营决策的权力，因而需要市场为之提供必备的生产要素资源和便利的商品流通两个条件。就要素市场而言，由于二元结构的存在，使农业主要生产要素资源土地、劳动力、资金等要素市场发育不完全，特别是土地产权制度中所有权、经营权、处置权和收益权的不完善，使农民的许多土地权益容易受到侵害；城乡分割的户籍制度使城市里的各种公共服务、福利以及大部分正式工作与农村移民无缘，导致农业劳动力流动不畅，造成农业劳动生产率长期偏低。此外，农业投入的不足，再加上农业资金逆向流向城市（资料显示，我国邮政存款一半以上来自农村，但却有 98% 的资金流向了城市），导致农业产业发展所需资金供给不足，农业产业主体发展缺乏扩大再生产能力。就商品市场而言，工业、服务业提供的产品和服务市场已经发展得比较成熟，只是因为社会主义市场经济条件下的农产品流通体制、机制的不完善，政府对农产品流通市场基础设施的资金、政策支持不够，以及规范农产品流通市场秩序的法律、法规建设等方面滞后的原因，导致农产品流通不畅，严重影响农产品的顺畅流通和农产品价值的实现（进一步的分析可参见下一章的内容），从而制约着农业产业发展主体自身的发展。

（二）农业产业发展主体受到自身条件的制约

农业产业主体自身条件在很大程度上受到农业从业人员自身所接受的教育文化程度的影响。根据 2008 年 2 月发布的第二次全国农业普查主要数据公报，到 2006 年年末，农业从业人员中文盲占 9.50%，小学文化程度的占 41.10%，初中文化程度的占 45.10%，高中文化程度的占 4.10%，大专及以上文化程度的占 0.20%（见图 4 – 11）。从图中可以看出，农业从业人员中 95.7% 是属于初中及以下文化。近几年，随着九年制义务教育

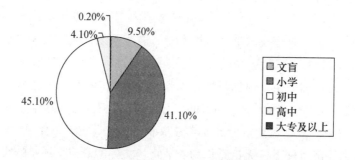

图 4 – 11 2006 年末农业不同文化从业人员分布

的普及，国家也加大了对农村教育的投入，农业生产者的素质有了一定程度的提高，但农业生产者总体的素质仍旧停留在较低的水平上，农业生产者素质提升的空间还很大。根据最新的 2013 年中国农村统计年鉴，农村居民家庭劳动力文化状况不容乐观，2012 年，农村平均每百个劳动力中有近 85 个文化程度在初中及以下（见表 4-6）。显然，总体素质较低的农业从业者，不可避免地会影响到农业产业发展主体农户、农民合作社、家庭农场和农业企业的生产、经营和发展。

表 4-6　　　　　农村居民家庭平均每百个劳动力文化状况　　　　单位：人

种类 \ 年份	不识字或识字很少	小学程度	初中程度	高中程度	中专程度	大专及以上
2009	5.73	24.44	52.44	12.05	2.93	2.41
2010	5.47	26.51	52.97	9.86	2.54	2.65
2011	5.5	26.5	53.0	9.9	2.5	2.7
2012	5.3	26.1	53.0	10.0	2.7	2.9

资料来源：《中国农村统计年鉴（2013）》。

另据中国农村统计年鉴资料显示，农村成人教育学校状况也不能满足需求（见表 4-7）。2012 年，农民成人高等学校毕业生人数只为 746 人，农民成人中等学校没有毕业生，农民技术培训学校毕业生人数为 3563.2 万人，农民中学毕业生人数为 56.4 万人，农民小学毕业生人数为 156.7 万人。这些数据说明中国的农村职业教育严重滞后，导致本就文化程度较低的农业从业人员接受农业职业技能培训的机会大为减少，农业人才支持总量不足。

表 4-7　　　　　　　　农村成人教育学校状况

种类 \ 年份	农民高等学校数（所）	农民中等专业学校数（所）	农民技术培训学校数（万所）	农民中学数（所）	农民小学数（万所）
2009	2	—	12.9	1997	4.1
2010	2	—	10.7	1985	3.2
2011	1	—	10.3	2266	3.0
2012	1	—	10.9	1316	2.6

资料来源：《中国农村统计年鉴（2013）》。

可见，上述分析表明，一方面，农村从业人员总体文化程度较低；另一方面，农村职业教育发展又严重滞后。这两方面的因素叠加在一起，结果导致农业从业人员生产技术能力低、市场经营能力不足、企业管理能力缺乏，从而制约专业农户、农民合作社、家庭农场和农业企业这些农业产业经营主体的发展。

第五章 供需链维度：农业产业
市场体系研究

本章首先考察基于农业、工业、服务业所组成的产业链上的农业与工业、服务业产业间的供需关系，然后利用直接消耗系数、产业影响力系数和感应力系数等分析现阶段中国农业与工业、服务业产业的关联效应及其特征，在此基础上，基于统一市场体系的视角，分别探讨分析现阶段中国农业产业主要生产要素资源土地、劳动力和资金的供给与需求，农产品的供给与需求状况，以及农业生产要素市场和农产品流通市场存在的主要问题及其产生的原因。

第一节 农业与工业、服务业供需关系分析

一 农业与工业、服务业的供需关系

众所周知，农业产业与工业、服务业三次产业之间存在相互依存、相互制约的辩证统一关系。农业、工业、服务业三次产业之间互相提供产品、服务和市场。首先，农业是国民经济的基础产业，农业发展为社会提供丰富的粮食及其他农副产品，并为工业发展提供各种原材料和服务产业的发展提供空间、载体；其次，工业是国民经济的主导产业，工业发展为农业产业、服务产业提供充足的资金和技术，从而促进农业、服务产业的快速发展；最后，服务业作为后发产业，只有在工业产业、农业产业充分发展的前提下，才能为其发展提出市场需求，而服务产业的发展，又通过其自身的桥梁和纽带作用以及自身的服务功能，促进农业、工业产业的发展。[1] 可见，农业、工业、服务业三次产业之间具有较强的相关性，既相

---

① 刘铮：《正确处理第一、二、三产业的关系》，《新长征》1995 年第 12 期。

互依存又相互制约，只有正确处理第一、第二、第三产业间的辩证统一关系，才能促进国民经济的协调、稳定发展。

二 农业与工业、服务业产业关联分析

上面我们分析了农业产业与工业、服务业产业间互为供需、相互依存、相互影响、相互推动的关系，即三次产业间存在着产业关联关系。就农业产业与工业、服务业产业关联来看，具体主要表现为以下几个方面：①

（一）农业产业投入产出增加会推动第二产业投入产出增加及其发展

首先，农业产业投入产出的增加会推动第二产业投入产出的增加。一方面，从后向联系来看，增加农业产业投入，就要求为农业产业生产提供投入品，就会导致与农业生产联系紧密的第二产业农用生产资料生产部门产出的增加，而要增加农用生产资料生产部门的产出品，也就必须增加对农用生产资料生产部门的投入，而这种投入的增加许多则来源于农业增加的农产品原材料等资源。比如，农业生产要取得较大发展，就需要增加农用汽车、联合收割机、化肥、农膜等农用生产资料投入，因而又要求第二产业的生产农用汽车、联合收割机、化肥、农膜、农药等农用生产资料生产部门增加生产以提高供给能力满足供给，而这种供给产品能力的提高又离不开农业产出的增加和来源于农业的原材料、劳动力、资本等生产要素的增加。这充分显示了农业产业极强的后向关联效应。另一方面，从前向联系来看，农业产出农产品等的增加，势必会推动农产品加工、包装、保鲜等产业部门增加投入以提高其农产品加工能力，从而增加自己的产出品。如果农业产出品的数量更多、品种更丰富，那么就会有更多的农产品加工部门的产生和发展，以充分吸纳农产品进行加工。

其次，农业产业投入产出增加推动第二产业投入产出增加的效应最终会促推第二产业的发展。产业的上述这种关联效应还会使农业生产资料生产部门（农业后向关联产业部门）和农业产出品的加工包装部门（农业前向关联产业部门）产生互动效应，并通过相关产业的发展和各自产业的关联效应传散扩展到采矿、钢铁、机械制造、机械修配、石油、电力、化工等产业部门，进而扩展到整个第二产业的所有部门，促进和推动整个

---

① 曾乐元：《从农业产业的关联效应看农业产业的地位与作用》，《理论导刊》1997 年第 6 期。

第二产业的发展。这种发展，不仅表现在数量的扩张，更表现在质量上。比如，第二产业不仅要为农业产业提供数量足够的农用机械等农业用生产资料，而且要求农业机械品质高、性能好、功能多、能耗低。同时，第二产业不仅要有足够的能力加工农业所提供的农业产出品，而且要提高农产品的加工率、农产品加工的深度和精度。

（二）农业产业对第三产业的发展也具有很大的关联效应

农业产业投入的增加，需要增加农用生产资料；农业产业投入的增加，会导致农业产出的增加，即农产品产量的增加。但无论是前者农用生产资料由第二产业部门流入农业部门，还是后者农产品流入第二或第三产业部门，都离不开第三产业交通运输等流通部门，需要流通部门增加运力，提高运输能力以满足农业产业投入产出增加的需要。交通运输、邮电通信等流通部门作为既与农业产业、工业直接关联的产业部门，又是农业与第二产业关联效应得以实现的媒介。因此，随着农业产业的发展，农业产业投入产出的增加，农业与第二产业关联程度的增强，农用生产资料流通部门和农产品购销部门以及与此相关的仓储、交通运输、邮电通信等第三产业部门将首先获得巨大的发展推力。

随着农业生产商品化、专业化、社会化程度的提高，农业需要提供产前、产中、产后全方位的社会化服务，比如单就农业物流服务而言，就有农业供应物流、农业生产物流和农业销售物流服务。[①] 农业供应物流，是指为保证农业生产正常运行，供给和补充农业生产所需生产资料的物流。农业生产物流，是指从农作物耕种、管理到收获整个过程所形成的物流。农业销售物流，是指由农产品的销售、加工行为而产生的一系列物流活动。所以为农业生产提供咨询、信息、技术、病虫害防治服务以及金融、保险、农业技术教育、农业科研等服务的广大的第三产业部门也将因农业产业关联效应的作用而获得长足的发展。

农业产业投入产出的增加要求第三产业流通部门等增加运输服务能力的关联效应也会通过第二、第三产业之间的互动效应进一步传播到第二产业的诸如通信服务装备、包装工具、汽车运输工具等制造部门以及相关服务设施建设等产业部门。第二产业这些制造部门、服务设施建设部门的发展又会提高交通运输、邮电通信、物流服务等部门的效率，从而推动第三

---

① 回翠翠、张斌：《农业物流概念解析》，《经济论坛》2008 年第 2 期。

产业的进一步发展。可见，农业产业发展、农业产业投入产出的增加为第三产业发展提供了广阔的空间。

第二节　现阶段中国农业与工业、服务业产业关联特征分析

上节我们分析了农业产业与工业、服务业产业间的供需关系，还进一步分析了三次产业间的产业关联关系。这一节我们将具体就现阶段我国农业产业与工业、服务业产业关联特征进行分析，以明确现阶段我国农业产业的地位与作用。

一　产业关联分析的理论基础

产业关联，是指产业间以各种投入品和产出品作为连接纽带的一种技术经济联系。常见的投入品有生产所需的原材料、辅助材料、燃料、动力、固定资产折旧和劳动力等，常见的产出品是从事某种经济活动所得到的产品或劳务。从实质上说，产业关联就是各产业之间的供给与需求关系。[①] 在产业关联分析实际应用中，比较多地使用价值形态的技术经济联系和联系方式。

根据不同的标准，产业关联可划分为不同的类型。根据产业间供给与需求之间的联系可分为前向关联和后向关联。描述不同产业之间相互联系、相互依存、相互促进的程度就是产业关联度。投入产出分析法是最基本的分析产业关联度的方法。投入产出分析除了具有数学模型的形式以外，还具有表格的形式，即投入产出表，这也是它的基本分析形式。直接消耗系数也是一种分析产业关联的工具。直接消耗系数是对任意两个产业部门间直接依存关系的客观反映，值越大，说明两部门之间的直接联系越紧密。[②] 因此，可通过分析农业对农业自身、工业及服务业的直接消耗系数来反映农业对自身产业的依赖程度、对自身产品的需求程度以及与工业和服务业的联系紧密程度。

产业关联度包括产业影响力和产业感应度两个方面。产业影响力靠产

---

① 白永秀、惠宁主编：《产业经济学基本问题研究》，中国经济出版社 2008 年版，第113 页。

② 同上书，第 117—135 页。

业影响力系数来衡量，产业影响力反映该产业与其他产业的后向联系程度。如果某产业的影响力系数大于1，表明其对国民经济各部门生产的需求作用较大，对社会生产的辐射能力也较大，对其他产业的发展起较大的推动作用。产业感应度依据产业感应度系数来衡量，产业感应度反映该产业与其他产业的前向联系程度。如果某产业的感应度系数大于1，表明其对国民经济各部门生产的供给作用较大，对经济发展所起的制约作用也较大。如果当一个产业部门的影响力系数和感应度系数都较大时，则该产业部门在经济发展中具有举足轻重的地位。这也是制定产业政策时确定主导产业的主要依据之一，以此来指导产业结构的调整。

二 现阶段中国农业与工业、服务业产业关联特征

前面我们分析认为我国农业产业是属于关联度较高的产业部门之一，下面我们将利用上述介绍的直接消耗系数方法、产业影响力系数和感应力系数并借助我国最新的2007年投入产出表的数据来分析我国当前的产业关联特征。

（一）三次产业的直接消耗系数分析

直接消耗系数是以中间产品的投入形式来反映产业部门之间的生产技术上的联系。当某一产业的最终需求发生变化时，该产业的总产出就要相应有所变化，从而该产业的中间投入也会相应发生变化，中间投入变化的数量就是由直接消耗系数决定的。通过分析直接消耗系数，就能了解各产业在生产每一单位的产出时，需消耗其他产业的产品数量。根据国家统计局中国统计年鉴中的2007年投入产出表资料，利用适当的统计口径求出三次产业的直接消耗系数，具体结果如表5-1所示。

表5-1 　　　　　　　　　　　三次产业的直接消耗系数

	第一产业	第二产业	第三产业
第一产业	0.1598	0.0213	0.0169
第二产业	0.0920	0.6171	0.2122
第三产业	0.0796	0.0878	0.1997

资料来源：笔者计算总结。

依据表5-1中的三次产业直接消耗系数，并结合我国三次产业的具体情况来看三次产业的关系。首先，农业对工业的依赖程度较高，在实际中表现为农业不仅为工业提供原材料，还为工业产品提供广阔的销售市场。相对而言，农业与第三产业之间的关联度则较低，这可能因为我国农业产业一体化、社会化水平较低，农业小生产与大市场的矛盾突出。反过来说明，由于为农业生产提供产前、产中、产后服务的信息业、咨询业、技术服务业、物流业等第三产业发育不足，成为制约我国农业产业发展的因素。其次，第三产业对第二产业的依赖程度也高，说明只有当第二产业的发展到一定程度才能为第三产业的发展提供支撑条件，即只有第二产业的产业结构得到优化升级以及提高产品的技术含量和附加值时，包括金融保险业、信息业、咨询业、物流业、科技开发与服务、高等教育等在内的第三产业的供给与需求才能得到实现。

（二）三次产业之间的波及分析

所谓产业波及效果分析，是指当投入产出表中的某一系数发生变化时，对表中其他系数可能产生影响的分析。产业波及作用大小用感应度系数表达。根据我国最新的 2007 年投入产出表，可计算出第一产业、第二产业以及第三产业二十个部门的影响力系数和感应度系数（根据刘瑞翔、姜彩楼发表在《产业经济研究》2010 年第 5 期的《经济全球化背景下我国产业关联特征分析——基于 1997—2007 可比价非竞争型投入产出表的研究》第 26 页的资料整理）。以 2007 年当年价格竞争型投入产出数据计算得到的具体结果如表 5 - 2 和表 5 - 3 所示。

表 5 - 2　　　　　　　　2007 年影响力系数位于前二十位的部门

顺序	投入产出部门	影响力系数
1	通信设备、计算机电子制造业	1.3558
2	电气、机械及器材制造业	1.2792
3	仪器仪表及文化办公机械制造业	1.2694
4	交通运输设备制造业	1.2684
5	金属制品业	1.2116
6	通用、专用设备制造业	1.1940
7	金属冶炼及压延加工业	1.1752
8	化学工业	1.1648
9	纺织业	1.1563
10	服装皮革羽绒及其制品业	1.1544

续表

顺序	投入产出部门	影响力系数
11	建筑业	1.1362
12	造纸印刷及文教用品制造业	1.1267
13	木材加工及家具制造业	1.0892
14	非金属矿物制品业	1.0531
15	电力、水、气的生产与供应业	1.0324
16	石油加工、炼焦及核燃料加工业	0.9917
17	金属矿采选业	0.9891
18	食品制造及烟草加工业	0.9409
19	非金属矿采选业	0.9392
20	住宿和餐饮业	0.8717

资料来源：刘瑞翔、姜彩楼，2010 年。

表 5 - 3　　　　　　　　2007 年感应度系数位于前二十位的部门

顺序	投入产出部门	感应度系数
1	化学工业	2.7269
2	金属冶炼及压延加工业	2.4177
3	电力、水、气的生产与供应业	1.9169
4	农业	1.3941
5	通信设备、计算机电子制造业	1.3738
6	交通运输及仓储业	1.3166
7	通用、专用设备制造业	1.2816
8	石油加工、炼焦及核燃料加工业	1.2011
9	石油和天然气开采业	1.1728
10	食品制造及烟草加工业	1.0006
11	纺织业	0.9893
12	公用与居民服务业	0.9270
13	电气、机械及器材制造业	0.9025
14	交通运输设备制造业	0.8940
15	金融保险业	0.8633

续表

顺序	投入产出部门	感应度系数
16	造纸印刷及文教用品制造业	0.8516
17	批发和零售贸易业	0.8262
18	金属制品业	0.8257
19	煤炭开采和洗选业	0.8234
20	金属矿采选业	0.7758

资料来源：刘瑞翔、姜彩楼，2010 年。

从上述影响力系数和感应度系数表可看出，影响力系数排在前二十位的除排在第二十位的住宿和餐饮业属于第三产业外，其余全部属于第二产业。农业排在 42 部门行业的第 38 位，金融保险业紧随其后。[①] 可见，农业和第三产业对国民经济的影响力较弱。感应度系数排在前十位的除了排在第四位的农业、第六位的交通运输及仓储业之外，其他都属于第二产业，表明农业和第三产业的交通运输及仓储业对其他产业部门的发展有较大的制约作用。如果像刘瑞翔、姜彩楼将 1997 年、2002 年、2007 年的投入产出表进行深入比较研究，就会很清晰地看到经济全球化背景下我国产业的关联特征：制造业部门整体上感应度系数呈上升趋势，影响力系数呈下降趋势；第三产业感应度系数整体上经历了先上升再下降的过程，而影响力系数出现上升的趋势；农业感应度系数呈现出下降的趋势，水、电、煤气的生产与供应业的感应度系数在十年间迅速上升，建筑业的感应度系数在此期间呈现下降趋势，但其影响力系数快速上升。[②] 总之，上述分析表明，随着农业感应度系数呈现出下降的趋势，第一产业对国民经济的重要作用有所下降；在第二产业内部，建筑业已经成为我国拉动经济发展的支柱产业，电力、水、煤气的生产与供应业已成为影响国民经济发展的制约因素；以交通运输及仓储业、公用与居民服务业、金融保险业、批发和零售贸易业为代表的服务业在我国经济中的作用日趋重要，将成为拉动中国经济发展的新引擎。

---

① 刘佳、朱桂龙：《基于投入产出表的我国产业关联与产业结构演化分析》，《统计与决策》2012 年第 2 期。

② 刘瑞翔、姜彩楼：《经济全球化背景下我国产业关联特征分析——基于 1997—2007 可比价非竞争型投入产出表的研究》，《产业经济研究》2010 年第 5 期。

第三节　中国农业生产要素资源供给与需求分析

古典经济增长理论告诉我们，经济增长的主要源泉有三个：一是各生产要素投入的增加；二是全要素生产率的提高；三是要素配置的优化。因此，农业的经济增长和发展必须依靠增加农业各生产要素投入、提高农业全要素生产率和优化配置农业生产要素资源。因此，对我国农业产业生产要素资源的供给与需求即农业生产要素资源配置进行分析，有助于推动我国农业产业的快速发展。

一　中国农业生产要素资源供给与需求模式的演进过程

一般认为，农业生产要素主要包括以土地为代表的农业自然资源、农业劳动力、资本和科学技术四种，其中又以土地、劳动力、资本为最基本的农业生产要素资源。调节农业生产要素资源供给与需求的基本手段是计划和市场两种，根据农业经济运行机制，农业生产要素配置基本手段是以计划为主还是以市场为主，将我国农业生产要素资源供给与需求模式的演进过程划分为两个阶段，一是改革开放前的计划经济模式阶段，二是改革开放后的市场经济模式阶段。

在改革开放前的计划经济模式阶段，农业生产要素资源供给与需求模式属于资源供给导向型，它是从资源供给条件出发，采用行政配置方法配置资源，围绕优先发展工业特别是重工业的目标，一切农业生产服从行政指令性安排，农产品则实行统购统销，农业收益以工分制形式实现按劳分配，农业劳动力的流动受城乡二元户籍制度的阻隔。如国家提出"以粮为纲"的那个时代，几乎所有资源均用于粮食生产，既不考虑资源本身状况，更不考虑市场需求状况，既浪费了资源，又破坏了资源赖以生存的生态环境，农业资源配置效率甚为低下。总之，计划经济模式阶段，我国农业生产要素供给与需求呈现出土地、资本要素使用政府指令化和农业生产管理僵化、激励机制缺乏而使劳动力要素投入、使用低效化的特征。

而改革开放后进入市场经济模式阶段，农业生产要素资源供给与需求模式属于需求导向型，它是从市场需要出发，其最基本的特征就是依靠市场那只无形的手配置资源。1992年以后，我国开始全面建立社会主义市场经济体制，市场也逐渐在农业资源配置中发挥基础性作用，伴随着城市化、工业化、信息化的发展，特别是提出工业反哺农业方针以后，农业生产要素资源供给与需求状况发生了很大改变。

二 现阶段中国农业生产要素资源供给与需求的主要问题及其原因

一般认为，农业为工业、服务业提供土地资源，农业是工业和服务业等其他部门劳动力的主要来源，农业还是工业、服务业发展资金积累的重要来源，农业、工业、服务业三次产业之间互相提供产品、服务和市场。农业与工业、服务业三次产业之间存在着互相依存、互相制约的辩证统一关系。随着城市化、工业化、信息化的快速发展，农业生产要素资源供给与需求状况发生了很大改变，出现了许多制约农业产业发展的问题。

（一）土地的供给与需求

中国的土地资源虽然总量较大，但由于人均资源占有量小，土地资源相对稀缺。更由于工业化和城市化的快速发展，需要农业为工业、服务业提供土地资源，导致全国耕地面积不断减少，我国人多地少的矛盾更加尖锐。当下，我国土地的供给与需求主要存在以下一些问题：

1. 耕地稀缺程度加大

据国家统计局中国统计年鉴资料，截至 2008 年年底，我国全国总人口为 132802 万人，其中乡村人口数为 72135 万，占全国总人口的54.32%，其时全国耕地总面积为 121715.9 千公顷，全国人均耕地面积不足 1.39 亩，相比 1970 年人均耕地面积又下降了 0.79 亩，乡村人均耕地面积约 2.53 亩。全国人均耕地不到世界平均水平的40%，而美国人均耕地 10.93 亩，印度人均耕地也达到 2.8 亩。

2. 耕地非农化流转态势相当严重

一方面，随着中国人口的增加、生态退耕还林、工业化和城市化进程的加快，中国人均耕地面积必然会逐年减少。另一方面，由于一些地方政府及有关部门违反耕地管理的规定，造成耕地管理的失控，甚至政府部门直接卷入用地，还有各地区的一些土地主管部门对占用、征用耕地的管理力度还有待加强，未能有效地阻止盲目占用耕地、违法交易用地和土地逆转现象等情况，使得耕地非农化速度快、利用率低、大量耕地急剧减少的问题更加严重。根据全国两次农业普查的资料来看，1996 年（截至 1996年年底）第一次农业普查时，全国耕地面积（未包括香港、澳门特别行政区和台湾省的数据）共 130039.2 千公顷。10 年后 2006 年（截至 2006年 10 月 31 日）第二次农业普查时，全国耕地面积（未包括香港、澳门

特别行政区和台湾省的数据）下降为 121775.9 千公顷，10 年间共减少
8263.3 千公顷耕地，即每年减少 826.33 千公顷耕地，换算得到每年减少
12394950 亩耕地，表明耕地非农化流转态势相当严重。正如彭凌等计算，
自改革开放以来，我国耕地数量从总体上看呈现出不断减少的趋势。30
年来，我国耕地数量总共减少 1293.11 万公顷，平均每年减少 43.10 万
公顷。[1]

3. 土地生产力较低

因为中国总体山地多，平地少，干旱区与高寒区面积大，无效土地资
源比重大，而可供农业、林业、牧业使用的土地资源不超过 70%，尤其
宜耕地资源比重低，所以从总体上看，中国土地资源质量不高。总体而
言，优等耕地和高等耕地合计不足耕地总面积的 1/3，而中等和低等耕地
合计占到了耕地总面积的 2/3 以上（见图 5 - 1）。另据农业部调查资料，
2007 年在我国 1.2 亿公顷耕地中，中产田和低产田面积分别占 39% 和
32%，中低产田面积合计共占耕地总面积的 71%。[2] 可见，我国耕地大部
分分布在干旱与高寒的西部地区，耕地资源的总体质量不高。加上我国水
土资源不匹配，旱涝灾害频繁，土地退化、水土流失、污染严重，特别是
上述大量非农化流转的耕地又大多是平坦肥沃、位置优越的耕地，所以，
土地生产力水平低的矛盾更加突出。

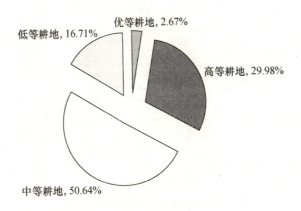

图 5 - 1　中国不同质量耕地分布

---

① 彭凌等：《中国耕地数量变化与耕地保护政策关系的实证分析》，《西南大学学报》（自然科学版）2011 年第 11 期。

② 陈印军等：《我国耕地质量变化态势分析》，《中国农业资源与区划》2011 年第 2 期。

（二）劳动力的供给与需求

随着工业化、城市化进程的加快，我国工业、服务业等其他部门对农村劳动力的吸纳能力会相应地提高，但农业剩余劳动力还是过多，主要原因是来自农业的劳动力有效供给不足，农业产业本身的发展水平较低，不能吸引和留住农业劳动力，造成了农业劳动力的供给与需求的不平衡。由于农村劳动力的总体质量不高，劳动力结构又不合理，劳动力市场还不完善，因而不能够满足我国农业、农村经济发展对劳动力的需求。当下，我国劳动力的供给与需求主要存在以下一些问题：

1. 农村劳动力资源丰富，但劳动力总体质量不高

根据 2008 年 2 月发布的第二次全国农业普查主要数据公报，到 2006 年年末，全国农村劳动力资源总量 53100 万人，其中男劳动力 26989 万人，占 50.8%；女劳动力 26111 万人，占 49.2%。从总量看，全国农村劳动力资源数量惊人。从年龄结构看，54.3% 的劳动力在 40 岁以下，农村劳动力普遍年壮（见图 5 - 2、图 5 - 3）。从学历结构看，89% 的劳动力文化程度在初中及以下，表明农村劳动力文化程度普遍不高（见图 5 - 4、图 5 - 5）。总而言之，丰富的农村劳动力资源为农业产业发展提供了有利的条件，但劳动力总体质量不高的现实又会延缓农业的现代化进程。

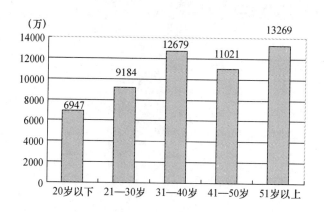

图 5 - 2　农村劳动力资源年龄结构

2. 农业从业人员年龄偏大，女性居多，文化程度太低

根据 2008 年 2 月发布的第二次全国农业普查主要数据公报，到 2006 年年末，全国农业从业人员 34874 万人，其中，男性占 46.8%，女性占

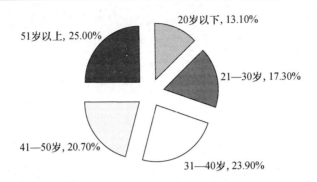

图 5 - 3 农村不同年龄劳动力资源分布

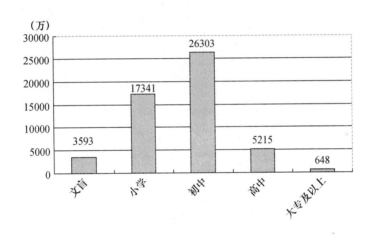

图 5 - 4 农村劳动力资源文化结构

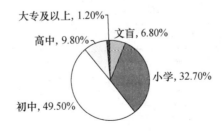

图 5 - 5 农村不同文化劳动力资源分布

53.2%。按年龄分，40 岁以上的占 55.6%，具体见图 5 - 6；按文化程度分，95.7% 的农业从业人员文化程度在初中及以下，具体见图 5 - 7。总之，农业从业人员年龄偏大、女性居多、文化程度太低的现实，使农村更加缺乏知识型人才，人才缺乏势必会影响推广与使用农业先进生产技术，妨碍发展集约型农业，阻碍农业现代化进程。

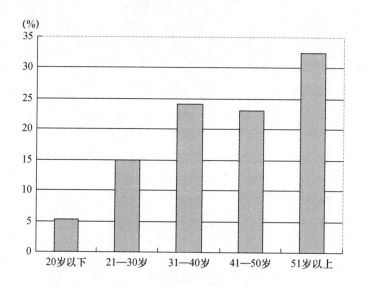

图5-6　农业不同年龄从业人员分布

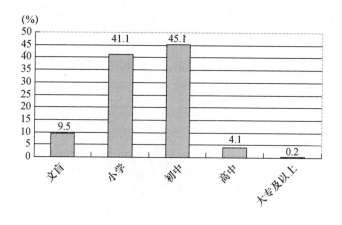

图5-7　农业不同文化程度从业人员分布

3. 外出从业劳动力青壮年男性多，几乎都从事第二、第三产业活动

根据 2008 年 2 月发布的第二次全国农业普查主要数据公报，2006 年，农村外出从业劳动力 13181 万人。其中，男劳动力 8434 万人，占

64%；女劳动力 4747 万人，占 36%。从年龄结构来看，外出从业劳动力中 82% 的劳动力年龄都在 40 岁以下，具体见图 5-8。从学历结构看，外出从业劳动力中 80.1% 的劳动力文化程度都在初中及以上，具体见图 5-9。从外出从事的行业领域来看，外出从业劳动力中 97.2% 的劳动力都不再从事第一产业农业产业，而是从事第二、第三产业，具体情况如下：从事第一产业的劳动力占 2.8%；从事第二产业的劳动力占 56.7%；从事第三产业的劳动力占 40.5%。总之，图 5-8 和图 5-9 中的数据表明，农村外出从业劳动力呈现出人数众多，且男性劳动力多、青壮年劳动力多、劳动力文化程度相对较高，并且几乎全部不再从事农业产业而是从事第二、

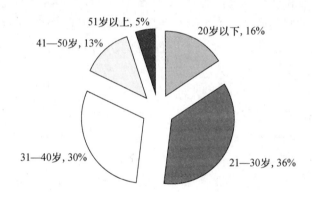

图 5-8 农村不同年龄外出人员从业分布

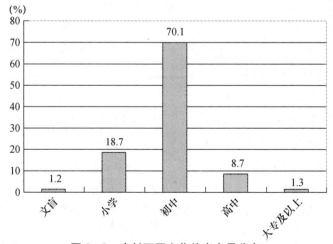

图 5-9 农村不同文化外出人员分布

第三产业活动的特征，表明大量文化程度较高的青壮年劳动力转移流失到非农产业，使农村本来就很稀缺的优质劳动力资源变得更加稀缺，这势必会极大地降低农业生产的效率，阻碍农业产业发展的进程。

（三）资金的需求与供给

一直以来，农业为我国工业、服务业的发展积累了大量的资金，是工业、服务业发展资金积累的重要来源。改革开放前，由于我国实施重工业特别是资本密集型重工业优先发展的战略，农业资源被过度转移到工业，导致农业农村发展的资金问题尤为突出。改革开放以后，伴随我国金融体制改革的不断深化，我国农业农村资金的需求与供给问题得到了很大程度上的改善，但由于长期存在的城乡二元经济结构，我国农村金融发展明显滞后，农业农村的资金需求与供给平衡问题非但没有完全解决有时候还显得尤为突出，资金需求远远大于资金供给的供需矛盾仍很尖锐，具体表现为：

1. 农业对资金的需求巨大，供给总量不够

当前我国农业专业化、规模化、集约化、社会化发展进一步加快，农业、农村经济结构不断调整优化，资金密集型和技术密集型项目不断增多，同时农村城镇化、现代化建设的步伐也不断加快，这几方面的因素使得农业、农村对资金的需求总量大大增加。根据国家统计局的测算，到2020年我国新农村建设新增资金需求总量为 15 万亿元左右。[1] 就农业资金供给而言，过去农村投入资金由财政资金、信贷资金和社会资金构成。新中国成立以来，公共财政支持农业发展一般可分为三个阶段，1949—1962 年是公共财政支持农业发展的初始阶段；1963—1993 年是公共财政支持农业发展的弱化与调整阶段；1994—2012 年是公共财政支持农业发展的强化阶段。自 1994 年以来，国家公共财政对农业的支出大为增加，进入了公共财政支持农业发展的强化阶段，20 年来农业支出占国家全年财政总支出的比例也逐年提高（见表 5 - 4 和图 5 - 10）。从表 5 - 4 和图 5 - 10 中可以看出，19 年中，2012 年农业支出占国家财政总支出的比例达到历史最高的 9.51%，且农业支出增长的幅度明显赶不上财政总支出增长的幅度，即使按照这个历史最高比例 9.51% 推算，并且考虑到公共财政加大对新农村建设投入等因素，新农村建设资金需求中的大部分仍将

---

[1] 王森、杨昊：《金融：建设现代农业的关键环节》，《求是》2010 年第 7 期。

表5－4　　　　　　公共财政支持农业发展（1994—2012年）

序号	年份	农业支出（亿元）	财政总支出（亿元）	农业支出占财政总支出比例（%）
1	1994	399.70	5792.62	6.90
2	1995	430.22	6823.72	6.30
3	1996	510.07	7937.55	6.43
4	1997	560.77	9233.56	6.07
5	1998	626.02	10798.67	5.80
6	1999	677.46	13187.67	5.14
7	2000	766.89	15886.50	4.83
8	2001	917.96	18902.58	4.86
9	2002	1102.70	22053.15	5.00
10	2003	1134.86	24649.95	4.60
11	2004	1693.79	28486.89	5.95
12	2005	1792.40	33930.28	5.28
13	2006	2161.35	40422.73	5.35
14	2007	3404.70	49781.35	6.84
15	2008	4544.01	62592.64	7.26
16	2009	6720.41	76299.93	8.81
17	2010	8129.58	89874.16	9.05
18	2011	9937.55	109247.79	9.10
19	2012	11973.88	125952.97	9.51

资料来源：各年的中国统计年鉴，表中2006年后用农、林、水支出数据代替农业支出数据。

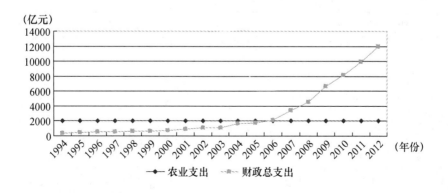

图5－10　公共财政支持农业发展（1994—2012年）

由金融机构的信贷提供。与农业经济快速发展对资金的巨大需求相比，农村金融机构的农业贷款资金供给总量严重不足，农业信贷资金短缺。据中国人民银行 2010 年金融机构贷款投向统计报告显示，2010 年年末，我国本外币贷款余额 50.92 万亿元，同比增长 19.7%，全年本外币贷款增加 8.36 万亿元，同比少增 2.16 万亿元。而其中主要金融机构及农村合作金融机构、城市信用社、村镇银行和财务公司农村贷款本外币余额 9.80 万亿元，同比增长 31.5%，比上年同期低 2.7 个百分点，高出同期本外币各项贷款增速 11.9 个百分点；农户贷款本外币余额 2.60 万亿元，同比增长 29.4%，比上年同期低 3.4 个百分点，比同期住户贷款增长速度低了 8.3 个百分点；农业、林业、牧业渔业贷款本外币余额 2.30 万亿元，同比增长 18.3%，比上年同期低 7.0 个百分点，低于同期本外币各项贷款增速 1.4 个百分点。虽然我国农村贷款本外币余额占我国本外币贷款余额的比例逐年在提升，但从 2010 年农村贷款本外币余额只占我国本外币贷款余额的 19.25% 的比例还是可以看出，我国农村贷款本外币余额占我国本外币贷款余额的比例仍然偏低，反映了我国农业农村资金供给总量严重不足。

2. 市场失灵，宏观调控又不到位，加剧了资金的供需矛盾

资金供给总量不够，农村、农业资金外流严重，更加剧了农村、农业资金紧张的矛盾。根据陈宗胜等的研究，1992 年开始建立社会主义市场经济体制，至 2003 年短短的十几年时间里，农村信用社、邮政储蓄渠道共流失资金 8648.35 亿元（见表 5 - 5 和图 5 - 11）。

表 5 - 5　　　　农村信用社和邮政储蓄渠道的农村资金外流分析　　　单位：亿元

项目 年份	农村信用社各项存款	邮政储蓄存款	农村信用社各项贷款	存款和贷款差额	农村资金净流出	农信社和邮政储蓄贷款比（%）
1992	3478.5	124.7	2453.9	1149.3	—	68
1993	4297.3	215.2	3143.9	1368.6	219.3	70
1994	5669.7	339.0	4168.6	1840.1	471.5	69
1995	7172.9	546.9	5234.2	2485.6	645.5	68
1996	8793.6	740.0	6364.7	3168.9	683.3	67
1997	10555.8	882.8	7273.2	4165.4	996.5	64
1998	12191.5	1079.0	8340.2	4930.26	764.9	63

续表

项目 年份	农村信用社 各项存款	邮政储蓄 存款	农村信用社 各项贷款	存款和贷款 差额	农村资金净 流出	农信社和邮政 储蓄贷款比（%）
1999	13358.1	1262.7	9225.6	5395.18	464.9	63
2000	15129.4	1632.69	10489.3	6272.79	877.6	63
2001	17263.45	2024.85	11971.16	7317.14	1044.35	62
2002	19875.47	2511.85	13937.71	8449.61	1132.47	62
2003	23710.2	3066.13	16978.69	9797.64	1348.03	63
净流出	—	—	—	—	8648.35	—

资料来源：陈宗胜等：《中国二元经济结构与农村经济增长和发展》，经济科学出版社 2008 年版。

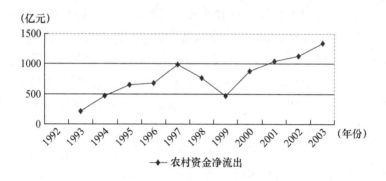

图 5-11　农村资金净流出趋势

　　从表 5-5 可以看出，贷款与存款之比最低的为 2001 年、2002 年的 62%，最高的也仅为 1993 年的 70%，平均农村贷款占存款的比例仅为 65.17%，可见，仅通过农村信用社、邮政储蓄机构的存贷款，测算出的农村资金净流出高达 8648.35 亿元，特别是从图 5-11 可看出，除了 1999 年等个别年份外，农村资金净流出的趋势是年年走高，农村资金要素紧缺程度进一步加深了。究其原因可能有很多，首先，农业产业发展水平低和比较利益低导致资金严重外流。在社会主义市场经济条件下，价格机制对资源的配置起基础性作用，资金的流动自然会受利率水平的影响。由于农业产业的特性，其比较收益率较低，再加上我国农业产业发展水平低和农业收益更低的现实，农业资金流向其他收益率较高的产业，是很自然的事。尽管根据上述经济运行法则，我国中央银行已适当提高了农业资金的使用价格，逐步提高农村金融机构的利率浮动区间，农业贷款利率可在基准利率的基础上上浮 100%，以鼓励信贷资金向农业生产领域流动。受利益驱动，农村信用社在农业贷款利率执行上几乎都是在基准利率的基础上上浮 100%。但利率政策的作用效果只是单方面使农业贷款利率上调，而并未引起资金向农业的大量流动。其次，政府从根本上解决农业产量低、提高农业比较收益的促进土地流转、发展农业合作社的措施也没有完全落实到位，特别是加强金融体制改革引导资金流向农业农村的政策支持措施落实不到位，使农业农村资金外流趋势并没有得到根本扭转。再次，政府财政资金划拨审批机制障碍和金融机构运作手段的不适应性，加剧了资金供需矛盾。农业金融管理体制不顺、官僚主义严重，使得有限的财政资金未能充分发挥支农的作用。作为支农的主要金融机构农村信用社，由于信用社之间资金调剂不合理，贷款审批权限制度较多，授权授信额度不合理，贷款审批复杂，信贷内控的影响等许多管理控制方面的原因，使得农村贷款难的局面进一步显现。最后，农村金融生态环境欠佳，导致信贷支持减少。农村经济基础薄弱，农村社会信用建设相对滞后，农村诚信体系不健全，个人违约特别是农村小企业借改制、村级组织借税费改革之机大量逃废、悬空金融债务的现象时有发生；还没有建立起专业的涉农信用担保机构，缺乏社会担保体系的维护；维护债权的司法、执法环境也欠佳，对债务人的保护力度明显不够，致使金融机构对借款人拖欠贷款的行为难以有效制止，信用社等金融机构对农村信用环境担忧，结果表现为在一定区域内贷款投放力度逐步减弱，进一步加剧了农业资金供需矛盾。

3. 引进外资增长迅速但量不大，对缓解农业资金供需矛盾作用有限

利用外资是世界各国振兴经济的主要途径，发达国家是这样，发展中国家更是这样，特别是在农业上，利用外资是广大发展中国家的一条成功的经验。改革开放以来，外商对我国农业投资的规模逐年扩大。据黄季的统计①，按协议金额统计口径计算，我国农业平均每年利用外资从 80 年代初的 2.31 亿美元，上升到 80 年代后期的 5.78 亿美元，增长了 1.5 倍；到 1996 年农业引进外资达 20.48 亿美元，引进规模是 80 年代初的近 9 倍；从 1983 年到 1996 年，我国引进外资（按协议金额计算）已达

---

① 黄季：《改革以来中国农业资源配置效率的变化及评价》，《中国农村观察》1999 年第 2 期。

145.89 亿美元。又据有关资料统计①，从 2001 年到 2003 年，我国农业实际利用外商直接投资超过 10 亿美元，2008 年实际使用外资 11.9 亿美元；据万宝瑞副部长的不完全统计，截至 2007 年年底，我国农业利用外国政府和国际组织优惠贷款实际达到 70 亿美元，外资进入农业领域弥补了国内资金的不足，改善了农业生产的条件。由上可见，我国农业引进外资增长迅速，但总量不大，对缓解农业资金供需矛盾作用有限。

第四节　中国农产品供给与需求分析

众所周知，农业是工业特别是轻工业原料的主要来源，也为某些服务业提供原料和载体。工业为农业提供农业生产资料和日常工业品，服务业则为农业提供服务，农业是服务需求的大市场。农业、工业、服务业三次产业之间互相提供产品、服务和市场。可见，这个与农业紧密相连的商品市场主要包括工业为农业提供农用生产资料的市场和农业为工业、服务业提供农产品的市场。相比较而言，前者农用生产资料市场比较规范，商品基本上能在城乡间、地区间自由流动，并展开公平竞争。后者则由于诸多因素的影响，商品流通不畅，农产品供需存在许多问题，严重影响农业产业价值的实现。

一　中国农产品供给与需求模式的演进过程

众所周知，计划和市场是调整农产品供求关系的两种基本手段，根据农产品供求调节是以计划为主还是以市场为主，可将我国农产品供给与需求模式的演进过程划分为两个阶段：一是以 1985 年农产品统购、派购制度取消前的计划调节为主模式阶段；二是以 1985 年农产品统购、派购制度取消后的市场调节为主模式阶段。具体还可细分为四个阶段。

（一）计划调节为主阶段（1949—1985 年农产品统派购制度取消前）

1. 农产品统购统销（1949—1978 年改革开放前）

新中国成立后，中国政府在经济发展上不得不选择优先发展资本密集型重工业的赶超型工业化道路。为转移农业剩余，解决优先发展重工业所需资金，从 1953 年开始，中国政府采取对包括粮食、棉花在内的主要农

---

① http://www.farmer.com.cn/zb/201008/t20100828_574467.htm.

产品实行统购统销和与之相配套的城乡分治的户籍管理制度、人民公社制度以及单一的全民和集体所有制结构等政策，强行压低农产品的价格，以实现为工业化筹集资金的目的。统购统销就是在农村中采取征购粮食的办法，在城镇中采取配售粮食的办法。为了确保统购统销政策的实施，国家还对农村的自由市场实行了严格管制。虽然政策原则上允许农民在农村集市上调剂余缺，自由支配其剩余的农产品，但实际上在许多地区和多数情况下，他们的粮、油、棉市场是关闭的。

2. 探索改革农产品统购派购制度（1978—1985 年统派购制度取消前）

从 1978 年 12 月十一届三中全会到 1984 年十二届三中全会，这段时期是我国农村改革启动时期。这段时期统购统销政策依旧，但开始初步探索包括农产品统购、派购在内的农村商品流通体制改革。主要改革包括：一是大幅度提高粮食等农产品收购价格，同时提出要分不同情况逐步相应提高棉花、油料、糖料等农产品收购价格。二是调整农业机械、化肥、农药、农用塑料等农业生产资料价格。三是初步探索农村商品流通体制改革：决定恢复农贸市场、恢复供销合作社的合作商业性质、鼓励农民自办商业组织、建立城市农副产品批发市场和改革农产品统购派购制度，逐步减少农产品统派购的品种和比重，扩大议价收购和市场调节范围。截至1984 年年底，农产品实施统购派购的品种数由 1978 年的 100 多种减少到只剩下 38 种，减少了 67.6%。在农民出售的农副产品总额中，国家按计划牌价统购、派购的比重从 1978 年的 84.7% 下降到 1984 年的 39.4%。[①]

（二）市场调节为主模式阶段（1985 年统购、派购制度取消后）

1. 取消农产品统购、派购制度，逐步放开农副产品市场（1985—2004 年农副产品市场全面放开时）

1985—2004 年是我国农产品市场化改革全面启动和深入发展的时期。1985 年中央一号文件宣布，一方面，取消粮食、棉花、油料等农产品的统购、统销，改为合同定购，价格由统购价改为合同定购价。定购以外的粮、棉、油则可以自由上市。对于生猪、水产品、蔬菜等其他统购、派购产品，也要分不同情况、品种、地区逐步放开。这个文件的实施，标志着

---

① 张新华：《新中国探索"三农"问题的历史经验》，中共党史出版社 2007 年版，第 138页。

实施了30多年的农产品统购、派购制度被取消，粮食购销价格开始采用"双轨制"运行，由过去国家行政计划定价过渡到经济协商定价。另一方面，一号文件也要求农村和城市集贸市场完全放开，从此，初级农产品市场开始进入一个快速发展的阶段。

进入20世纪90年代，以中央做出的《中共中央关于建立社会主义市场经济体制若干问题的决议》为导向，开始实行购销同价和"保量放价"的政策安排，开始废除粮食统销制度，尝试让市场在产销上发挥主要调节作用。经过几年的努力，到1993年6月底，全国放开粮价的县（市）已达到95%以上。至此，粮食统销制度彻底被废除。2001年，国务院首次发布《关于进一步深化粮食流通体制改革的意见》，决定首先完全放开主销区的粮食购销，实施粮食价格由市场调节的政策。经过几年的主销区粮食价格由市场调节的成功实践，2004年，国务院再次发布《关于进一步深化粮食流通体制改革的意见》，决定全面放开粮食收购市场，由市场供求状况决定粮食收购价格。至2004年，除烟叶、蚕茧外，所有农副产品市场全面放开，农副产品价格由市场供求关系调节和形成，市场在资源配置中的基础性作用大大增强了。

2. 市场在农产品供需格局的形成中开始发挥基础性作用（2004年农副产品市场全面放开以来）

随着2004年所有农副产品市场全面放开，由市场供求关系调节农副产品价格的市场机制开始形成，市场在资源配置中的基础性作用大大增强了。但由于计划经济体制所造成的工农分离的二元社会经济结构还没有得到根本的改变，所以仅仅依靠放开农产品市场这个手段，想把传统计划经济体制形成的农产品供需格局，完全转变为社会主义市场经济条件下的农产品供需格局，是远远不够的。因此，只有彻底冲破计划经济体制下强制筑造的城乡二元社会经济结构体制，才能最终实现农产品供需关系的市场回归。

二　现阶段中国农产品供给与需求

一般情况下，我国的主要农产品是指粮食、棉花、油料、糖料、生猪、蔬菜等，在这里，我们主要分析粮食、棉花、食用植物油、糖料等农产品的供给与需求状况。根据国家统计局中国统计年鉴、中国农村统计年鉴资料，2006年以来全国粮食、棉花、食用植物油、糖料等农产品总量、进口量、出口量及人均消费量和人均占有量如表5-6、表5-7、表5-8、表5-9、表5-10及图5-12、图5-13、图5-14、图5-15、图5-16所示。

表 5 - 6　　　　　　　　　　　　粮食供需状况

种类 ＼ 年份	2006	2007	2008	2009	2010	2011	2012
粮食生产量（万吨）	49804	50160	52871	53082	54648	57121	58958
粮食进口量（万吨）	3186	3237	4131	5223	6695	6390	8025
粮食出口量（万吨）	723	1118	379	329	275	288	277
城镇居民人均消费（千克/人）	75.9	77.6	58.5	81.3	81.5	80.7	78.8
农村居民人均消费（千克/人）	205.6	199.5	199.1	189.3	181.4	170.7	164.3

资料来源：《中国农村统计年鉴》（2013）。

表 5 - 7　　　　　　　　　　　食用植物油供需状况

种类 ＼ 年份	2006	2007	2008	2009	2010	2011	2012
食用植物油生产量（万吨）	1986	2319	2419	3280	3916	4332	5176
食用植物油进口量（万吨）	671.0	838.0	817.1	816.0	687.0	657.0	845.0
食用植物油出口量（万吨）	39.9	16.6	24.9	11.4	9.2	12.2	10.0
城镇居民人均消费（千克/人）	9.4	9.6	10.3	9.7	8.8	9.3	9.0
农村居民人均消费（千克/人）	5.8	6.0	6.2	5.4	5.5	6.6	6.9

资料来源：《中国农村统计年鉴》（2013）。

表 5 - 8　　　　　　　　　　　　棉花供需状况

种类 ＼ 年份	2006	2007	2008	2009	2010	2011	2012
棉花生产量（万吨）	753.3	762.4	749.2	637.7	596.1	658.9	683.6

续表

年份　种类	2006	2007	2008	2009	2010	2011	2012
棉花进口量（万吨）	364.0	246.0	211.0	153.0	284.0	336.0	513.0
棉花出口量（万吨）	1.3	2.1	1.6	0.8	0.6	2.6	1.8
全国人均产量（千克/人）	5.2	5.8	5.7	4.8	4.5	4.9	5.1

资料来源：《中国农村统计年鉴》（2013）。

表5-9　　　　　　　　　　糖料供需状况

年份　种类	2006	2007	2008	2009	2010	2011	2012
糖料生产量（万吨）	10460.0	12188.2	13419.6	12276.6	12008.5	12516.5	13485.4
糖料进口量（万吨）	137.0	119.0	78.0	106.0	177.0	292.0	375.0
糖料出口量（万吨）	15.4	11.1	6.2	6.4	9.4	5.9	4.7
农村居民人均消费（千克/人）	1.1	1.1	1.1	1.1	1.0	1.0	1.2

资料来源：《中国农村统计年鉴》（2013）。

表5-10　　　　　2006—2012年主要农产品人均占有量　　　　单位：公斤

年份　种类	2006	2007	2008	2009	2010	2011	2012
粮食	380	381	399	399	409	425	437
棉花	5.7	5.8	5.7	4.8	4.5	4.9	5.1
油料	20.1	19.5	22.3	23.7	24.2	24.6	25.4
猪牛羊禽肉	42.7	40.1	42.4	44.4	45.8	45.4	62.1

资料来源：《中国统计年鉴》（2013）。

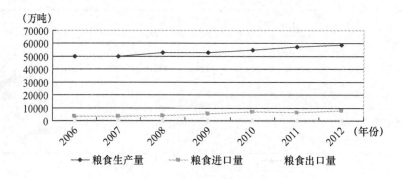

图 5 - 12 粮食供需趋势

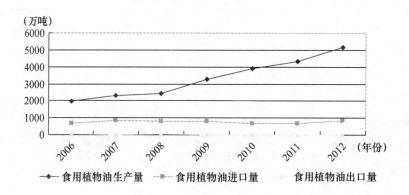

图 5 - 13 食用油供需趋势

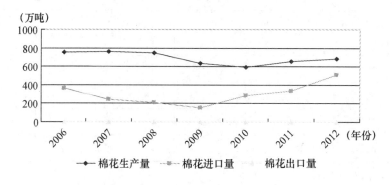

图 5 - 14 棉花供需趋势

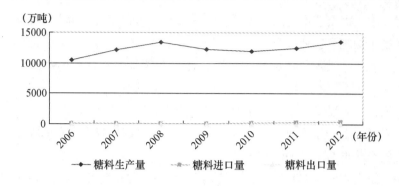

图 5-15 糖料供需趋势

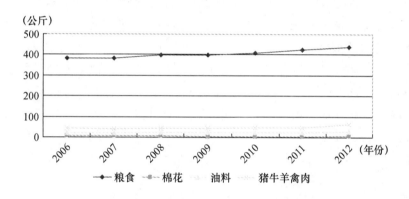

图 5-16 主要农产品人均占有量趋势

从上述图表中可以看出，一方面，2006 年以来，粮食、油料、糖料的总产量和人均占有量基本上呈现出逐年递增的趋势，棉花虽然近几年产量有所减少，但相对于"十五"末期 2005 年的 571.4 万吨来说，棉花产量依然增产很多，这些反映出我国主要农产品总体运行平稳，为农产品供需总体实现基本平衡打下了坚实的物质基础。另外，最近两年来，也出现了 CPI 屡创新高以及农产品价格快速轮番上涨的现象。分析其原因固然有很多，但农产品的流通是影响其价格的一个重要因素。主要原因在于，我国农产品是由千家万户生产出来的，农产品产地分布分散，农产品消费者也是千千万万，并且各自的消费需求也不一样，因此农产品产销不平衡表现得尤为明显。另外，农产品表现出明显的生产季节性，显然加剧了与农产品消费的全年性之间的矛盾。农产品产地与销地空间的不均衡和农产品季节性生产和全年性消费的时间上的不平衡，需要农产品的运输、储藏来满足需求，以调节市场的供需平衡状态。而我国农产品流通中存在的一系列问题则加剧了这种供需不平衡，影响了农产品的价格。可见，要实现我国主要农产品供需总体的基本平衡，还需要顺畅、有效的农产品流通的保障。

三 现阶段中国农产品流通中存在的主要问题及其原因①

畅通的农产品流通是实现主要农产品供需平衡的保障，目的在于稳定重要农产品供给、维护国家经济安全、减轻失业压力、增加农民收入。根据中国统计年鉴（2013），至2012年年底，全国共有各类批发和零售法人企业138865个（其中，批发法人企业72944个，零售法人企业65921个），年末从业总人数985.6万人（其中，批发业年末从业人数410.4万人，零售业年末从业人数575.2万人），其中，农业、林业、牧业产品批发法人企业有2922个，年末从业人数150051人，分别占各类批发法人企业总数的4.01%和年末从业人数总数的3.66%；亿元以上农产品综合市场和农产品市场分别为715个、1044个，分别占商品交易市场总数的13.77%、20.10%，农产品综合市场、农产品市场的成交总额分别为7012.9亿元、13713.6亿元，分别占商品市场交易总额93073.8亿元的7.37%、16.88%（见表5-11）。可见，虽然当下我国已初步形成以批发

表5-11 2012年末亿元以上农产品交易市场基本情况

指标	市场数量（个）	摊位数（个）	营业面积（万平方米）	成交总额（亿元）	批发市场成交额（亿元）	零售市场成交额（亿元）
商品交易市场合计	5194	3494122	27899.4	93073.8	80141.8	12882.0
亿元以上农产品综合市场	715	423936	2055.6	7012.9	5234.6	1778.3
亿元以上农产品市场	1044	596542	4271.7	13713.6	12878.7	835.0
亿元以上农产品综合市场占商品交易市场的比例（%）	13.77	12.13	6.78	7.37	6.53	13.80
农产品市场占商品交易市场的比例（%）	20.10	17.07	15.31	16.88	16.07	6.48

资料来源：《中国统计年鉴》（2013）。

---

① 赵玉阁、戴孝悌：《中国农产品流通现状、问题与对策分析》，《物流技术》2015年第1期。

市场为代表的，以市场为导向、以民间经营为基础，企业自主经营、政府适度调节的农产品流通体系，但我国农产品交易市场发育不全，农产品流通存在一些问题，还不能适应社会主义市场经济条件下大市场、大流通的需要。归结起来，我国农产品流通中存在的主要问题及原因有以下几个方面：

（一）农产品流通市场体系不完善

促进农产品市场流通需要有规范、健全的农产品市场体系。因此，为畅通农产品流通渠道，当下应先建立起纵横交错的农产品市场网络。一方面，应建立健全初级市场、中心市场和终点市场以实现农产品的有效集中与集货，建立健全批发市场和零售市场以实现农产品的有效分散与散货，从而按农产品的产销流程、集散序列有序进行。另一方面，应建立健全农产品的现货市场和期货市场，发展国营、民营、股份、合作等多种经济成分的农产品流通市场。从表5－11、表5－12、表5－13可以看出，目前我国的农产品流通市场，由于农产品流通市场体系的改革完善严重滞后，导致传统农产品集贸市场和小型农产品批发市场仍是我国农产品市场体系的主体，具有价格形成机制的大型农产品批发市场数量较少，并且区域分布不均衡，主要集中在农产品主产区，且市场功能单一；农产品连锁经营超市刚刚兴起，超市流通的农产品数量十分有限，不能满足流通需要；当下农产品期货市场还很不发达，农产品期货市场少，交易的种类少，交易量也少，造成目前我国的农产品交易仍以现金交易居多；虽然国营、民营、股份、合作等多种经济成分的农产品流通市场已发展起来，但有一定规模、运行规范并能够有效地形成和引导市场价格的农产品交易市场少。总之，由于我国农产品流通市场体系的改革完善严重滞后，我国当下农产品市场流通体系还不健全，不能有效地实现农产品的集散和流通。

表5－12　　　　　2012年末农林牧产品批发市场购销存情况　　　单位：亿元

指标	商品购进额	进口额	商品销售额	出口额	期末商品库存额
批发业合计	304286.9	29288.7	327091.3	19939.8	21265.2
农林牧产品批发	5840.5	830.5	5985.8	110.3	1213.2
农林牧产品批发占批发业的比例（％）	1.92	2.84	1.83	0.55	5.71

资料来源：《中国统计年鉴》（2013）。

（二）农产品流通主体多、小、散，流通组织化程度低

农产品流通主体是指参与农产品市场流通活动的个人和组织，主要包括农产品生产者农户、运销专户、农民经纪人、中介流通组织、城镇职业零售商贩以及季节性、临时性的农民运销队伍等。当下，由于我国的农民专业合作社、其他农业合作经济组织以及农业产业化本身发展迟缓，不能有效发挥连接小生产与大市场的纽带作用，加上物流运输业的发展也比较滞后，使我国目前农产品流通还是"千家万户"、"千军万马"地分散进行，农产品生产者家庭农户仍是实际上的农产品流通主体。分散在全国各地的众多弱小农户，以家庭为单位从事农产品生产和农产品流通，导致农产品生产和流通组织化程度低，加上农产品储运难的特性、农户（民）文化素质较低、农村交通不便、农村信息不灵和农产品流通体制机制等方面因素的影响，农产品流通环节多、流通成本高、流通效率低，这一点可从表 5 - 11 中的农产品的市场数量、摊位个数、营业面积、成交额和表 5 - 12 中农林牧产品批发市场商品购进数、销售数、库存数以及表 5 - 13 中农林牧产品批发市场的主营业务的收入、成本、利润等指标看出，具有代表性的农林牧产品批发市场都存在多、小、散的状况，其他的流通主体状况可想而知。

表 5 - 13　　　　2012 年末农林牧产品批发市场主要财务指标状况　　　　单位：亿元

指标	主营业务收入	主营业务成本	主营业务税金及附加	主营业务利润
批发业合计	292183.6	273618.4	1132.9	17432.2
农林牧产品批发	5658.8	5318.9	11.7	328.2
农林牧产品批发占批发业的比例（%）	1.94	1.94	1.03	1.88

资料来源：《中国统计年鉴》（2013）。

（三）农产品流通基础设施建设相对滞后

近几年，虽然我国农产品流通基础设施建设取得了一定的进展，但由于农产品流通基础设施建设历史欠账较多，加上农业基础设施建设的投入又远远赶不上需求。所以，农产品流通基础设施建设相对滞后，仍以农畜

产品批发市场为例，根据《中国统计年鉴》（2013），至 2012 年年底，农林牧产品批发市场的总资产为 4710.3 亿元，只占各类批发市场资产总额 127504.1 亿元的 3.69%（见表 5－14）。从表 5－14 可以看出，农林牧产品批发市场资产占各类批发市场资产总额的比例偏低，农产品流通基础设施滞后，完全不能满足农产品市场发展的要求，成为阻碍我国农产品流通的"瓶颈"。我国农产品流通基础设施建设相对滞后主要表现在以下几方面：从表 5－11、表 5－12、表 5－13、表 5－14 中发现，大型规范的国家级甚至地区级的现代农产品批发交易中心、物流中心、配送中心和仓储设施还比较少，引导价格形成的作用不强；农产品批发市场和农贸市场、菜市场、社区菜店、生鲜超市、平价商店等农产品零售网点数量也不够，且分布不均匀，还不能完全满足农产品终端市场的需要；农产品产地预冷、预选分级、加工配送、冷藏冷冻、冷链运输、包装仓储、电子结算、检验检测和安全监控等流通设施数量少，技术水平不高；开展农产品拍卖、代理、网上交易、电子商务、连锁经营等农产品新型交易和经营方式才刚刚兴起，通过上述农产品新型交易和经营方式进行交易的农产品数量和交易的种类不多；农产品流通科技研发和推广应用一直未放在比较重要的位置，农产品流通科技的巨大推动作用没有体现出来。

表 5－14　　　　　　2012 年末农林牧产品批发市场资产及负债情况　　　　单位：亿元

指标	资产总计	流动资产	固定资产	负债	所有者权益
批发业合计	127504.1	100916.8	6212.3	93817.6	33688.9
农林牧产品批发	4710.3	3332.4	381.0	3517.5	1192.8
农林牧产品批发占批发业的比例（%）	3.69	3.30	6.13	3.75	3.54

资料来源：《中国统计年鉴》（2013）。

（四）政府对农产品流通的调控不到位，法律法规不健全

市场经济条件下，市场对资源配置起基础性作用，但由于市场有时会失灵，所以，政府的宏观调控也不可缺少。但由于我国处于社会主义市场经济的初级阶段，政府对农产品流通的调控有时不到位，相应的法律法规也不健全，严重影响了农产品流通的效率。农产品流通调控不到位，法律

法规不健全主要表现在以下几个方面：由于中央和地方政府分工不明，利益上有冲突，使农产品流通市场布局建设缺乏长期、统一的规划，发展也不平衡；由于我国的社会主义市场经济体制还不完善，政府对农产品市场流通活动的行政干预偏多，政府非市场化手段盛行；政府财政投入到农产品流通基础设施建设上的资金不足，这一点可从表 5 – 14 中 2012 年末农林牧产品批发市场的总资产、固定资产等数据得到证实，同时在税收、土地使用政策方面的支持力度也不够；我国农产品流通标准体系建设滞后，农产品流通市场的准入、布局、规划、监管等方面的制度还不完善，保障农产品市场公平竞争的法律法规还不健全等。

（五）农产品市场的信息服务薄弱

信息是市场的灵魂，农产品市场信息更是农产品市场流通的先决条件。由于国家优先发展重工业的战略方针指引，我国的第一、第三产业的发展要落后于第二产业发展，其中表现为农业、信息业的发展滞后，直接后果就是农产品市场信息服务业发展严重滞后。虽然近几年这一状况有所改观，但农产品市场信息化建设滞后、农产品市场信息服务薄弱的状况并未得到根本改观，因而成为制约当前我国农产品流通的重要条件。当下，我国农产品市场信息服务薄弱主要体现在：首先，农产品市场信息的收集、整理及其发布机制不完备。目前，我国有一万余个涉农网站每天发布十几万条农产品价格数据，虽然信息很多，但缺乏农民需求的"专""准""精"信息，海量的支离破碎、不系统、不完整的信息反而使农民难以取舍，不知所措。其次，农村是信息化建设的"盲区"，许多农村信息化水平很低，信息发送、传递、接收手段落后。许多农村地区如今仍主要通过广播电视、乡村板报、乡村自办的广播、农贸集市、科技进村服务和农技推广站获取信息，只有很少数农民通过互联网络获取信息。这样获取的信息缺乏及时性、准确性和权威性，影响根据这样的信息进行决策的农产品生产和流通。最后，农村信息化服务人才缺乏，农业信息技术成果应用程度较低，再加上农民本身文化素质较低、信息化服务培训又不到位，所以广大农民的农产品市场信息应用能力不高，大大地影响了农产品的生产和流通。

第六章　空间链维度：农业产业空间布局研究

本章首先从产业空间分布的影响因素、运行机制入手，探寻了产业发展的空间分布规律和特征；其次，在此基础上，基于农业、工业、服务业组成的产业链视角，分析农业与工业、服务业产业融合的农业产业空间分布新特点，以探讨农业产业发展的空间演变个性特征与规律；最后，分析新中国的农业产业发展空间布局和现阶段中国农业产业发展空间布局存在的主要问题及其产生的原因。

第一节　产业空间分布规律和特征

本节通过总结分析产业空间分布的影响因素，深入探讨产业空间分布的演变机制，进而探寻产业空间分布的一般规律和特征。

一　产业空间分布的影响因素

1. 自然条件

自然条件是指包括自然资源在内的所有影响产业分布的各种自然因素，如自然资源、自然地理位置、地质条件、水文条件、气候条件、土壤生物条件等。自然条件是产业发展的自然物质基础，没有自然条件，农业、工业和交通运输业就无法进行社会物质生产，产业布局就无从谈起。自然条件对产业布局的影响可归纳为三个方面。首先，自然条件直接影响第一产业的分布。通常意义上的第一产业主要指农业、采矿业、林业、畜牧业及渔业等。显然这些第一产业的劳动对象就是能直接从自然界获取的自然资源，因而，出产各种资源的地方，相应的就是第一产业分布的地方。其次，自然条件间接影响第二产业的发展。通常意义上的第二产业主要指材料加工、加工工业和建筑业。由于第二产业是对第一产业的产品进行加工，即两次或两次以上资源和能源的利用部门，所以，自然条件对第二产业的影响，主要是通过第一产业而发挥作用的。最后，自然条件的分布状况直接影响产业分布大格局。由于自然条件是产业发展的自然物质基础，因而自然条件的分布特点和地质成矿规律，使得在世界范围内明显地形成北部森林带和赤道热带森林带，由高纬向低纬有规律地分布着小麦带、玉米带、水稻带、热带经济作物带。

2. 地理位置、交通、信息条件

地理位置一般是指地表上某一事物与周围自然事物的空间关系，本书主要指经济地理位置，即某一事物与具有经济意义的周围其他事物间的相对空间关系。交通条件是指一个国家或地区或城市或居民点为开展客运和货运所能提供的方便程度。信息条件是指传递情报信息的设施和方便程度。[①] 地理位置与交通、信息条件三位一体，相互联系、相互配合，成为一种重要的经济资源，它对现代产业的分布所产生的作用越来越大。表现为：首先，地理位置、交通、信息条件直接影响第二和第三产业的布局。由于自然条件对第一产业分布产生直接影响，而对第二产业是通过第一产业产生间接影响。也就是说，并不是所有的产业分布都是由自然条件决定的，世界各国、各地区的现代产业也并不都是分布在能源基地、矿产基地和其他原材料基地。事实上，还有许多产业尤其是第二与第三产业是分布在地理位置、交通、信息条件优越的地方。因为，优越的地理位置，方便的交通，良好的信息条件，一方面，可以帮助其从其他地区取得能源和原材料，迅速、快捷地获得有益的科技文教服务；另一方面，又可方便其输出和销售其产品等。其次，地理位置、交通、信息条件间接影响第一产业的分布。第一产业的发展离不开方便快捷的交通运输条件。如果没有较好的交通运输条件，即使林矿资源十分丰富也难以进行采伐和开采，更难进入市场进行销售。可见，只有拥有较好的资源条件，再加上又有相应的地理位置、交通、信息条件相配合，才能够将资源优势转变为产业优势。

3. 人口、劳动力与科技条件

人口与劳动力是生产力的主体，没有人口与劳动力，农业、工业、交通运输业等生产活动就无法进行。人口、劳动力与科技条件又是紧密地结合在一起的，因为，人口与劳动力都是具有一定科技文化素养的载体，人

---

① 陈才：《区域经济地理学》第2版，科学出版社2009年版，第88—90页。

口的素质则是人口、劳动力与科技条件的综合体现，人口数量、劳动力素质和人口移动对产业布局均具有一定的影响。首先，人口数量直接影响产业分布。因为任何产业的发展都离不开作为劳动力的人口，没有一定数量的人口，农业、工业、交通运输业等产业活动无法开展。当然，如果人口过多或增长过快，人口过少或增长缓慢，也会影响产业的布局。其次，劳动力的素质直接影响产业的分布。由于高新技术产业的发展需要高素质的人口和劳动力，所以，高新技术产业的布局一般分布在有高素质的人口和劳动力的地方。最后，人口的移动也会在一定程度上影响产业布局。铁路的修筑，现代航运事业的发展，交通条件的改善等为人口的大规模移动提供了条件，而人口的迁徙也会反过来促进当地产业的发展，所以说人口、劳动力的移动与产业分布的变化往往是一致的，并相互促进。地理大发现使旧大陆的许多人口移向新大陆，开始了新旧大陆农畜产品的交流，使美洲原产的玉米、可可、番茄、向日葵、马铃薯、烟草和橡胶树等被逐步引进旧大陆，而旧大陆原产的一些传统农作物和牲畜等，也在新大陆广为分布。这就是由于人口的移动影响新旧大陆产业分布的最好的例子。

4. 经济条件

影响产业布局的经济条件是指产业形成发展的经济基础，主要包括原有社会经济基础、市场、资金条件等。首先，产业布局要充分利用原有社会经济基础条件。因为任何生产力的发展都是在已有经济基础上进行的，产业的分布、经济的发展都是具有历史继承性的，即使在几乎空白的地方，也要依靠相邻地区人力、物力的支援。因此，产业的分布、经济的发展必须从原有的经济基础出发，充分发挥原有的优势，改变其劣势，这样产业布局、经济的发展才会更好。原有社会经济基础主要是指历史上发展第一、第二和第三产业所遗留下来的产业设施等物质基础，以及积累的相关科学技术条件、产业布局管理经验等。显然，由于遗留下来的原有的产业布局设施等物质基础，已经形成且难以改变，所以它必将对新的产业分布产生影响，这是一方面。另一方面，充分利用和发挥原有的这些具有优势的产业布局基础和产业布局管理经验，改革完善原有的不足，就可以加快产业布局优化的步伐，提高产业布局水平。其次，市场条件是制约产业布局的决定性因素。因为，生产的目的是为了消费，商品性生产只有通过市场才能将生产的产品转入消费者手中，实现商品的价值，从而达到生产的目的。没有市场，生产的产品就不能转入消费者手中，因而也就不能实现生产的目的，因此，从这个意义上说，市场条件对产业布局起决定作用。所以，任何轻、重工业与农业项目的布局，都必须研究市场需求数量、品种及其演变趋势，消费区的分布及其产品供应现状等市场条件，否则，其产品就不能顺利地转到消费者手中，就不能满足消费者的生产和消费的需要。最后，资金对产业分布也有一定影响。因为产业发展都必须有发展该种产业所需资金的支持和投入。而资金的国家和地区分布又不平衡，并且相对于劳动力来说，资金更是易于流动的因素，资金为追逐价值会到处流动以寻找投资机会，所以，一些国家和地区要不断地改善投资的软硬环境，以吸引大量资金流入，为该区位产业发展创造有利的资金条件，这对于那些期望布局资金密集型产业的地区来说尤其如此。

5. 社会条件

影响产业布局的社会条件是指产业形成发展的社会基础，主要包括体制、政策和环境条件等。首先，体制对产业布局的影响是不言而喻的。计划经济体制过分强调产业布局的规划、计划，忽视市场机制的调节作用，市场经济体制则强调看不见的手的市场调节作用，忽视产业布局的规划、计划作用。由于前者要求占有足够的信息、决策科学、实施过程中具有足够的理性，产业布局规划实施才能科学合理，这在实践中是不可能的。而后者任凭市场中看不见的手自由进行调节，由于市场复杂多变，所以很容易出现市场失灵现象。所以，在市场经济条件下，对于产业布局采取以市场调节为主，产业布局规划为补充的手段是比较理想的。其次，政策对产业布局的影响不能忽视。政府通过制定直接干预和间接干预性产业布局政策两种方式影响产业布局。前者主要是指国家政府为刺激特定区域的经济发展，采取的政府直接投资或审批制、许可证制、配额制等强制性政策。后者主要是指包括贸易与关税政策、信息服务、财政补贴、融资支持等政策。其中，特别是产业政策对产业布局的影响尤其应该引起重视。最后，环境条件对产业布局的影响也是不能不引起重视的。由于任何产业的发展都需要有一个良好的稳定的国际国内环境，所以国际国内的环境条件对产业布局有着很大的影响。

总而言之，在产业布局这一个动态的、历史过程中，自然条件、位置与交通信息条件、人口、劳动力与科技条件、经济条件、社会条件等，相互制约，相互影响，共同作用于产业布局的实现。当然，影响产业布局的主导因素会随着生产力的发展而变化，总体来说，影响产业布局的因子

中，自然资源的制约性会越来越小，技术、知识等因素的作用越来越大
（见表6-1）。

表6-1　　　　　　　　　　产业布局的主要因素和次要因素

产业部门		自然条件与自然资源	位置、交通、信息条件	人口与劳动力条件	社会经济因素
第一产业	采掘业	＋＋＋＋	＋＋＋	＋＋	＋
	农业（种植业与畜牧业）	＋＋＋＋	＋＋	＋＋＋	＋
	郊区农业	＋＋	＋＋＋＋	＋	＋＋＋
第二产业	重型机械	＋＋＋＋	＋＋＋	＋＋	＋
	中轻型机械	＋	＋＋＋＋	＋＋＋	＋＋
	高技术工业	＋	＋＋＋	＋＋＋＋	＋＋
	农副产品加工业	＋＋＋＋	＋＋	＋＋＋	＋
第三产业	交通运输业	＋＋＋	＋＋＋＋	＋＋	
	其他第三产业	＋	＋＋＋	＋＋＋＋	＋＋

注："＋"号的多少表示作用的强弱。

资料来源：陈才：《区域经济地理学》第2版，科学出版社2009年版。

二　产业布局的运行机制

一般认为，引起产业布局发生变化的机制是集聚与扩散机制。所谓集聚机制是指经济活动（包括产业）向区位条件优越的地方集中的趋向与过程。而扩散机制是指经济活动（包括产业）在地理空间上的分散趋向与过程。很显然，集聚与扩散是对立统一的关系，是制约产业布局的重要机制。[①] 具体可借用经济地理学中内生—外生力量的分析框架来进行分析。[②] 这个分析框架的关键思想是，追逐各自最大化利润是人们和厂商选择区位的目的，各种影响利润的力量推拉着人们和厂商趋向特定区位的地方。各种影响利润的力量可分为外生力量和内生力量两类：外生力量是指某一个区位内厂商和个人认为影响他们进行投资决策的气候、港口、水资源和矿石质量等自然地理环境特征。内生力量则是指厂商、个人能施加影

---

① 田广增、齐学广：《论产业布局的规律》，《安阳师范学院学报》2002年第2期。
② 杨盛标、张亚斌：《经济活动的聚集与扩散分析——新经济地理分析框架的逻辑基础》，《湖南大学学报》（社会科学版）2009年第6期。

响并能影响其他厂商、个人在何处进行投资决策的东西。内生力量具体又分为公共运输条件、相关行业的工资水平、政府服务水平等地区吸引物以及一个经济活动稠密的城市所具有的吸引和排斥经济活动的向心力和离心力。向心力就是促进区域增长聚集所产生规模经济、范围经济和外部经济的力量。离心力则是反作用于聚集的力量。

虽然内生力量和外生力量都会影响产业的空间聚集与扩散，但是人们似乎更多地在研究内生力量中的向心力和离心力如何驱动厂商和劳动在空间重新定位，从而推动产业空间聚集。外生力量决定了经济活动的初始地点和状态。而向心力则驱使经济活动向某一个地区聚集，聚集增加导致规模收益递增，这种聚集就又会产生更大的向心力，使得聚集的规模进一步增大。当聚集规模增加超过一定限度，离心力内生，当离心力大于向心力时，这种经济实体就会扩散到别的地方。可见，上述整个经济图景就是在向心力和离心力两力交替增加和两力的强弱较量中进行聚集和扩散的。同样产业也呈现出了由于向心力和离心力的较量而产生产业布局的聚集和扩散。

三 产业布局的一般规律和特征

上面总结分析了产业空间分布的影响因素，探讨了产业空间分布的演变机制，从而为探寻产业空间分布的一般规律和特征打下了很好的基础。

对产业空间分布演变过程的历史考察表明，各国各地区的产业布局并不是固定不变的，而是一个动态的过程，产业空间布局随着产业空间分布影响因素特别是社会生产力的发展和产业结构的变动而不断地发生变化。产业布局通过集聚（极化）与扩散机制发生演变，从而使产业空间布局呈现出"分散—集中—分散"的螺旋式上升规律，其实质是产业空间布局由均衡到不均衡再到均衡的过程。

在原始社会和农业社会，主要产业部门为农业和少量手工业，这时生产力水平很低，社会分工不发达，商品交换比较少，而传统的农业生产又是以土地和动植物作为劳动对象，农业产业极大地依赖土地等自然资源，这时的产业布局主要表现为地区差异不十分明显的均质化或者说均衡化特点。原始社会和农业社会的产业空间布局表现为以分散为主的特点，尽管这个阶段也存在少许集中的趋势。

产业革命以后，生产力水平大大提高，农业、工业产业出于逐利的目的开始选择那些资源条件、交通位置、人口劳动力和经济社会条件相对较好的地区发展，产业开始在这些条件较好的地区集聚，随着农业、工业产业的继续发展，这些产业发展的集聚地也获得不同程度的发展，当发展较快的产业集聚地的经济规模明显超过其他产业集聚地时，发展较快的产业集聚地成为这个区域的增长极，地区增长极一经形成，它就会通过支配效应、乘数效应带动周边地区的产业经济全面增长。所谓支配效应就是增长极通过对周围地区的经济活动的支配作用，加快其与周围地区的要素流动，从而带动周围地区经济的增长。所谓乘数效应就是指增长极的发展对周围地区的经济发展所产生的巨大的强化和放大作用，影响的范围和程度数倍数倍地增大。增长极模式表明，这个阶段的产业布局打破了产业布局的均质化格局，由以分散为主转变为以集中为主。可见，这种极核模式适用于经济技术力量有限、经济发展水平不太高的地区的产业布局。

增长极形成以后，科技革命继续向前推进，生产力水平继续提高，交通、通信条件继续改善，使得增长极与周围各点的联系和交往更加便捷，对外联系和交往更加广泛，商品、人员、资金、技术、信息等物质和信息的流动越来越多，这种物质和信息的流动相应地刺激了连接增长极与周围各点的各种交通、通信线路的形成和发展，从而形成和完善了各种交通线、通信线、动力供应线和水源供应线等各种线状基础设施。各种线路形成后，产业集聚也达到一定水平，开始出现向外扩散的趋势，而这种产业布局扩散首先是沿着已经形成的颇具资源、位置、交通、信息、劳动力等经济社会条件优势的各种线路进行的，逐步沿线路形成相应产业带，使产业空间布局由向增长极集中为主转变为向线路集中为主，从而形成点轴模式。显然，这种点轴模式适用于经济发展水平较高的地区。

点轴模式形成以后，新的科技革命继续发生，生产力继续向前发展，交通、通信条件达到更高水平，为结点（极核）和轴线分别与周围各点的联系和交往提供了更加便捷的条件，以结点（极核）为中心沿交通线路等形成新的点轴模式，以轴线为中心沿交通线路等形成新的点轴模式（域面）。各种新结点、轴线、域面形成后，为满足越来越多的商品、人员、资金、技术、信息等物质和信息的流动，就会再形成和完善更多的各种交通线、通信线、动力供应线和水源供应线等各种线状基础设施，并沿这些新线路形成新的产业带或者产业面。这些新旧轴线将结点与结点、结点与域面、域面与域面联系起来，形成经纬交织的产业布局网络，这就是网络型产业布局模式。网络型产业布局模式表现出集中与分散的良好结合，一般适用于经济发展水平很高的地区。

总之，随着生产力等影响因素的发展和变化，产业布局通过集聚（极化）与扩散机制发生演变，从而表现出"分散—集中—分散"的产业空间布局呈螺旋式上升规律，产业空间布局呈现出极核型布局、点轴型布局和网络型布局的产业空间演进规律（见表6-2）。在生产力水平很低的原始社会和农业社会，产业布局存在集中与分散两种趋向，但产业布局是以分散为主，以均质布局模式表现出来。第一次科技革命后，随着生产力的发展，出于逐利的目的，产业布局倾向集中以降低成本，获取规模效益。这时产业布局以集中为主，以分散为辅，并通过点状布局和点轴布局的模式表现出来。随着生产力的进一步发展，产业过度集中规模不经济的弊端日益凸显，产业布局在集中的同时也出现了分散的趋向。但这种分散的趋向并没有消除集中的优势，相反，随着生产力的发展，这种分散又会逐步形成新的集中，形成连绵不断的产业带，此时，表现出来的模式就是网络模式。当然，一个国家或地区的产业空间布局结构并不是上述的某一种单一的模式，而是点、线、面多种模式的结合，只是在不同发展阶段，产业布局模式的侧重点不同而已。

表6-2　　　　　　　　产业布局的空间演进规律

产业布局类型	产业发展特征	空间表现	空间发展阶段
极核型布局	产业集聚	产业集群	点状阶段
点轴型布局	产业链延伸	产业带	轴状阶段
网络型布局	产业与城镇互动发展	经济带	网络状阶段

资料来源：笔者归纳总结。

第二节　农业产业发展空间演变个性
特征与规律分析

上一节对产业发展空间布局的影响因素进行了分析，对产业布局与地域特征相结合而形成的产业空间布局规律有了一定的了解。但由于各国各地区政府最为关注的是与经济结构更为紧密的工业布局问题，因而上述产业发展空间演变过程、特征与规律也主要是针对工业产业空间布局而言的。很显然，由于农业生产过程是经济再生产过程和自然再生产过程的交错与统一，除经济条件的影响外，农业产业对地域性自然地理条件的依赖性与相关性是非常突出的。因而农业产业的地域性是非常明显的，不仅有大的地带性的差别，也有较小的地区范围的差异。这种地域性差异不仅反映在数量上，也反映在质量上；不仅反映在外部形态上，也反映在内部结构上。① 总的来说，与工业、交通运输业的点、线空间布局不同，农业产业空间布局呈现出面状分布的特点。

一　农业产业布局呈面状分布

从世界农业产业发展空间演变过程可以发现，科学技术的进步对农业产业空间布局产生了很大的推动作用。以科学技术的进步为线索，可以对农业产业发展空间演变特征与规律做一个小结（见表6-3）。具体来说，15 世纪以前，由于世界农业总体科技水平较低，虽然铁制农具、役畜在农业中广泛使用，农田水利事业也获得了一定发展，但由于自然条件仍是农业产业发展的基础，因而农业产业布局分散，总体上呈均匀分布状态，那时基本上没有农业产业集聚。15 世纪末至 18 世纪下半叶，随着农业以畜力作为动力和农业科技水平的大大提高，商品性农业开始出现，此时世界农业产业开始进入产业集聚发展时期，农业产业空间布局开始呈小面状分布的特点。19 世纪初到 20 世纪 40 年代，随着第一、第二次科技革命的迅猛发展，世界农业总体科技水平发展较快，农业产业机械化、化学化、

表 6-3　　　　　　　　　农业产业布局的空间演进过程

年代	产业布局类型	产业发展特征	空间表现
15 世纪以前	均匀型布局	农业产业均匀分布	基本没有农业产业集群
15 世纪末至 18 世纪下半叶	小面状布局	农业产业集聚	农业产业集群
19 世纪初到 20 世纪 40 年代	典型面状布局	农业产业链延伸、拓展	农业产业带出现
20 世纪 50 年代以来	面状布局，有分散倾向	农业产业与其他产业融合加快	经济带

资料来源：笔者归纳总结。

---

① 杨万钟：《经济地理学导论》修订第四版，华东师范大学出版社 1999 年版，第 8 页。

良种化、商品化、市场化在不同国家获得不同程度的发展，大大地推动了世界农业产业的集聚，此时，世界农业产业空间布局呈现出典型的面状分布特点。第二次世界大战结束以后，特别是从 20 世纪 50 年代以来，随着以原子能、电子计算机、生物工程和空间技术应用为主要标志的第三次科技革命的兴起，世界农业产业的空间布局进入了一个新的发展阶段。虽然此时一些发达国家或地区农业产业开始出现一些分散倾向，但农业产业集聚仍是主流，面状分布的农业产业空间布局特点没有发生根本性的改变。

二 现阶段农业产业与其他产业融合加快

20 世纪 50 年代以来，第三次科技革命的兴起，一些发达的资本主义国家加速了农业产业与工业、服务业等其他产业的融合，使世界农业产业集聚、集群发展进入了一个更高级的阶段，农业产业空间布局又呈现出新的第一、第二、第三产业融合的特点（见图 6 - 1）。

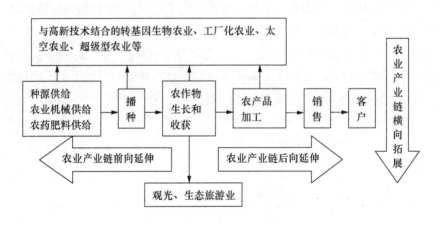

图 6 - 1 现代农业产业融合

从图 6 - 1 现代农业产业融合图可以看出，所谓农业产业融合是指由于技术进步和市场开放，第一与第二、第三产业特别是高新技术产业通过技术、业务或产品、市场的相互渗透影响，从纵向与横向两个维度延长和拓展农业产业发展的空间，构建现代农业产业体系的过程。它包括农资供应、农产品生产、农产品加工、农产品销售及服务的供、产、加、销环节的纵向融合，以及农业引入生物技术、信息技术等高新技术产业的发展理念、技术成果和管理模式的横向融合两大类型。前者延长了农业产业链，扩展农业产业从纯农产品生产领域延伸到加工和服务等第二、第三产业领域纵向增值空间的目的，后者拓宽了农业产业链，扩展农业产业从单一的农业发展平台到服务、高新技术等产业领域的横向增值空间的目的。不管是纵向延长农业产业链还是横向拓宽农业产业链，都是一种更高形态的农业产业空间变化。

第三节　中国农业产业发展空间布局分析①

中国社会生产方式的变革，是农业产业布局变化的主要决定性因素。以社会生产方式的发展演变为依据，可以概括地将中国农业产业布局演变过程分为以下两个阶段四个时期：第一阶段，旧中国的农业产业布局，它又分为1840年以前漫长的封建经济时期和1840—1949年半封建半殖民地经济时期；第二阶段，新中国的农业产业布局，它分为1949—1980年和1981年到现在两个时期。② 下面主要就新中国成立后所呈现出农业产业集聚、集群和农业与工业、服务业产业纵向融合以及农业与高新技术产业横向融合的农业产业空间布局做一个简要分析。

一　农业产业集聚、集群发展

新中国成立后，特别是1981年以来，我国农业产业空间布局呈现出农业产业集聚、集群发展的显著特点。党的十一届三中全会以来，在农村实行以明确使用权为主要内容的家庭联产承包责任制和统分结合的双层经营体制，极大地调动了亿万农民的积极性，使我国农业摆脱80年代以前长期徘徊不前的局面，从此步入快速发展的轨道；农产品流通领域的改革，农产品市场体系的培育和建设，农业资源的综合开发政策，使我国农业由计划经济走向市场经济，农业发展进入了一个新的阶段，农业迅速地由自给、半自给经济向商品经济发展，农业生产活力大大增强，农产品商品率大大提高；各个地方为了能够最大限度地优化资源配置，挖掘资源潜力和发挥比较优势，根据各自的资源禀赋、技术条件、生产规模、产业基础等因素，以国家级大宗农产品商品生产基地为主、围绕市场需求发展了大批以中小型和专业化生产为主的种养业生产基地，促进了我国农业生产

---

① 戴孝悌：《中国农业产业空间布局现状、问题及对策分析》，《农业经济》2013年第12期。
② 戴孝悌：《中国农业产业空间布局演变进程分析》，《湖北农业科学》2013年第18期。

空间布局更趋科学化和合理化。特别是近 10 年来，中央提出了统筹城乡发展的基本战略，制定了工业反哺农业和城市支持农村发展的基本方针，推出了一系列支农惠农政策，尤其国家推出了要在因地制宜发挥资源优势的基础上，围绕市场需求，建设一系列优势农产品产业带活动，使得传统农业优势区域的规模化、专业化、市场化和产业化水平进一步提高，优势农产品生产更加向优势区域集聚，传统的"大而全、小而全"农业生产格局进一步打破。据农业部《全国优势农产品区域布局规划（2008—2015 年）》资料显示①：我国已初步形成水稻、小麦、玉米和大豆四大粮食作物九大优势产业带，至 2007 年，水稻、小麦、玉米、大豆四大粮食作物和棉花、甘蔗、苹果、柑橘等经济作物优势区域在全国的地位稳步上升，生产集中度有了不少的提高（见表 6-4）。养殖业优势区域同样得到加快发展，肉牛和肉羊优势产区地位继续巩固；奶牛优势区域涉及的内蒙古、黑龙江、河北、山西、北京、天津、上海 7 省市奶牛存栏量占全国的比重达到 50%；东南沿海优势出口水产品养殖带、黄海、渤海优势出口水产品养殖带、长江中下游优质河蟹养殖区"两带一区"布局趋于稳定，大黄鱼、罗非鱼和鳗鲡集中度均已超过 80%。② 总体而言，当下，我国优势农产品区域集中度稳步提高，农业产业集聚、集群发展迅速，农业产业空间分布更加合理和科学，有力地推动和促进了中国特色农业现代化建设。

表 6-4 主要粮食、经济作物生产集中度

	水稻	小麦	玉米	大豆	棉花	甘蔗	苹果	柑橘
生产集中度	98%	80%	70%	59%	99.9%	63%	50.7%	54%

资料来源：农业部《全国优势农产品区域布局规划（2008—2015 年）》资料。

二　农业与工业、服务业纵向融合的农业产业化发展

20 世纪 80 年代以来，我国农业产业开始出现与工业、服务业产业融合发展的趋势，具体表现在农业供、产、加、销环节纵向融合，扩展了农业产业从纯农产品生产领域延伸到加工和服务等领域纵向增值空间。

---

① http://www.moa.gov.cn/zwllm/zwdt/200809/t20080912_1132619.htm.
② 同上。

（一）农业产业化发展过程

农业生产专业化、市场化、商品化发展到一定程度的必然结果就是农资供应、农产品生产、农产品加工、农产品销售及服务的供、产、加、销环节纵向融合。1978年改革开放以后，我国农业生产专业化、商品化发展得到提高，因此，可以这么说，20世纪80年代我国农业产业纵向融合就开始了。根据农业产业化的阶段划分，一般可将我国农业产业的纵向融合划分为三个阶段①：

第一，农业产业纵向融合萌芽阶段。1978—1984年，是我国农业产业化萌芽阶段。这段时期，废除人民公社制度，普遍推行家庭联产承包责任制，逐步开始农产品收购制度改革，使得农产品商品率逐年提高，农产品专业市场开始形成。发展乡镇企业，推动农村工业化，促使农村剩余劳动力开始转移，土地开始向种田大户集中，从而加快了农村的商品生产和分工分业进程，农村经济开始向规模化、专业化、商品化发展，为发展农业产业化经营奠定了物质基础。20世纪70年代，我国农业产业化发展的最初萌芽形式"公司＋农户"之"正大模式"开始出现。很显然，这种农业产业化模式是处于从计划经济向市场经济、传统农业向现代农业转变的萌芽阶段。

第二，农业产业纵向融合正式开始出现阶段。1985—1991年，是我国农产品流通体制改革时期，也是我国农业产业化摸索阶段。1985年开始实行农产品流通体制改革，废除实行多年的统购统销制度，代之以国家合同定购制度。随着大多数农产品价格的放开，逐步扩大了市场机制的范围，大大促进了农村经济的发展。随着市场经济发展进程加快，市场经济开始发挥越来越大的作用，面对市场，贸、工、农三方发展了唯有结成稳固的三方利益共同体才能共同驾驭市场的贸、工、农一体化思想。于是，在山东诸城等沿海一些经济发达的地区开始出现一些商贸企业与农民结盟的现象，创造出机制灵活的以龙头企业带动农户的贸工农一体化联合体。这种全新的农业产业经营组织形式很快就得到了广泛的响应，成为推动农业产业发展的一种新的力量。

第三，农业产业纵向融合发展阶段。1992年至今，是我国农业产业

① 李萍：《农业产业化发展战略研究》，硕士学位论文，华东师范大学，2005年，第18—19页。

化发展阶段。90 年代以来，农业产业化进入了迅速发展的阶段。1992 年邓小平南方谈话和党的十四大提出建立社会主义市场经济体制，为我国农业产业化快速发展提供了思想保证。山东等沿海经济发达地区开始以农业产业化经营作为解决农业深层次矛盾的突破口，在稳定家庭承包经营的基础上，着手对农业产业组织形式、农业要素资源配置方式、农业生产经营机制和农业产业管理体制进行改革创新。1994 年以《人民日报》为代表的报纸对山东潍坊等地发展农业产业化做了连续报道，于是农业产业化的创新经营方式引起各级政府的重视，并加以引导和在全国范围推广。尤其是党的十五大、十六大、十七大、十八大报告中持续提出，要积极支持推进发展农业产业化经营，形成生产、加工、销售有机结合和相互促进的机制，推进农业向商品化、专业化、现代化转变，确实提高农业的综合效益，所有这些，极大地推动了我国农业产业化经营的发展，标志着我国农业产业纵向融合发展进入新阶段。

（二）农业产业化的进展

经过 20 余年的发展，我国的农业产业化获得了较快的发展，农业产业化组织数量不断增长，农业产业化组织的经济实力不断提高，农业产业化组织的规模快速扩大，企业和农户的利益联结机制更加紧密，农业产业化组织带动农民增收的能力进一步增强，农业产业化组织深入的领域也更加广阔。

1. 农业产业化组织得到较快发展

近年来，随着农业规模化、专业化、市场化快速发展，作为连接小生产与大市场纽带的农业产业化组织发展也十分迅速。据农业部农业产业化办公室统计①，截至 2010 年年底，全国共有各类农业产业化组织 254897 个，其中龙头企业带动型组织有 99238 个，中介组织带动型组织有 141093 个，专业市场带动型组织有 14566 个（见图 6 - 2）。据不完全统计，截至 2014 年 10 月，各类农业产业化经营组织发展到 33 余万个，带动农户约 1.2 亿户。

2. 农业产业化组织经济实力不断增强

在农业产业化组织数量不断增长的同时，农业产业化组织也更加注意

---

① 农业部农业产业化办公室、农业部农村经济研究中心：《"十一五"农业产业化发展报告》，中国农业出版社 2012 年版，第 3—6 页。

根据组织自身的实际状况，不断创新发展思路，增强组织的经济实力，不断提高组织的竞争力。据农业部农业产业化办公室的统计资料，截至2010 年年底，全国各类农业产业化组织固定资产总值达 2.6 万亿元，其中龙头企业固定资产总值达 1.91 万亿元，实现销售收入达 5.02 万亿元，净利润也高达 2479.41 亿元，中介组织实现销售总收入达 0.52 万亿元，专业市场交易额也破纪录地达到 2.07 万亿元，并实现 579.65 亿元的净利润（见表 6-5）。

图 6-2 2010 年年底全国农业产业化经营组织类型构成

表 6-5 2010 年年底全国农业产业化经营组织的经济效益情况

序号	项目	单位	数量
1	经营组织固定资产总值	万元	260463119
2	龙头企业固定资产总值	万元	190826750
3	龙头企业销售收入	万元	502332246
4	龙头企业净利润	万元	24794127
5	龙头企业创汇	万美元	4174337
6	中介组织销售总收入	万元	51165409
7	专业市场交易额	万元	207112335
8	专业市场净利润	万元	5796478

资料来源：农业部农业产业化办公室的统计资料。

3. 农业产业化组织规模不断扩大

随着农业生产投入的不断增加，农业生产基地建设专业化、规模化、标准化、市场化水平明显提高。据农业部农业产业化办公室的统计资料，截至2010 年年底，全国各类农业产业化组织带动农户已达 1.1 亿户，占全国农户总数的 40% 以上，平均每个农户每年可从农业产业化中增收

2193 元，生产基地种植面积、生产基地牧畜饲养量、生产基地禽类饲养量、生产基地养殖水面面积都有很大程度的提高（见表 6 - 6）。

表 6 - 6　　　　　2010 年年底全国农业产业化经营组织的发展规模

序号	项目	单位	数量
1	组织带动农户数	户	107336904
2	生产基地种植面积	万亩	144026
3	生产基地牧畜饲养量	万头	139720
4	生产基地禽类饲养量	万只	1283527
5	生产基地养殖水面面积	万亩	8802

资料来源：农业部农业产业化办公室的统计资料。

4. 农业产业化组织的利益联结机制不断完善

随着农业产业化组织数量不断增长，农业产业化组织形式也不断丰富，企业联结农户的方式除原有的合同订单连接方式外，又纷纷采用按利润返还的合作方式、按股份分红的股份合作方式，使农业产业化组织的利益联结机制不断完善。依据农业部农业产业化办公室统计资料，截至 2010 年年底，在全国 25.49 万个各类农业产业化组织中，通过合同联结农户的农业产业化组织达到 17.2 万个，占总数的 68%；通过合作联结农户的农业产业化组织达到 4.11 万个，占总数的 16%；通过股份合作联结农户的农业产业化组织达到 3.55 万个，占总数的 14%。可见，合同关系、按利润返还的合作方式、按股份分红的股份合作三种相对较为稳定的联系更加紧密的企业联结农户的利益机制所占的比重高达 98%（见图 6 - 3）。

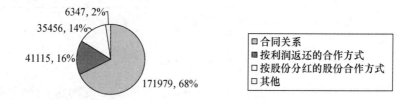

图 6 - 3　2010 年年底按利益联结方式划分的农业产业化经营组织构成

5. 农业产业化组织的均衡发展得到一定程度的改善

经过近几年的发展，农业产业化组织的均衡发展得到了一定程度的改善。主要表现在两个方面：一是种植业、畜牧业、水产业、林特产业和其他产业间的农业产业化组织分布均衡状况有了一定程度的改善；二是农业产业化经营主要组织形式的农业产业化龙头企业地区分布日趋均衡。据农业部农业产业化办公室的统计资料，截至 2010 年年底，在全国 25.49 万个各类农业产业化组织中，种植业农业产业化组织达到 10.7 万个；畜牧业农业产业化组织达到 8.8 万个；水产业农业产业化组织达到 1.5 万个；林特产业的农业产业化组织达到 1.5 万个；其他农业产业化组织则为 3 万个（见图 6-4）。目前，我国已经形成了以 894 家国家级重点龙头企业为核心，以 8000 多家省级重点龙头企业为骨干，以 10 万家中小型龙头企业为基础的农业产业化均衡发展格局。以 894 家国家级重点龙头企业为例，东部 11 省市共有 375 家国家级重点龙头企业，中部 8 省区拥有 259 家国家级重点龙头企业，而西部 13 省区则共同拥有 260 家国家级重点龙头企业（见图 6-5、表 6-7）。可见，东中西部地区的国家级重点龙头企业发展比较均衡，他们在保障农产品市场供应、提高农业产业组织化、带动农民增收方面发挥了不可替代的作用。

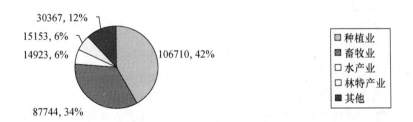

图 6-4　2010 年年底全国农业产业化经营组织分行业分布

图 6-5　2010 年年底国家级重点龙头企业分地区分布

表6-7　　2010年年底全国农业产业化国家重点龙头企业分地区分布

序号	东部省区	国家龙头企业（家）	序号	中部省区	国家龙头企业（家）	序号	西部省区	国家龙头企业（家）
1	北京	30	1	黑龙江	36	1	重庆	24
2	上海	15	2	吉林	34	2	四川	39
3	天津	14	3	山西	23	3	云南	19
4	山东	66	4	安徽	32	4	贵州	19
5	江苏	43	5	河南	39	5	广西	21
6	浙江	42	6	湖北	33	6	陕西	24
7	广东	42	7	湖南	35	7	甘肃	20
8	福建	35	8	江西	27	8	宁夏	13
9	河北	32	9	合计	259	9	内蒙古	29
10	辽宁	39				10	青海	11
11	海南	17				11	西藏	7
12	合计	375				12	新疆兵团	12
						13	新疆	22
						14	合计	260

（三）农业产业化发展的作用

农业产业化作为连接分散小生产与社会化大市场的重要桥梁，经过20余年的发展，为农业农村经济的持续较快发展做出了突出贡献。首先，农业产业化解决了分散小生产与社会化大市场的矛盾，农业产业化作为引导农民进入市场的有效组织形式，提高了农民的组织化程度，龙头企业、中介组织一头联系国内外市场，一头联系生产基地和分散农户，将农产品生产、加工、销售连为一体，为农民走向市场牵线搭桥。其次，农业产业化经营提高了农业专业化水平和农业科技水平，它将第一、第二、第三产业融为一体，延伸了农业产业链链条，扩展了农业产业从纯农产品生产领域延伸到加工和服务等领域纵向增值空间，促进了现代农业发展，大幅带动增加了农民的收入，提高了农业的比较利益。最后，农业产业化促进了资金、土地、技术等生产要素的流动重组，改变了传统的农业生产经营方式，促进了农业规模经营的发展，农业产业化经营组织还通过为农户提供资金、技术、信息、培训等系列化服务，提高了农业的社会化水平，特别是以龙头企业为代表的农业产业化经营组织，采取产业带动、投资推动、科技驱动、村企联动和服务拉动等诸多形式，积极投身新农村建设，为加快城乡一体化进程、推进新农村建设做出了积极贡献。总之，由于大力提升农业产业化引领现代农业发展水平，有力地推动了我国的农业发展、农村繁荣、农民增收。

三　农业与高新技术产业的横向融合

20世纪80年代以来，农业产业横向融合开始出现，产生了精确农业、工厂化农业、分子农业、太空农业等，增加了农业产业的横向增值机会与增值空间，为农业产业的发展提供了更加广阔的发展空间，也大大地提高了农业产业的生产效率。由于横向融合是将农业引入生物技术、信息技术等高新技术产业的发展理念、技术成果和管理模式的结果，所以，横向融合产生发展的前提是以生物技术、信息技术等高新技术产业的出现为标志的第三次科技革命，因此，我国农业产业横向融合最早应开始于第二次世界大战结束以后，特别是20世纪50年代以来的以原子能、电子计算机、生物工程和空间技术应用为主要标志的第三次科技革命出现的时候。但由于我国特殊的国情，直到改革开放后我国农业科技才得到较快发展，我国农业产业横向融合才真正出现。20世纪80年代以来，我国农业产业横向融合开始出现，农业与非农产业之间的重叠现象日益突出，产业界限日趋模糊，转基因生物农业、分子农业、太空农业、精确农业、快速农业、白色农业、蓝色农业等一些新型产业形态迅速兴起，成为推动我国农业发展的巨大力量。

第一，转基因生物农业。转基因生物农业就是生产转基因生物的农业。所谓转基因生物是指利用基因工程技术以改变生物基因组构成，用于农业生产或者农产品加工的动植物、微生物及其产品，即利用基因工程技术把一种生物体内的基因转移到另一种生物体内所得到的新物种。我国从20世纪80年代起开始转基因植物的研究，到1990年，我国自行研制的抗烟草花叶病毒烟草在辽宁进行了商品化种植，成为世界上第一例商品化生产的转基因植株。[①] 目前，我国转基因植株研发的整体水平在发展中国家处于领先地位，在一些领域已经进入国际先进行列，我国抗虫转基因棉花、玉米、水稻、木瓜、白杨、番茄和甜椒等的研制处于世界先进水平，

---

① 王德平、王丽伟：《我国转基因植物研究与产业化现状及发展对策》，《农业科技管理》2004年第5期。

有的已进入商品化种植阶段，成为外销的大宗产品，在国际上享有盛誉。

第二，工厂化农业。工厂化农业集成了生物技术、信息技术、新材料技术、自动化控制技术和现代先进农艺等，是一个高水准的"种植工厂"，在这个"种植工厂"内实现了农作物播种、生长、施肥、灌溉、环控等全过程的自动化，极大地改变了传统农业的弱质性特点，提高了农业生产的效率。1996 年，我国从荷兰引进第一个智能温室在浦东孙桥现代农业开发区投产，标志着我国工厂化农业迈上新台阶。如今，这种生产蔬菜、香菇的"另类"方式——智能温室已经开始走向全国城郊，不靠天，不用土，不施化肥、农药，育苗、灌溉、调温，全由电脑控制，可以一年四季无限期栽培和上市的设施作物工厂化栽培已成为我国的又一新兴产业。

第三，太空农业。航天育种是农业育种高技术和航天高技术结合的产物。自 1987 年我国首次进行航天育种试验以来，我国已进行了 10 多次，几十种植物，1000 多个产品的航天良种搭载，中国的航天育种已跃居世界领先水平。"太空农业"为我国农业产业的发展提供了更广阔的空间。

第四，超级型农业。"超级型农业"是指利用高新技术、生物工程，培育杂交种，实现高产高效。杂交水稻、杂交玉米、商品瘦肉型猪杂交组合等成功研发和推广应用，使主要农作物、动物良种覆盖率达到 95% 以上，极大提高了农作物、动物的综合生产能力。据统计，当下中国的超级稻亩产达 800—1000 千克，产量高，米质好，抗寒、抗病、抗倒伏，为解决我国 13 亿人口的吃饭问题做出了积极贡献。

第五，精准农业。近几年来，气象遥感技术、卫星定位技术等 GIS 地理信息系统、GPS 全球定位系统、RS 遥感技术在农业领域得到广泛应用，提高了我国农业生产的可控性和事前干预的可能性，为提高农产品产量和品质，降低农业生产成本，节约农业资源，减少污染和保护生态环境等提供了有力的科技支撑。

此外，尽管与发达国家相比还存在不小的差距，但分子农业、快速农业、白色农业、蓝色农业等高科技农业也逐渐走入了我国人民的视野，并日益改变着我们的生活。

四　现阶段中国农业产业空间布局中存在的主要问题及其原因

前面分析了我国农业产业发展的空间布局促进了我国农业产业的发展，但随着我国资源禀赋、技术进步、经济的发展，我国农业产业发展空间布局中的一些问题也逐渐显露出来，突出表现在以下几个方面：

（一）农业管理体制分散，阻碍农业产业空间布局优化

当下，我国虽然已经建立了社会主义市场经济体制，市场开始对资源配置起基础性的作用。但由于社会主义市场经济体制还不完善，政治体制改革又不到位，政府仍沿袭过去的计划经济管理方式设置农业管理机构（比方说，目前在中央一级就有八九个部委是涉农部门，农业生产、农业科研推广归农业部管，粮食部门管粮食，外贸部门管农产品出口等），配置农业资源，规划农业产业空间布局，结果导致农业管理部门分割、行业垄断、市场封锁、农业资源配置低效。这种以计划经济管理方式设置的农业管理机构及其相应的管理体制机制，使得农业产业空间布局缺乏宏观指导和统一规划，极大地阻碍了农业产业集群与农业产业融合发展，妨碍了农业产业空间布局的进一步优化。

（二）农业产业集群处于初级阶段，集群水平还不高

由于农业产业集群受到资源、市场、区位、技术、环境、政策等诸多因素的影响，我国独特的自然资源和区位、不太成熟的市场、相对落后的农业技术、社会主义市场经济体制下的政府制度安排等因素的共同作用，使改革开放以后我国形成了水稻、小麦、玉米和大豆四大粮食作物9大农业产业区的农业产业空间布局，但就整个农业产业集群发展阶段来看，我国的农业产业集群还处于产业集群的初级阶段（见表6-8），农业生产优势区域的规模化、专业化、市场化和产业化水平还比较低。主要表现在：农业产业基地集聚种植已经初步形成，但规模还不大；农作物大部分以未加工的形式直接进行销售，附加值还比较低；粮食、棉花、油料、糖料、水果、肉类、鱼类等优势农产品生产集聚得到加强，但产业集中度仍不高，农业产业带影响力不大；农业产业集群发展很不平衡，相比较而言，沿海发达地区农业产业集群发展较快，内地粮食主产区农业产业集群发展明显滞后，西部偏远地区农业产业集群发展差距更大。

（三）农业产业纵向融合的农业产业化仍有不小的发展空间

就农业产业纵向融合而言，20世纪80年代以来，虽然我国农业供、产、加、销环节纵向融合加快，上游的辅助性、原料性企业和下游的销售、服务性企业已经进入，但一方面加工企业和运输服务企业的数量还很少，规模也不大；另一方面农业供、产、加、销环节产业联系不紧密，农业产业集群协同效应不强，易发生机会主义行为。农业产业化发展中的

表 6 - 8　　　　　　　　　　　　主要农产品生产集中分布区状况

类型	生产集中分布区域
稻谷	主产区长江流域湖南、江苏、四川、湖北、安徽、江西六省，水稻面积占全国的51%，产量占53%
棉花	新疆棉区面积占全国的25%，产量占33%；长江流域湖南、江苏、四川、湖北、安徽、江西六省，棉区面积占全国的29.9%，产量占27%
糖料	甘蔗主产区广西、云南、广东三省面积占全国甘蔗面积的79.9%，产量占82%；甜菜主产区黑龙江、新疆、内蒙古三省区面积占全国甜菜面积的79%，产量占82%
油料	油菜主产区长江流域湖南、江苏、四川、湖北、安徽、江西六省，油菜面积占全国的66%，产量占70%
小麦	黄河中下游河南、山东、河北、山西、陕西五省小麦面积占全国的52%，产量占53%

资料来源：陶怀颖：《我国农业产业区域集群形成机制与发展战略研究》，中国经济出版社2010 年版。

主要问题可归纳为：从表6 - 6 可以看出，作为我国农业龙头企业打造完整产业链的重要环节的生产基地建设滞后，农业产业化生产基地建设有待进一步加强；从图6 - 3 可以看出，虽然按利润返还的合作方式、按股份分红的股份合作相对较为稳定的企业联结农户的利益机制所占的比重有了很大的提高，但通过合同联结农户的不太稳定的农业产业化组织仍占总数的68.0%，可见，企业联结农户的利益联结机制还有待进一步完善；从图6 - 2、表6 - 5、表6 - 6 可以看出，我国的农业产业化龙头企业、中介组织虽获得了长足发展，但普遍存在数量少、规模小、实力弱、辐射带动能力不足的问题，远远不能满足现代农业发展的要求；国家支持发展农业产业化龙头企业、中介组织发展的政策还不完善，特别是扶持农民专业合作社发展的税收优惠政策、支持龙头企业发展农产品初加工的税收优惠政策以及龙头企业融资贷款的金融政策不到位，严重影响了农业产业化发展的进程。

（四）农业产业横向融合虽有了一定发展，但仍有很大的发展空间

由于农业产业横向融合是指农业与高新技术产业等的融合，所以，我国农业产业横向融合不可避免地会受到高新技术产业的影响和制约。因此，在某种程度上说，现阶段我国高新技术产业的发展水平，决定着我国农业产业横向融合的发展水平。20 世纪 80 年代以来，伴随着高新技术的

发展，我国农业产业开始出现横向融合，产生了精确农业、工厂化农业、分子农业、太空农业等，增加了农业产业的横向增值机会，但由于受到体制、资金、技术、人才等方面的制约，我国的农业产业横向融合仍处于起步阶段，分子农业、快速农业、白色农业、蓝色农业等高科技农业仍有很大的发展空间。

第七章　价值链维度：农业产业价值研究

本章首先基于农业、工业、服务业组成的产业链视角，总结了该产业链上农业与工业产品价值交换的规律与特征，并用比价"剪刀差"和比值"剪刀差"方法分别计算分析了新中国成立以来的工农产品价格"剪刀差"变动状况；然后，分析了中国农业产业链短、窄、薄的特点，并在分析农业处于农业、工业、服务业组成的产业链上的低端价值环节的基础上，阐明工农产品价格"剪刀差"实质上反映了工业与农业高低端产业间的价值关系，表明现阶段中国农业产业仍处于产业价值链的低端。

第一节　农业与工业产品价值交换规律与特征

工农产品价格"剪刀差"是一个比较普遍的现象。农业与工业产品在价值交换时表现出了一定的价值交换规律与特征。

一　工农产品价格"剪刀差"是个历史范畴

工农产品价格"剪刀差"是指当工农产品交换时工业品高于价值、农产品低于价值的差额。价格"剪刀差"反映了工农产品之间的价格差异，是一种价格现象，但其实质则是工业与农业产业间由于技术进步的差异所导致的经济效率和效益增长的差异，以及由这种差异所引起的经济利益在工业与农业产业间的调整。工农产品价格"剪刀差"不过是这种利益调整的表现形式。换句话说，只要工业与农业产业间的技术进步速度和生产组织效率等存在差异，那么工农产品价格"剪刀差"的离散过程就必然存在。可见，工农产品价格"剪刀差"是个历史范畴，是资本主义商品经济发展到一定历史阶段产生的经济现象。在简单商品生产条件下，工业与农业产业技术水平都较低，生产组织效率相差无几，此时工农产品（商品）的交换按照等价（值）原则进行，不存在"剪刀差"。同样的道理，在商品经济高度发达的资本主义条件下，由于工业与农业产业部门在技术进步速度、生产组织形式以及生产效率等方面没有差别，所以也不存在"剪刀差"。因为此时在工业和农业中都已确立资本主义生产方式，工农业生产技术水平很高，工农业产品都是作为资本的商品来生产和交换，因此必然遵循等量资本获得等量利润的规律，按照等价原则来交换工农产品。只是在资本主义欠发展阶段，工农产品价格"剪刀差"才有产生的必然性。因为，在这个阶段，工业首先确立了资本主义生产方式，有着较高的生产技术水平和生产组织效率；相反，农业依然存在前资本主义生产方式，农业生产力水平低，生产组织效率也不高，工业与农业产业间的这种生产方式的差距或者说工业与农业产业间的技术进步速度和生产组织效率等存在的差异，决定着农业必然要受工业的掠夺，工农产品（商品）的交换也就不可能按照等价（值）原则进行，工农产品价格"剪刀差"就出现了。因此，可以说工农产品"剪刀差"将在社会主义经济中存在很长一段时期。理由很简单：一方面由于社会主义经济普遍脱胎于欠发展的资本主义经济母体，资本主义生产方式在工业中早已形成，而农业依然处在前资本主义生产方式中，工业与农业产业间的技术进步速度和生产组织效率等存在很大差异，所以工农产品价格"剪刀差"存在不可避免；另一方面，社会主义出于赶超资本主义的现实需要，需要用工农产品价格"剪刀差"来为国家工业化积累资金。

二　不同性质和发展程度的国家工农产品"剪刀差"程度不同

上面的分析告诉我们：只要工业与农业产业间的技术发展水平和生产组织效率等存在差异，那么工农产品价格"剪刀差"就必然存在。尽管"剪刀差"的概念来源于社会主义国家的苏联，但"剪刀差"现象并不是社会主义国家所特有的。许多国家包括美、日、法等经济发达国家，在工业化阶段和生产力实现现代化阶段都有工农产品价格"剪刀差"现象。一句话，社会主义国家也好，资本主义国家也好，因为在工业化阶段和生产力实现现代化阶段，工农业产业间的生产效率差异而导致都存在工农产品价格"剪刀差"现象，只是不同性质和不同发展程度的国家工农产品"剪刀差"程度不同而已。据黄道霞研究，美国 1870—1930 年，工农产品价格"剪刀差"是扩大的，而 1930—1950 年，工农产品价格"剪刀差"扩大与缩小呈波动状态，到 1950—1960 年工农产品价格"剪刀差"缩小到 1915 年的水平，1960—1970 年工农产品价格"剪刀差"进一步缩小，到 1979 年，由于农业快速发展美国农民人均国民收入已高于工人，工农产品价格"剪刀差"才完全消除。① 美国、英国解决工业化所需资金的问题一方面可以通过对外扩张，大肆建立殖民地，进行掠夺和大规模移民以积累资本；另一方面则是在国内通过工农产品价格"剪刀差"问题筹集。与美国、英国不同，社会主义的中国，由于新中国成立后面临着困难的封锁的国际发展环境以及国内工业基础薄弱的局面，不得不确立优先发展资本密集型的重工业发展战略，但由于一方面中国原有的工业基础薄弱自身不能提供足够的资本积累；另一方面，又由于帝国主义国家的封锁禁运，没有战争胜利后的赔款，也没有殖民地可掠夺，苏联及东欧社会主义国家的帮助又有限，使得外部资金来源具有极大的局限性，所以，在这种情况下，为了迅速实现发展重工业的战略目标，只能眼睛向内，从农业中抽取部分资金来作为工业化的资金积累。而从农业抽取资金的方式则只有农业税和工农产品价格"剪刀差"两种方式。于是，相对于美、英等国来说，社会主义中国的工农产品价格"剪刀差"现象就显得要严重一些了。

三 中国工农产品价格"剪刀差"仍将长期存在

由于中国工业与农业产业间存在的技术进步速度和生产组织效率等差异在短时间内还不能完全消除，那么我国的工农产品价格"剪刀差"就仍将长期存在。这些决定工农产品价格"剪刀差"存在的因素主要体现在以下几个方面：首先，我国农业还处在由传统农业向现代农业转变阶段，农业生产机械化、化学化、良种化、信息化水平还不是很高，即相比我国比较发达的现代工业来说，农业生产技术水平还比较低，技术进步速度较慢；其次，我国农业还处在一家一户的分散经营阶段，农户家庭是我国农业产业发展的主体，尽管国家鼓励支持大力发展合作经济，但当下合作经济的发展并不能尽如人意，在一段较短的时期内，小农生产的局面还不会有根本的改变，因此，分散的小农生产与规模化、集约化的工业相比，其生产组织效率又存在着巨大的差距；再次，相对工业而言，我国农业生产易受到土地肥力、气温、雨水、灌溉等自然条件的限制以及水旱灾害、病虫害、风霜、雪灾害等自然灾害的影响，并且我国农业可耕地具有逐年减少的趋势，再加上我国是一个上述自然灾害频发的国家，这些对我国农业产业发展的限制和影响巨大，而工业生产基本不存在这些条件的限

---

① 黄道霞：《论"剪刀差"》，《中州学刊》1988 年第 5 期。

制和影响，结果就容易造成工农业产业间的生产效率的差异；最后，城乡分离、工农分离的二元社会经济结构，阻碍了劳动力、资金、生产资料等生产要素在工农两大产业部门之间的自由流动，从而导致了土地"剪刀差"、工资"剪刀差"的出现，使农业生产所需的资金、技术得不到满足，过多的剩余农业劳动力得不到转移，土地生产率低，因而农业劳动生产率也难以提高，从而进一步拉大了农业与工业的效率差距，使得工农产品价格"剪刀差"不可避免地存在。

四　工农产品要实行等价交换

工农产品价格"剪刀差"实质表现了工农产品之间的不等价交换，即工业产品的价格长期高于其价值，农业产品的价格长期低于其价值。如果工农产品价格"剪刀差"长期存在和持续扩大，首先，会影响农民生产积极性、农民生活水平并进而影响农业生产的发展。众所周知，"剪刀差"来源于苏联，由于其工农产品价格"剪刀差"的长期存在和扩大，使苏联的农业发展缓慢，与工业发展极不适应，至今，俄罗斯的农业远落后于工业的状况也一直未能改变。新中国成立以后至今，工农产品价格"剪刀差"长期存在，直接影响了农民生活水平的提高速度，扩大了城乡生活水平的差距，成为今天我国"三农"问题形成的一个重要原因。其次，从长期看，长期存在和扩大的"剪刀差"不仅仅影响农业发展，也损害工业的前景。因为农业发展受到影响，就会使农业为工业提供原材料受到限制，当然由于农业、农村需求的日益萎缩，也会影响到工业品市场的扩大，影响到工业的发展。最后，由于工农产品价格"剪刀差"既影响农业产业发展也损害工业产业的利益，进而影响到整个国民经济的健康协调发展，还会危及城乡、工农关系，以及社会的稳定。所以，必须采取措施，消除工农产品价格"剪刀差"，让工农产品实行等价交换。

工农产品实行等价交换是价值规律的要求。马克思和恩格斯在对商品生产和商品交换进行充分研究以后指出：不论什么社会形态，只要存在商品生产和商品交换，价值规律就起作用，价值规律是"商品生产的基本规律"。[①] 中国是社会主义市场经济国家，理应遵循价值规律的客观要求，推动农业与工业产品实行等价交换。工农产品实行等价交换，首先可以使工业、农业各部门的商品生产和经营都能达到大体均衡的利润率，从而有

---

① 赵兴汉：《商品经济、等价交换和"以工补农"》，《价格理论与实践》1986 年第 6 期。

利于生产要素资源的优化组合配置，有利于工农业各部门按比例地协调发展，进而能够促进整个国民经济的健康协调发展，促进城乡、工农关系和谐以及整个社会的稳定。其次，等价交换可以提高工农业各部门的劳动生产率和产品质量。因为等价交换的价格是社会形成的价格，企业只有提高自己的劳动生产率或商品质量，降低生产成本，才能使自己的生产价格低于社会生产价格，才能给企业带来较高的利润率。最后，等价交换可以促进正常合理的工农产品流通。因为工农产品从生产到消费需要有一个流通过程，而在工农产品流通过程中会产生诸如包装、储运的流通费用和商业利润，在合理范围内的这部分流通费用和商业利润，应该是构成工农产品价格的一部分。如果这一部分流通费用和商业利润过多或过少，就会使工农产品的价格过高或者过低，当然这是违背工农产品等价交换原则的，并且还会造成工农产品的流通不畅，妨碍商品经济的发展。

第二节　中国农业与工业产品价值交换关系分析

一　新中国成立后农业与工业产品价值交换历程分析[①]

农业与工业产品价值交换是商品价值交换的主要内容。根据我国不同发展阶段农业与工业产品价值交换的特点，分四个阶段对新中国成立以来我国农业与工业、服务业产品特别是工农产品价值交换的历程进行考察，以探寻我国农业与工业、服务业产品特别是工农产品价值交换的规律与特征。

（一）1949—1977 年的工农产品价值交换关系

面对新中国成立前工农产品交换中出现的日益扩大的价格"剪刀差"问题，早在 20 世纪 50 年代初期，毛泽东和刘少奇等中央领导都不赞同苏联通过"剪刀差"剥夺农民进行工业化的做法，明确提出要缩小旧社会遗留下来的工农业产品价格"剪刀差"的问题，所以，1953 年之前，我国工农业产品交换还是遵循市场规律，由市场决定交换价格。因而，与1930—1936 年的平均水平相比，工业品换取农产品的指数提高了 31.8%，

---

① 戴孝悌：《新中国成立以来工农产品价值交换的历程分析》，《农业考古》2013 年第1 期。

与 1936 年相比，提高了 45.3%。1951—1953 年由于全国粮食供求严重失衡，导致粮价与农村工业品零售价相比上升了 8%，年均上涨 2.5%，而粮食收购价格本身年均也上涨 5.2%，大大高于工业品价格的上涨幅度。可见，新中国成立初期工农业产品价格"剪刀差"略有下降趋势。据测算，1952 年农业部门每创造 100 元价值中，通过价格机制转移到工商业部门为 17.9 元。[1]

　　20 世纪 50 年代，在工业化浪潮席卷全球的国际经济背景下，对中国这个经济落后的农业国家而言，面对内忧外患，要想尽快地确立自己在国际政治舞台上的地位，彻底摆脱帝国主义的压迫，就必须加快工业化步伐和迅速把国防工业搞上去，因而在经济发展上中国政府必然选择优先发展重工业的赶超型工业化道路。于是，从 1953 年中国开始实施以 156 项工业建设项目为核心的"一五"计划，标志着国家优先发展重工业的工业化战略的启动。由于重工业是资本密集型产业，所以国家优先发展重工业的工业化战略更需要巨额资金，资金的来源则只有外部和内部两条渠道。从外部来说，除了以苏联为代表的东欧社会主义国家对中国工业化提供技术设备和少量资金的援助外，美国及其他资本主义国家在政治上采取压制和孤立的政策，经济上则进行封锁和禁运，显然中国不可能从资本主义国家那里得到贷款和资金援助。因此，中国工业化建设所需巨额资金主要依靠自身内部积累。新中国成立初期的中国，原有工业规模狭小，不能提供足够的资金积累，而农业是中国国民经济的主要产业，选择农业养育工业的政策则成为历史的必然。

　　中国工业化起步时所需的大部分资金，可以通过"剪刀差"、农业税等手段以及吸引农民储蓄使其转到工业投资方面两种渠道解决。中国借鉴苏联经验，走的是一种用"剪刀差"、农业税等方法积累资金的渠道，这是一条工业特别是重工业增长立竿见影的道路。于是，从 1953 年开始，中国政府采取强行压低农产品价格的工农产品价格"剪刀差"政策，来实现资本由农业向工业的转移。其主要形式是对包括粮食、棉花在内的主要农产品实行统购统销。所谓统购统销就是在农村中采取征购粮食的办法，在城镇中采取配售粮食的办法，可以叫作计划收购、计划供应。为转移农业剩余，解决优先发展重工业所需资金，维护市场稳定，中央政府自

---

[1]　温铁军：《"三农"问题与制度变迁》，中国经济出版社 2009 年版，第 188—189 页。

1953 年开始实行粮、油、棉等农产品征购和派购的政策。为了确保统购统销政策的实施，国家还对农村的自由市场实行了严格管制。虽然政策原则上允许农民在农村集市上调剂余缺，自由支配其剩余的农产品，但实际上在许多地区和多数情况下，它们的粮、油、棉市场是关闭的。到 1962 年，政府又开始动员集镇上的手工业者和商贩弃商务农，禁止集市贸易，并强令供销合作社与国营商店合并，此后，农村大多数集镇经济走向萧条。据统计，全国农村合作商店、合作小组、个体商业网点从 1957 年的 84.6 万个减少到 1976 年的 12.3 万个，从业人员从 160 万人减少到 66 万人，其中个体商业从业人员从 30 万人减少到 4.7 万余人。农村集市贸易长期萎缩。1976 年农村集市只有 2.9 万个，成交额仅 102 亿元。按牌价计算，仅占当年社会商品零售总额的 46%，所占比重比 1965 年下降近一半。[①] 可见，国家通过统购统销，严格控制工农产品的价格与销售，并通过工农业产品价格剪刀差掠夺农业剩余为工业化积累资本。据许经勇计算，1953—1978 年计划经济时期的 25 年间，中国农民通过低价交售农产品为工业化提供的资本原始积累，其金额达 5100 亿元，约占同期农业净产值的 1/3。[②]

总之，新中国成立初期政府选择的重工业优先赶超式的发展战略，以及统购统销政策和与之相配套的城乡分治的户籍管理制度、人民公社制度以及单一的全民和集体所有制结构等，使得新中国成立后到 1978 年计划经济时期工业品价格偏高，农产品价格偏低，存在较大"剪刀差"，"剪刀差"呈扩大发展的趋势。

(二) 1978—1984 年的工农产品价值交换关系

从 1978 年 12 月十一届三中全会到 1984 年十二届三中全会，是我国农村改革的启动时期。虽然统购统销的政策依旧，但由于提高了主要农产品的收购价格后，工农业产品的交换差价确有缩小，工农业产品的不等价交换状况有所减轻。

针对改革前工农业产品交换差价扩大、严重影响农业产业的发展的状况，中共十一届三中全会在通过《中共中央关于加快农业发展若干问题的决定（草案)》中果断决定从国民收入分配层面对工农关系政策进行重

---

① 陈宗胜等：《中国二元经济结构与农村经济增长和发展》，经济科学出版社 2008 年版，第 68 页。

② 许经勇：《中国农村经济制度变迁 60 年研究》，厦门大学出版社 2009 年版，第 5 页。

大调整。一是规定大幅度提高农产品收购价格：从 1979 年夏粮上市起，粮食统购价格提高 20%，超购部分在这个基础上再加价 50%。棉花、油料、糖料等的收购价格，也要分不同情况逐步做出相应的提高。二是调整农业生产资料价格。要求农业机械、化肥、农药、农用塑料等农用工业品，在降低成本的基础上降低出厂价格和销售价格，实现在 1979—1980 年降低 10%—15% 的目标，把降低成本的好处基本上给农民。《决定》还再三强调，在农产品收购价格提高以后，粮食的销价一律不动；群众生活必需的其他农产品的销价，也要坚决保持稳定；某些必须提价的要给予消费者以适当的补贴。今后，国家还要根据国民经济的发展情况和等价交换的原则，对工农业产品的比价，继续进行必要的调整，以缩小工农产品价格剪刀差。三是初步探索农村商品流通体制改革：决定恢复农贸市场、恢复供销合作社的合作商业性质、鼓励农民自办商业组织、建立城市农副产品批发市场和改革农产品统购派购制度，逐步减少农产品统派购的品种和比重，扩大议价收购和市场调节范围。截至 1984 年年底，统购、派购的农产品种数由 1978 年的 100 多种减少到只剩下 38 种（而其中中药材就占 24 种），减少了 67.6%。农民出售农副产品总额中，国家按计划牌价统购、派购的比重从 1978 年的 84.7% 下降到 1984 年的 39.4%。农村集市则由 1978 年的 33302 个增加到 1984 年的 50356 个，增加了 51.2%；集市贸易成交额由 125 亿元增加到 390.3 亿元，增长 2 倍；集市贸易成交额占社会零售额的比重由 8.2% 提高到 12%，增加了 3.8 个百分点。[①]

总之，在 1978—1985 年农村改革的启动时期，由于大幅度提高农产品收购价格，使得 1984 年全国农产品收购价格总水平比 1978 年提高 53.6%，明显高于同期农村工业品零售价格总水平上升 7.8% 的幅度。虽然同时要求调整降低农业生产资料的价格政策并没有完全兑现，但这段时期农业生产资料的价格也并未上涨。因此，可以说，这段时期工农产品交换的比价差有一定程度的缩小。

（三）1985—2004 年的工农产品价值交换关系

1985—2004 年是我国农产品市场化改革全面启动和深入发展的时期。1985 年中央一号文件宣布，一方面，取消粮食、棉花、油料等农产品的

---

① 张新华：《新中国探索"三农"问题的历史经验》，中共党史出版社 2007 年版，第 138—140 页。

统购统销，改为合同定购，价格由统购价改为合同定购价。定购的粮食，国家按照"倒三七"（三成按原统购价，七成按原超购价）比例计价。定购以外的粮食则可以自由上市。假如市场的粮价低于原统购价，为保护农民利益，国家仍按原统购价敞开收购。至于棉花定购，北方按"倒三七"，南方按"正四六"比例计价。定购以外的棉花也可以自由上市。对于生猪、水产品、蔬菜等其他统派购产品，也要分不同情况、品种、地区逐步放开。因此，1985 年中央一号文件的实施，标志着实施了 30 多年的农产品统购派购制度被取消，粮食购销价格开始采用"双轨制"运行，也意味着由过去国家行政定价过渡到经济协商定价，由国家直接参与经济活动过渡到企业经济实体参与经济活动的转变。另一方面，一号文件也要求农村和城市集贸市场完全放开，从此，初级农产品市场开始进入一个快速发展的阶段。加上农产品批发市场网络建设进程加快、多种市场主体进入流通，农产品市场流通主体多元化不断发育与壮大，开始实现农产品从统购统销到购销市场化的制度变迁。

进入 20 世纪 90 年代，以中共十四届三中全会做出的《中共中央关于建立社会主义市场经济体制若干问题的决议》为导向，开始了粮食、棉花购销市场化改革的攻坚之战。首先，推广完善 1988 年以来的粮食购销体制改革试验经验，实行购销同价和"保量放价"的政策安排，开始废除粮食统销制度，尝试让市场在产销上发挥主要调节作用。经过几年的努力，到 1993 年 6 月底，全国放开粮价的县（市）已达到 95% 以上，至此，粮食统销制度彻底被废除。其次，为应对 1993 年后粮食市场逐步放开、粮价开始由市场供求关系决定导致粮价上涨的现象，也为保护农民种粮的积极性，国家从 1994 年起多次根据市场粮价变动提高粮食定购价格。最后，自 1990 年起，开始建立专项粮食储备制度和粮食风险基金，并从 1995 年始实行"米袋子"省长负责制，以强化粮食流通体制改革，特别是自 1998 年 4 月起，实施按保护价敞开收购农民余粮、粮食收储企业实行顺价销售、农业发展银行收购资金封闭运行、加快国有粮食企业自身改革的"三项政策、一项改革"，拉开了新一轮粮食流通体制改革的序幕，明显加快了粮食流通体制改革的步伐。

进入 21 世纪，在市场化改革不断深化的背景下，粮食领域的市场化改革也全面铺开。2001 年，国务院发布《关于进一步深化粮食流通体制改革的意见》，决定首先完全放开主销区的粮食购销，实施粮食价格由市场调节的政策。经过几年的主销区粮食价格由市场调节的成功实践，至2004年，国务院发布《关于进一步深化粮食流通体制改革的意见》，决定全面放开粮食收购市场，由市场供求状况决定粮食收购价格。在全面放开粮食收购市场后，为充分发挥价格导向作用，稳定粮食供求，保持合理的粮价水平，保护粮农的利益，国家用最低收购价制度代替粮食保护价制度。至2004年，除烟叶、蚕茧外，所有农副产品市场全面放开，农副产品价格由市场供求关系调节和形成，市场在资源配置中的基础性作用大大增强了。

　　1985—2004年这段时期，与农副产品收购价格提高相比较，大部分年份的农村工业品零售价格上涨得更快，反映在大部分年份农村工业品零售价格总指数都高于农副产品收购价格总指数，二者差额最高的1999年达到10.82%，最低的1996年也有1.92%，即农副产品收购价格提高的年份，农村工业品零售价格涨得更快，当农产品价格下降的时候，尽管农村工业品零售价格也下降，但不如农产品收购价格降低得多。这也意味着在这一时期，除进入21世纪后工农产品比价"剪刀差"再次出现缩小的趋势外，其余时段农民用等量农产品换取的工业品越来越少，工农产品比价剪刀差在不断扩大。如果进一步考虑劳动生产率因素，尽管这一阶段农村工业品零售价格也在不断下调，但一系列改革政策的实施使得工业的劳动生产率大幅上升，农村工业品零售价格的不断下调与工业劳动生产率的不断提高相比不成比例，这种不成比例的价格调整就造成新一轮价格"剪刀差"的快速上升。所以说，这一阶段工农产品之间的实际"剪刀差"是逐年上升的，除个别年份出现回调以外，整体的上升趋势非常明显，2003年更是达到历史最大值310.72%。[①]

　　（四）2005年以来的工农产品价值交换关系

　　2004年9月，胡锦涛在党的十六届四中全会上明确提出"两个趋向"的重要论断：在工业化初始阶段，农业支持工业、为工业提供积累是带有普遍性的趋向；在工业化达到相当程度后，工业反哺农业、城市支持农村，实现工业与农业、城市与农村协调发展，也是带有普遍性的趋向。根据"两个趋向"的论断和我国进入工业化中期后的实际状况，中共中央科学地做出了中国已经进入工业反哺农业、城市支持农村阶段的判断，并相应调整工农

---

　　① 陈宗胜等：《中国二元经济结构与农村经济增长和发展》，经济科学出版社2008年版，第175页。

业关系政策，开始了农业养育工业政策向工业反哺农业政策的转变。因此，2005 年以后，我国工农产品价值交换关系进入了一个新的发展阶段。

进入工业反哺农业、城市支持农村阶段后，中共中央科学地实施以工业反哺农业和城乡一体化为取向的新的"三农"政策框架，具体体现在 2005 年以来的依据"多予、少取、放活"方针制定的 11 个中央一号文件中。所谓"多予"就是大力增加全社会对农业、农村的投入，加快农业、农村的基础设施建设，从而直接增加农民收入；"少取"就是切实减轻农民负担，推进农村税费制度改革，让农民休养生息；"放活"就是进一步深化农村改革，搞活农村经营，充分调动农民群众的积极性和创造性。几年来，国家通过着力建立"三农"投入的稳定增长机制、大力增加财政支持"三农"资金总量、实施包括农村教育、卫生、文化等社会事业在内的公共财政覆盖农村政策、对农民实施直接补贴的财政支持方式等政策措施，扩大了公共财政在农村的覆盖范围，体现了"多予"的政策转变。实施农村税费改革以来，取消了面向"三农"的各种收费项目达 150 多项，取消农村"三提五统"、农村教育集资等收费项目；减免涉及"三农"的一些税收项目，除免征农业税外，还对农机、化肥、农药实行免税政策，制定实施了与农产品有关的进口税收优惠政策，并较大幅度地提高了农民从事个体经营活动时按期（次）缴纳增值税、营业税的起征点。[①] 特别是自 2006 年 1 月 1 日起，征收了 2600 多年的农业税从此退出中国历史舞台，取消农业税标志着国家与农民之间的传统分配关系格局发生了根本性变化，这是"少取"政策的最有力的佐证。就"放活"而言，11 个中央一号文件就培育农村市场流通多元主体，加强完善市场体系建设、发展适应现代农业要求的物流产业，建立农产品质量与安全保障体系，加强和改善农产品市场调控、保持农产品价格合理水平，提高农业对外开放水平等方面出台了一系列政策和措施，以促进市场与价格政策的完善，搞活农村经营，促进农业、农村发展。总之，这 11 个中央一号文件始终把农业作为整个国家经济工作的重中之重，始终贯彻着以工补农、以工助农的核心理念，标志着农业政策进入了一个全新的阶段，整个农业形势的全面好转，农民收入的快速增加，都体现着这一新政策的巨大绩效。

几年来，随着中国农产品购销价格的全面放开，以及工业反哺农业和

① 柯炳生：《工业反哺农业的理论与实践研究》，人民出版社 2008 年版，第 54 页。

城乡一体化为取向的新的"三农"政策的实施，农业获得了很大的发展，但工农产品价格"剪刀差"并没有因此而大幅度地缩小，工农产品价格"剪刀差"仍然存在，究其原因，在于工业劳动生产率大大高于农业劳动生产率是其客观原因，而根源则是城乡分离、工农分离的二元社会经济结构。由占人口总数60%以上的人生产的农产品，供应占人口总数30%以上的人作为商品性消费，这种计划经济体制遗留下来的极不相称的农产品供求关系和供求格局，意味着当下中国城市工业的发展规模和程度，还没有达到完全可以依靠自身积累来发展的程度，还需要通过"剪刀差"的形式由农民、农业为其提供资本积累。正是由于计划经济体制筑造了城乡分离、工农分离的二元社会经济结构还存在，所以要把传统计划经济体制形成的农产品供求关系和供求格局，转变为社会主义市场经济条件下的农产品供求关系和供求格局，以实现农产品供求关系的市场回归，仅仅依靠放开农产品购销价格这个手段还是远远不够的，还必须彻底改革计划经济体制下强制筑造的城乡二元社会经济结构体制，使劳动力和其他生产要素资源可以在城乡之间自由流动，使城乡的人口结构和就业结构发生根本性的变化，才能最终实现消除工农产品价格"剪刀差"的目的。

二　新中国成立后工农产品价格"剪刀差"变动及其问题、原因分析[①]

考察发现新中国成立前就已经存在工农产品价格"剪刀差"，并且发现这种"剪刀差"现象一直延续到今天。下面，我们将采用定量的"剪刀差"计算方法，对新中国成立后工农产品价格"剪刀差"变动状况进行计算分析，以验证这种工农产品价格"剪刀差"现象是否确实存在，并分析其问题及产生的原因。

（一）工农产品价格"剪刀差"计算方法分析

价格"剪刀差"是指在工农产品进行交换时工业品价格高于其价值、农产品价格低于其价值的工农业产品不等价交换所出现的差额。工业品价格高于其价值，在图形上表现为工业品价格线呈上升趋势，而农产品价格低于其价值，在图形上表现为农产品价格线呈下降趋势，工农产品价格运行的轨迹犹如张开的剪刀，故称为工农业产品价格"剪刀差"。一般工农产品价格"剪刀差"包括比价"剪刀差"和比值"剪刀差"。比价"剪刀差"，是从工

---

① 戴孝悌：《新中国成立以来工农产品价格剪刀差的变动分析》，《南京晓庄学院学报》2013年第6期。

农商品价格的变化上研究二者之间的比价关系的，是指在一定时期内，工业品价格相对越来越高，农产品价格相对越来越低，工农产品价格运行的趋势图犹如张开的剪刀。比值"剪刀差"，是从价值量对比的角度来衡量的剪刀差，它是指在工农产品交换中工业品价格越来越高于它的价值，农产品价格越来越低于它的价值，在统计图表上表现为像一把张开的剪刀。

工农产品价格"剪刀差"问题在我国工农产品价格体系中长期存在，也曾引起诸多学者进行定量研究。按时间顺序，就有李炳坤（1981）、杨方勋（1985）、严瑞珍（1988）、韩志荣（1990）、王耕今等（1993）、武力（2001）、洪礼和（2003）、巴志鹏（2005）、陈宗胜等（2008）、廖欣（2009）、孔祥智等（2009）对我国的工农产品价格"剪刀差"进行过定量方法及定量的研究，其研究方法有比价剪刀差计算法和比值"剪刀差"计算法。比价"剪刀差"两种计算方法大家没有歧义，一种方法是，如果以农副产品收购价格指数为基数，比价"剪刀差"计算公式为：比价"剪刀差" =（农村工业品零售价格指数÷农副产品收购价格指数 - 1）×100%，这个算式的结果表明，与基期相比农民要换回相同数量的工业品须多拿出农产品的百分比；另一种方法是，如果以农村工业品零售价格指数为基数，则比价"剪刀差"计算公式变为：比价"剪刀差" =（1 - 农副产品收购价格指数÷农村工业品零售价格指数）×100%，这个算式的结果表明，与基期相比农民用相同数量的农产品少换回工业品数量的百分比。比值剪刀差计算方法由于考虑到商品价值，需要比较工农劳动的差别，即比较生产效率的差异，因而在这种如何具体比较工农劳动的差别方面出现了一些分歧，有的按照工农业劳动者的文化程度进行折算比较，也有人按照劳动力生产装备的价值比来折算成工农业劳动进行比较。陈宗胜等将生产效率的变化与供求充分考虑进去以后得出的比值"剪刀差"计算公式具有一定的可取性。陈宗胜等的比值"剪刀差"计算公式为：[①]

工农产品价格"剪刀差"指数 = 工农产品综合比价指数 × 工农劳动生产率比价指数 × 100

其中：

工农产品综合比价指数 = 农村工业品零售价格指数 ÷ 农产品零售价格

---

① 陈宗胜等：《中国二元经济结构与农村经济增长和发展》，经济科学出版社 2008 年版，第 161 页。

指数×100；

工农劳动生产率比价指数＝工业劳动生产率指数÷农业劳动生产率指数×100。

上述式中的工农业生产率指标就是人均产值指数，并在计算中用工农业劳动力人数的增长率指数对工农业总产值指数进行平减。下面将分别采用上述的比价"剪刀差"计算公式和比值"剪刀差"计算公式对新中国成立后工农产品的价格"剪刀差"变动进行计算和分析。

（二）新中国成立后工农产品价格比价"剪刀差"变动分析

由于用比价"剪刀差"计算工农产品价格"剪刀差"方法比较简单，数据资料容易获取，所以，我们先用比价"剪刀差"方法对新中国成立后的工农产品价格"剪刀差"变动进行计算分析。新中国已经走过了60多年的光辉历程，由于1978年前实行计划经济政策，1978年后开始探索建立社会主义市场经济体制，不同的经济政策对工农产品价格体系产生了重大影响。所以，我们以1978年为界，分两段计算分析工农产品价格比价"剪刀差"的变动情况。根据所掌握的资料情况，这里只以农副产品收购价格指数（2001年以后用农产品生产价格指数代替）和农村工业品零售价格指数（2001年以后用农业生产资料价格指数代替）为基数，分别对1951—2013年的工农产品价格比价剪刀差变动过程进行计算和分析，而不具体计算工农产品价格比价剪刀差的绝对数量（1951—2013年工农产品比价"剪刀差"变动情况见表7-1、表7-2和图7-1、图7-2）。

表7-1　　　　　　1951—1978年工农产品比价"剪刀差"变动

年份	农副产品收购价格总指数	农村工业品零售价格总指数	比价"剪刀差"	
			以农副产品收购价格总指数为100（%）	以农村工业品零售价格总指数为100（%）
1951	119.6	110.2	-7.86	-8.53
1952	101.7	99.5	-2.163	-2.211
1953	109	98.6	-9.541	-10.548
1954	103.2	101.9	-1.26	-1.276
1955	98.8	101.5	2.733	2.66
1956	103	99	-3.883	-4.04

续表

年份	农副产品收购价格总指数	农村工业品零售价格总指数	比价"剪刀差"	
			以农副产品收购价格总指数为100（%）	以农村工业品零售价格总指数为100（%）
1957	105	101.2	−3.619	−3.755
1958	102.2	99.4	−2.74	−2.817
1959	101.8	100.9	−0.884	−0.892
1960	103.5	102.8	−0.676	−0.681
1961	128	104.9	−18.047	−22.021
1962	99.4	104.5	5.131	4.88
1963	97.2	99	1.852	1.818
1964	97.5	98.1	0.615	0.612
1965	99.2	96.3	−2.923	−3.011
1966	104.2	97.1	−6.814	−7.312
1967	99.9	99.2	−0.701	−0.706
1968	99.8	99.7	−0.1	−0.1
1969	99.8	98.5	−1.303	−1.32
1970	100.1	99.8	−0.3	−0.301
1971	101.6	98.5	−3.051	−3.147
1972	101.4	99.5	−1.874	−1.91
1973	100.8	100	−0.794	−0.8
1974	100.8	100	−0.794	−0.8
1975	102.1	100	−2.057	−2.1
1976	100.5	100.1	−0.398	−0.4
1977	99.8	100.1	0.301	0.3
1978	103.9	100	−3.754	−3.9

资料来源：《新中国六十年统计资料汇编》及历年的《中国统计年鉴》。

表7-2　　　　　　1979—2012年工农产品比价剪刀差变动

年份	农副产品收购价格总指数	农村工业品零售价格总指数	比价"剪刀差"	
			以农副产品收购价格总指数为100（%）	以农村工业品零售价格总指数为100（%）
1979	122.1	100.1	−18.02	−21.98
1980	107.1	100.8	−5.88	−6.25

年份	农副产品收购价格总指数	农村工业品零售价格总指数	比价"剪刀差"	
			以农副产品收购价格总指数为100（％）	以农村工业品零售价格总指数为100（％）
1981	105.9	101	−4.63	−4.85
1982	102.2	101.6	−0.59	−0.59
1983	104.4	101	−3.26	−3.37
1984	104	103.1	−0.87	−0.87
1985	108.6	103.2	−4.97	−5.23
1986	106.4	103.2	−3.01	−3.1
1987	112	104.8	−6.43	−6.87
1988	123	115.2	−6.34	−6.77
1989	115	118.7	3.22	3.12
1990	97.4	104.6	7.39	6.88
1991	98	103	5.1	4.85
1992	103.4	103.1	−0.29	−0.29
1993	113.4	111.8	−1.41	−1.43
1994	139.9	121.6	−13.08	−15.05
1995	119.9	127.4	6.26	5.89
1996	104.2	108.4	4.03	3.87
1997	95.5	99.5	4.19	4.02
1998	92	94.5	2.72	2.65
1999	87.8	95.8	9.11	8.35
2000	96.4	99.1	2.8	2.72
2001	103.1	99.1	−3.88	−4.04
2002	99.7	100.5	0.8	0.8
2003	104.4	101.4	−2.87	−2.96
2004	113.1	110.6	−2.21	−2.26
2005	101.4	108.3	6.8	6.37
2006	101.2	101.5	0.3	0.3
2007	118.5	107.7	−9.11	−10.03
2008	114.1	120.3	5.43	5.15

续表

年份	农副产品收购价格总指数	农村工业品零售价格总指数	比价"剪刀差"	
			以农副产品收购价格总指数为100（%）	以农村工业品零售价格总指数为100（%）
2009	97.6	97.5	-0.1	-0.1
2010	110.9	102.9	-7.21	-7.77
2011	116.5	111.3	-4.46	-4.67
2012	102.7	105.6	2.82	2.75
2013	103.2	101.4	-1.74	-1.78

资料来源：《新中国六十年统计资料汇编》及历年的《中国统计年鉴》。

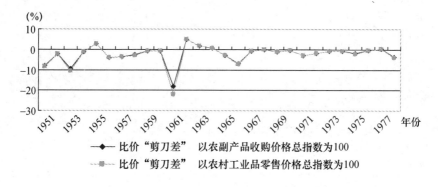

图 7-1　1951—1978 年比价"剪刀差"情况

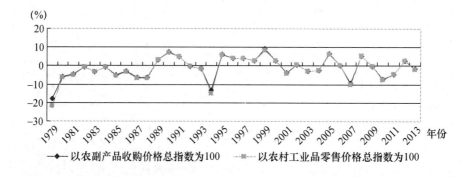

图 7-2　1979—2013 年比价"剪刀差"变动趋势

　　首先，从表7-1和图7-1可以看出，除1955年、1962年、1963年、1964年和1977年外，1951—1978年工农产品比价"剪刀差"都是负数，表明除这5年之外，其他绝大部分年份的工农产品比价"剪刀差"都在缩小。其次，从表7-2和图7-2来看1979—2013年工农产品比价"剪刀差"变动情况，第一个明显的状况是1979—1988年工农产品比价"剪刀差"都小于零，这个时期的比价"剪刀差"继续缩小，并且由于1979年政府提高了18种农副产品的收购价格，使得1979年工农产品价格"剪刀差"达到最小的18.02；第二个情况是在1989—2004年农副产品全面放开时的16年中，有10年工农产品比价"剪刀差"大于零，只有6年工农产品比价"剪刀差"小于零，表明比价"剪刀差"有所扩大；第三个情况是2005—2013年年底的9年中，4年工农产品比价"剪刀差"大于零和5年工农产品比价"剪刀差"小于零。

　　总的来说，在1951—2013年的63年中，根据上述工农产品比价"剪刀差"计算结果来看，其中有19年的比价"剪刀差"值大于零，44年的比价"剪刀差"值小于零，总体上反映了63年来工农产品比价"剪刀差"进一步缩小的趋势，"剪刀差"的进一步缩小主要原因在于中国工业与农业产业间存在的技术进步速度和生产组织效率等差异在逐步减小。

　　（三）新中国成立后工农产品价格比值"剪刀差"变动分析

　　上述用比价"剪刀差"方法计算的新中国成立后工农产品比价"剪刀差"变动的情况似乎与我们的现实感觉有一定的差别，下面我们再从考虑工农业生产率的比值"剪刀差"角度来分析新中国成立后工农产品"剪刀差"的变动情况（具体计算结果见表7-3和图7-3，其中以第一产业代表农业，第二产业代表工业）。

表7-3　　　　1952—2013年工农产品比值"剪刀差"变动（以1952年为基期）

年份	第一产业		农产品收购价格指数	第二产业		农村工业品零售价格指数	比值剪刀差指数	比值"剪刀差"变动	
	就业指数	产值指数		就业指数	产值指数			与1952年相比（％）	与上年相比（％）
1952	100	100	100	100	100	100	100	0	0
1953	102.48	101.9	108.96	112.02	135.8	98.63	111.22	11.22	-11.22
1954	104.82	103.6	112.42	122.93	157.1	100.55	115.07	15.07	3.85
1955	107.36	111.8	111.1	124.95	169	102.01	119.42	19.42	4.35

续表

年份	第一产业		农产品收购价格指数	第二产业		农村工业品零售价格指数	比值剪刀差指数	比值"剪刀差"变动	
	就业指数	产值指数		就业指数	产值指数			与1952年相比（%）	与上年相比（%）
1956	107.09	117	114.47	161.2	227.3	101	113.83	13.83	-5.59
1957	111.5	120.6	120.23	139.91	245.5	102.19	137.73	37.73	23.9
1958	89.45	121.1	122.86	462.18	375.4	101.55	49.8	-50.2	-87.93
1959	93.96	101.9	125.08	352.84	472.3	102.46	101.74	1.74	51.94
1960	98.26	85.2	129.44	268.58	498.6	105.29	173.17	73.17	71.43
1961	114.03	86.5	165.63	186.54	288.8	110.48	136.64	36.64	-36.53
1962	122.86	90.4	164.56	134.49	257.8	115.41	181.62	81.62	44.98
1963	126.85	100.6	159.87	133.12	295.2	114.22	199.52	99.52	17.9
1964	131.67	113.6	155.84	142.59	370.8	112.03	217.67	117.67	18.15
1965	135.1	124.6	154.52	157.28	460.6	107.93	222.93	122.93	5.26
1966	140.31	133.6	161.02	169.82	564	104.83	227.16	127.16	4.23
1967	145.32	136.1	160.77	173.81	483.3	104.01	192.23	92.23	-34.93
1968	150.51	134	160.53	179.16	438.7	103.74	178.93	78.93	-13.3
1969	156.59	135.1	160.28	197.91	584	102.19	219.53	119.53	40.6
1970	160.6	145.5	160.44	229.78	787.3	102.01	241.23	141.23	21.7
1971	163.98	148.2	163.08	260.61	884.2	100.46	233.53	133.53	-7.7
1972	163.33	146.9	165.38	279.29	943.6	99.91	225.33	125.33	-8.2
1973	166.64	160.1	166.78	293.4	1022.1	99.91	217.5	117.5	-7.83
1974	168.72	166.7	168.17	307.77	1036.4	99.91	204.24	104.24	-13.26
1975	170.1	170.1	171.63	336.51	1200.2	99.91	207.06	107.06	2.82
1976	170.02	167.1	172.45	366.49	1170.3	100	188.8	88.8	-18.26
1977	169.43	163.4	172.04	380.86	1325.8	100.09	210.25	110.25	21.45
1978	163.53	170.1	178.78	453.63	1525.2	100.09	180.92	80.92	-29.33
1979	165.35	180.6	218.34	471.2	1650.2	100.18	147.71	47.71	-33.21
1980	168.17	177.9	233.88	503.4	1874.1	101	150.91	50.91	3.2
1981	171.95	190.3	247.7	522.73	1909.1	102.01	134.82	34.82	-16.09
1982	178.2	212.3	253.13	545.13	2015.3	103.65	127.48	27.48	-7.34
1983	179.89	229.9	264.23	566.88	2224.2	104.65	122.5	22.5	-4.98
1984	178.25	259.6	274.84	626.39	2546.2	107.93	111.23	11.23	-11.27
1985	179.77	264.3	298.44	678.25	3019	111.39	112.01	12.01	0.78
1986	180.48	273.1	317.52	732.59	3327.6	114.95	108.24	8.24	-3.77

续表

年份	第一产业		农产品收购价格指数	第二产业		农村工业品零售价格指数	比值剪刀差指数	比值"剪刀差"变动	
	就业指数	产值指数		就业指数	产值指数			与1952年相比（%）	与上年相比（%）
1987	182.84	286	355.59	765.9	3783.3	120.51	107.67	7.67	-0.57
1988	186.23	293.2	437.42	793.73	4332.6	138.83	111.29	11.29	3.62
1989	191.86	302.3	503.04	782.23	4495.8	164.81	120.09	20.09	8.8
1990	224.72	324.4	489.97	905.03	4638.3	172.38	124.69	24.69	4.6
1991	225.78	332.2	480.18	915.41	5280.9	177.58	145.23	45.23	20.54
1992	223.47	347.8	496.55	937.62	6398	183.04	161.76	61.76	16.53
1993	217.59	364.2	562.62	977.47	7669.1	204.48	169.22	69.22	7.46
1994	211.51	378.7	787.17	1000.13	9077.1	239.62	152.18	52.18	-17.04
1995	205.17	397.7	943.78	1022.53	10336.6	274.85	151.13	51.13	-1.05
1996	201.07	417.9	983.47	1058.33	11587.9	291.86	157.93	57.93	6.8
1997	201.19	432.6	939.13	1080.8	12802.2	295.07	170.86	70.86	12.93
1998	203.14	447.7	864.04	1084.26	13943	288.56	192.9	92.9	22.04
1999	206.55	460.2	758.56	1072.57	15077.3	280.75	233.28	133.28	40.38
2000	208.14	471.3	731.21	1059.37	16499	277.35	261.8	161.8	28.52
2001	210.85	484.5	754.58	1063.62	17891.8	277.35	270.58	170.58	8.78
2002	212.91	498.5	752.32	1030.7	19650.4	278.74	301.53	201.53	30.95
2003	211.04	511	785.42	1050.1	22140.5	282.64	313.59	213.59	12.06
2004	203.67	543.2	888.31	1105.16	24600.8	312.6	291.8	191.8	-21.79
2005	196.17	571.6	900.75	1181.19	27478	338.55	303.74	203.74	11.94
2006	188.03	600.2	911.56	1255.72	31040.8	343.63	294.47	194.47	-9.27
2007	181.58	622.7	1080.2	1347.42	35591.8	370.09	261.79	161.79	-32.68
2008	177.02	656.9	1232.51	1378.77	38884.1	445.22	273.64	173.64	11.85
2009	171.55	683.5	1202.93	1416.33	43459.0	434.09	277.51	177.51	3.87
2010	161.29	712.6	1334.05	1426.65	48782.0	446.68	255.64	155.64	-21.87
2011	153.57	743.0	1554.17	1472.50	53799.9	497.15	240.83	140.83	-14.81
2012	148.83	776.68	1596.13	1518.03	58058.3	524.99	241.81	141.81	0.98
2013	139.58	806.19	1647.21	1513.39	62644.9	532.34	231.61	131.61	-10.2

资料来源：《新中国六十年统计资料汇编》及历年的《中国统计年鉴》。

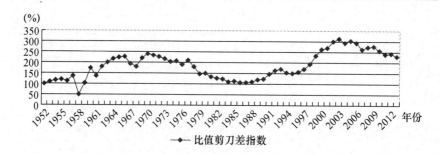

图7-3 1952—2013年比值"剪刀差"指数变动趋势

从表7-3和图7-3可以看出，以1952年为基期，1952—2013年共62年的工农产品比值"剪刀差"变动情况具有4个明显的阶段性特点：

第一阶段为1952—1970年。这一阶段共19年，比值"剪刀差"整体上以年均7.43%的速度逐年上升，到1970年达到1991年前的峰值241.23%。其间相比1952年，1958年比值"剪刀差"降到历史最低，出现负数，原因主要是由于大跃进、大炼钢铁的需要，使当年许多农业劳动力被转移到工业部门，而工业生产率却没有得到相应的提高。另外，这段时期自1964年开始比值"剪刀差"相比1952年增长了一倍以上，并长期在这个高位运行至1970年达到峰值。这个阶段"剪刀差"的扩大主要是由于政府优先发展重工业的发展战略需要农业提供资本积累的缘故。

第二阶段为1971—1987年。这一阶段共17年，比值"剪刀差"整体上自1971年始以年均7.86%的速度逐年下降，到1987年达到比值"剪刀差"的历史第三最低值107.67%，仅比1952年增长了7.67%。这一阶段还可以细分为两个阶段，1971—1977年的7年间，相比1952年比值"剪刀差"有6年增长了1倍以上，7年间比值"剪刀差"整体上以年均3.33%的速度缓慢逐年下降，而1978—1987年的10年则整体上以年均7.33%的速度快速地逐年下降，且相比1952年比值"剪刀差"的增长都回落到1倍以内。之所以如此，原因在于从1978年开始，政府将工作重心转到经济建设上来，农村开始实施家庭承包经营责任制，极大地调动了农民的生产积极性，使得农业劳动生产率大大提高，加上到1985年，政府推行全面取消农产品统购派购的制度，使农产品收购价格大幅度上升，从而使这期间的比值"剪刀差"出现较快下降的情况。

第三阶段为1988—2003年。这一阶段共16年，比值"剪刀差"整体上自1988年始以年均12.64%的速度逐年上升，到2003年达到比值"剪刀差"的历史最高值313.59%，比1952年增长了213.59%，即比值"剪刀差"比1952年增长了2倍多。这一阶段也可以细分为两个阶段，1988—1998年的11年间，相比1952年比值"剪刀差"增长都在一倍以内，11年间比值"剪刀差"整体上以年均7.42%的速度较快逐年上升，而1999—2003年的5年则整体上以年均16.06%的速度高速地逐年上升，且相比1952年比值"剪刀差"的增长都上升到1倍甚至2倍。这段时期比值"剪刀差"出现较快增长的原因在于，这段时期是我国全面向市场经济过渡时期，自20世纪80年代后期开始经济改革由农村转入城市，90年代粮食流通体制改革进一步深入，受1997年、1998年的亚洲金融危机的影响，以及农副产品市场的逐步放开，所有这些因素叠加，使比值"剪刀差"达到历史最高水平。

第四阶段为2004—2013年年底。这一阶段共10年，虽然自2004年起农副产品市场全面放开，开始实施以工补农的战略措施，发展现代农业，推进社会主义新农村建设，促进城乡一体化发展，使比值"剪刀差"整体上自2004年始至2011年年底以年均6.37%的速度逐年下降，2012年比值"剪刀差"又有所上升，2013年比值"剪刀差"则开始下降，但由于2004年的起点较高，所以至2013年年底比值"剪刀差"仍高达231.61%，仍为1952年的1.3倍多。

第三节　中国农业产业空间布局特性价值分析

一　农业产业空间布局特性价值一般分析

农业产业空间布局特性一方面表现为农业产业本身集聚、集群发展，其价值在于可以提高农业产业效益，显著增加农民收入，增强农产品的出口竞争力，促进农业产业化经营，有利于农业的可持续发展。另一方面，农业产业空间布局特性则表现为农业与工业、服务业等其他产业融合发展，大大提高了农业产业的价值。这里着重分析农业与工业、服务业等其他产业融合发展的价值增值，即探讨农业产业价值链的基本价值链、辅助价值链和可拓展价值链。

（一）农业产业价值链的内涵及其分类

农业产业价值链是在迈克尔·波特（Michael E. Porter）价值链概念

的基础上发展起来的。1985年，迈克尔·波特在其著作《竞争优势》一书中首先提出：可将企业创造价值的活动分为基本活动和辅助活动两大类，基本活动主要包括内部后勤、生产作业、外部后勤、市场和销售、服务等；而辅助活动则主要包括采购、技术开发、人力资源管理和企业基础设施等。价值链是指各不相同但又相互关联的企业生产、经营、管理、服务活动所构成的一个创造价值的动态过程。基于此，农业产业价值链是指农业—食品系统中一系列相互关联的上下游主体构成的增值链，它包括农产品生产者驱动、农产品购买者驱动、协调组织推动的价值链模型及一体化的价值链模型等多种形式（Miller and Jones，2010）。如果根据农业产业的基本活动、辅助活动和拓展活动进行划分，可相应地将农业产业价值链分解为基本价值链、辅助价值链、可拓展价值链。基本价值链是由耕地、播种、生长、施肥、收获、农产品的加工、农产品销售组成的增值链（见图7-4）。辅助价值链是由农资供给、种源供给、农用机械设备供给、技术支持、人力资源管理以及农业基础设施组成的增值链（见图7-5）。可拓展价值链是指由基本价值链纵向延伸和横向拓宽以及厚度加厚而形成的增值链，基本价值链纵向延伸又可分为诸如初级农产品生产、农产品初级加工、农产品深加工、农产品销售和农产品品牌营销的前向延伸和初级农产品生产、种子培育、农资生产、农机制造的后向延伸两种价值链（分别见图7-6、图7-7），基本价值链横向拓宽如初级农产品生产、生态农业、旅游观光农业（见图7-8），基本价值链厚度加厚是指价值链的每个链环规模增大、适应能力增强和竞争实力增加等。

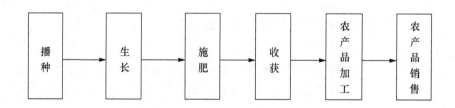

图7-4 农业产业基本价值链

（二）农业产业链不同链环价值分析

20世纪90年代初，台湾宏碁集团董事长施振荣先生曾用"微笑曲线"来描述个人计算机制造流程中各环节的附加价值："微笑曲线"左侧

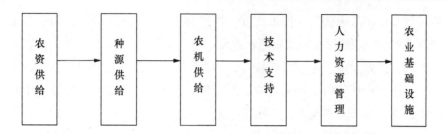

图7-5　农业产业辅助价值链

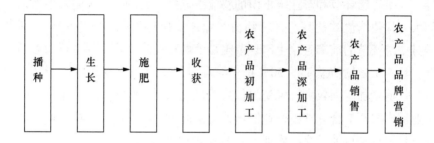

图7-6　农业产业前向延伸价值链

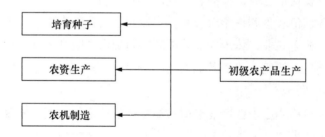

图7-7　农业产业后向延伸价值链

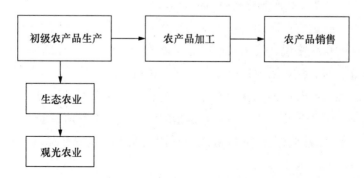

图7-8　农业产业横向拓宽价值链

的生产及加工技术研发、技术培训、创意设计等技术环节的产品附加价值较高；"微笑曲线"右侧的物流、批发、零售、营销、品牌管理及售后服务等环节的附加值和盈利率也较高；"微笑曲线"底端的采购、生产、库存等直接生产环节由于市场竞争激烈、利润空间小，是整个价值链条中附加值最低的部分。事实上，"微笑曲线"不仅在计算机行业表现如此，在其他的行业也是这样。国内外统计数据证实，无论第一产业还是第二产业、第三产业，也无论发达国家还是发展中国家，产业链上游的研发、设计、金融等诸环节和产业链下游的物流、分销、品牌等环节附加值增加空间大、保值增值效益高，合计约占产业链增值总量的70%—90%。而产业链中游环节的前端直接生产环节附加值增加空间极小、保值增值效益极低，约占中游增值总量的30%；中游环节的中端和后端间接生产环节相对附加值增加空间较大、保值增值效益较高，约占中游增值总量的70%；产业链中游环节合计约占产业链增值总量的10%—30%。[①] 具体就农业产业链各链环的价值而言，农业产业基本价值链前向延伸的农产品深加工、农产品营销、农产品品牌管理等产业链前端链环附加值和盈利率较高，农业产业基本价值链后向延伸的农资生产、农机制造、良种培育等产业链后端链环的附加值和盈利率相对较高，当然农业产业基本价值链横向拓宽的生态农业、旅游农业、休闲农业等链环的附加值和盈利率高，而处于中间的耕地、播种、施肥、收获等直接生产环节则附加值和盈利率最低（具体如图7-9所示）。

二　现阶段中国农业产业空间布局特性价值及其问题、原因分析

根据上述思路，这里只分析中国农业与工业、服务业等其他产业融合发展的空间布局的价值增值，即探讨中国农业产业价值链的问题。

（一）中国农业产业价值链特点

当下，我国农业产业正处于由传统农业向现代农业转变的关键阶段，从产业链的角度来说，我国农业产业价值链介于传统产业价值链与现代产业价值链之间。换句话说，就是既不属于传统产业价值链，也还未扩展延伸进入现代产业价值链，我国农业产业价值链表现出明显的短、窄、薄特点。首先，农业产业价值链短，它是指农业产业基本价值链前向后向延伸不多。目前，我国农业产业价值链的延伸主要集中于农产品加工这一块，

---

① 陶济：《以企业化为突破口创新发展现代农业》，《当代社科视野》2008年第3期。

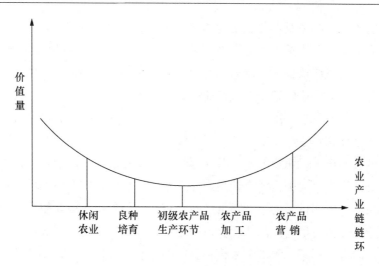

图7-9 农业产业链链环价值微笑曲线

但据有关资料显示，我国农产品的加工率只有40%—50%，农产品加工产值和农业产值的比重为0.8∶1，远远低于发达国家90%以上的农产品加工率以及加工产值和农业产值的3∶1—4∶1的比重。[①] 其次，农业产业价值链窄，它是指农业产业基本价值链横向拓宽不多。比如，我国水稻生产、收获、销售这条基本价值链可横向拓宽出水稻生产、酒生产、酒销售产业链。除此之外，再这样将水稻生产、收获、销售这条基本价值链横向拓宽的产业链就很少了。换句话说，农业产业价值链窄就是指农业产业基本价值链横向拓宽的产业链就只能达到一两条。最后，农业产业价值链薄，它是指我国农业产业价值链上的各个链环规模小、适应能力差、市场竞争力弱，从而导致整个农业产业价值链市场竞争力不强。

（二）中国农业产业价值链的问题及其原因

农业产业价值链可以说是指以满足消费者需求为最终目标而进行农业生产、加工、储运、销售，使农业产品在产业链的每一个环节都能保值、增值，最终达到由农业、工业和服务业组成的整个农业产业链条价值最大化。一般农业产业价值链核算有两种方法：第一种是农业产业链上各经济主体单独核算其投入和产出，高出投入的增值部分即为该链环主体对农业产出的附加值；第二种是农业产业链整体价值核算法，即核算从制种开始

---

① 顾丽琴：《论农业产业价值链的拓展》，《商业研究》2007年第2期。

到销售出产品的涉及农业、工业和服务业三次产业的全部投入与产出，大于投入的部分即为整个农业产业链的产出附加值。而从价值链系统来看，农业产业价值链核算更强调第二种价值链核算方法，即从涉及农业、工业和服务业三次产业的整个农业产业链的角度衡量其投入与产出，并追求其价值最大化。① 如果采用第一种方法来核算我国的农业产业价值链，则首先要单独核算农业产业链上各经济主体的投入和产出。由于我国农业产业价值链表现出上述明显的短、窄、薄特点，意味着我国农业产业链上各链环主要处于产业链中端的直接生产环节，相对于农业产业链的前端和后端链环来说，他们投入的生产要素成本较少，分担的市场风险较小，因而它们创造的价值占最终产品实现价值的比重也较小，获得利益或盈利也应该较少。假若采用第二种方法来核算我国的农业产业价值链，则须从涉及农业、工业和服务业三次产业的整个农业产业链的角度来衡量投入与产出。一方面，由于我国农业产业各主体主要处于涉及农业、工业和服务业三次产业的整个农业产业价值链的低端，对整个产业价值链的贡献较小，所以相应获得的盈利较少，因而农业产业各主体的经营规模较小、实力相对较弱；另一方面，由于我国的农业产业化和农业合作组织还不够发达，农业产业价值链的运行机制还不健全，使我国农业产业价值链的运行不稳定，会极大地影响涉及农业、工业和服务业三次产业的整条农业产业链的价值最大化实现。上述两方面因素的共同作用，使我国涉及农业、工业和服务业三次产业的农业产业链整体价值水平不高，结果表现为我国农业产业附加值小、保值增值效益较低，也从侧面验证了我国的工农产品价格"剪刀差"现象，因为工农产品价格"剪刀差"实质上反映了工业与农业高低端产业间的价值关系，这里高端产业是指工业，表明它的产品附加值高，低端产业是指农业，表明它的产品附加值低。

---

① 王续程：《延伸绿色农业产业链 加快产业链向价值链的转化》，《甘肃农业》2008 年第 1 期。

第八章 产业链视角下国外农业产业发展的经验及其启示

本章从产业链的企业链、供需链、空间链和价值链四个维度，分别对美国、法国、日本等发达国家以及韩国、巴西、印度等发展中国家的农业产业发展的实践经验进行总结，并从产业链的四个维度总结了国外农业产业发展的基本经验及其启示。

第一节 美国、日本、法国等发达国家的农业产业发展经验

作为世界上最大的农产品生产国和出口国，美国农业成为它最具有竞争力的产业；日本发展农业的客观条件与中国相似，日本已走出了一条小农背景下劳动密集型的现代农业之路，并且其农业产业整体已达到世界先进水平；素有"欧洲的中国"之称、当今世界农业现代化成功的典型国家法国，已成为世界第二大农产品净出口国和第一大食品加工出口国，是世界上农业最发达的国家之一。因此，总结和借鉴上述三个国家的发展现代农业的主要做法和经验，具有重要的理论和实践意义。

一 美国农业产业发展基本经验[①]

（一）企业链维度：规模化、专业化、机械化、集约化生产的家庭农场

美国农业产业发展主体是一个个家庭农场，一个个农业企业，这些农业企业运用工业理念经营农业生产，并借助各种经济组织，实现了规模

---

① 戴孝悌、陈红英：《美国农业产业发展经验及其启示——基于产业链视角》，《生产力研究》2010 年第 12 期。

化、专业化、机械化、集约化生产，大大提高了农业生产效率和产业竞争力，这是一条基本的农业产业发展经验。

1. 规模经营体现规模经济优势

美国的农业生产经营单位约90%是规模不等的家庭农场，其他的则是以家庭农场为基础组成的合伙制或股份制农场。随着美国农业机械化技术的采用和集约化经营，家庭农业劳动生产率和土地产出率大大提高，生产要素逐步向优势农户集中，农场数量逐渐减少，规模逐步扩大，专业化水平越来越高。目前，美国家庭农场的平均规模已经达到200公顷，其中大农场已经达到1600公顷左右。就产值来说，年产值在5万美元以下的农场占总数的74.1%，农业产值则只占9.5%；年产值在5万—25万美元的农场占总数的20%，农业产值也仅占31.3%；而年产值在25万美元以上的农场虽然仅占总数的5.9%，但其农业产值却占59.2%。[①] 可见，美国农业产业规模经营体现出明显的规模经济优势。

2. 专业化生产是农业发展的重要推动因素

美国各种各样的高度集成化的专业化农业服务公司，承担了农业生产产前、产中、产后的各环节工作。在农业发展过程中，农场规模的不断扩大进一步促进了专业化程度的提高。美国农场的专业化比例已经很高，如1999年棉花农场专业化比例为79.6%，蔬菜农场为87.3%，大田作物农场为81.1%，园艺作物农场为98.5%，果树农场为96.3%，肉牛农场为87.9%，奶牛农场为84.2%，家禽农场为96.3%。[②] 可见，美国农业的发展越来越依赖于农业专业化经营模式的推动。

3. 高度发达的机械作业，大大提高农业生产效率

美国农业生产主体是家庭农场，家庭农场经营规模大，虽然平均每个农场只有1.4人，即使像530—1333公顷以上规模的大农场，也只不过2—3人，主要原因在于农场依靠机械化作业。[③] 在美国，农民就是一个机械手和卡车司机，驾驶卡车在田地巡视，操作农机在地里耕作，整地、深施肥、收获等各种农业作业项目全部实行机械化，有的项目还实行复合作业。家庭农场实行公司核算，科学管理，标准化生产，机械化作业，生产效率高。

---

① 曲军、胡胜德：《美国现代农业发展的经验和启示》，《现代农业科技》2009年第2期。
② 马俊哲：《美国发展现代农业的启示》，《中国农垦》2007年第3期。
③ 唐胜军：《美国发展现代农业的经验及其借鉴意义》，《中国乡镇企业》2009年第7期。

4. 企业化、工厂化、集约化管理与服务提高竞争力

美国家庭农场普遍采用工业理念经营农业，实行企业化、工厂化、集约化管理与服务，农业产业竞争力大大提高。目前，美国家庭农场总数在200万个左右，平均年销售额为15万美元，占有土地的总面积约为全国农场的70%；占全国农场销售总额的60%。其中，由农产品加工企业、超级市场、公用事业机构或金融机构等投资人入股，按股份公司原则来经营的农业企业优势尤其明显。一些美国著名的大公司，如"波音飞机公司"、"灰狗运输公司"等都介入农业生产经营，实行资本集约、技术集约、智能化生产，表现出很强的竞争能力。

(二) 供需链维度：完善的市场体系和运作机制

美国是典型的市场经济国家，形成了全国统一、开放的商品市场、劳动力市场和发达的金融市场，确保了农业生产要素的自由流动，促进了农业产业的快速发展。完备的市场体系和运作机制对农业经济发展起着重要的作用，是美国农业发展的动力所在。

1. 土地、劳动力等资源市场化

土地资源市场化：在美国，除未经开垦的荒滩、荒地以及大面积的草原、森林等归联邦所有外，绝大多数的农田归农民私人所有，受法律保护。土地资源由市场进行调节，可以自由买卖。劳动力资源市场化：在美国从事农业及相关产业的劳动力共2000万左右，这些劳动力都是按市场需要在各相关部门进行配置。在种植和养殖两大行业中，在大忙季节还要按市场机制付酬雇用300万个左右的临时工。美国家庭农场主在市场竞争中经过兼并、重组等演化改造，有的成为农业产业工人，有的转移到城市就业，还有的锻炼成长为农业企业家。劳动力自由流动，推动着美国农业产业不断向前发展。[①]

2. 发达的金融市场体系

美国拥有健全的主要包括政策性金融机构、合作性金融机构、商业金融机构、私人借贷组织以及农村保险等在内的全方位、多层次的农业金融体系，建立起了支持农业、农村建设资金循环的长效机制，这些金融机构之间的分工合作为农业的发展提供了多渠道的贷款支持，满足了不同层次的企业单位、家庭农场对农业资金的需求，有效地支持了农村和农业发展。

---

① 丁力：《发达的美国农业产业体系》，《农村工作通讯》2001年第3期。

3. 农牧产品市场化

美国是世界农产品第一大出口国，每年的出口额约在 400 亿美元，在国际市场上具有很强的竞争力。这种竞争力一方面是由于农民自己组织了农协和各种生产者协会，帮助农民销售产品，保护农民自身的利益；另一方面则是由于美国农牧产品的销售全靠市场调节机制。这种机制的最大好处是刺激农民降低成本，生产更多的优质、适销对路的产品，以获取更大的利益。

4. 特色鲜明的科技、信息支撑体系

美国政府一直把农业的教育、研究和技术推广作为自己的重要职责，形成了"三位一体"的体系。农业技术推广工作主要是由州立大学农学院承担，大学与地方县政府联合组建郡农技推广中心，人员由大学教授和地方招聘的科技人员组成，经费由联邦政府、州政府和地方郡政府分别承担。在郡里，组建有一个由大学、政府、技术推广部门和农民代表组成的农业推广指导委员会，对农技推广中心的工作进行评估、监督、指导。这种体系真正做到了科研、教育、推广和生产相互结合，有效地提高了农业技术在促进农业发展中的作用。美国农业部为了增强其农产品在市场上的竞争力，促进本国农产品顺利进入国际市场，建立了庞大的全球农产品信息网络，系统、连续地跟踪、收集国外有关食品安全的最新市场信息，并及时将这些信息反馈给家庭农场和农产品加工企业，以便他们及时采取应变措施，在市场竞争中赢得主动。

5. 供需链条连接紧密，产加销实现一体化

由于对农产品进行精选、加工、包装后销售，价值能提高 1—10 倍，所以为了提高农业产业效益，美国基本上不直接销售初级农产品。美国农产品加工体系强大，农产品生产、加工、营销各环节紧密相连，产业化水平很高，实现了"从田间到餐桌"的产加销一体化。一方面，超市、连锁店等大型企业通过建立自己的配送供货机构，直接到产地组织采购、加工；另一方面，农产品加工企业规模大，加工水平高，成为家庭农场与市场销售的中间力量。

（三）空间链维度：建立农业产业区，发展产业集群和产业融合①

美国农业之所以在国际市场具有很强的竞争力，一方面，得益于以优

---

① 戴孝悌：《产业空间链视域中的美国农业产业发展经验及其启示》，《世界农业》2012 年第 2 期。

势农产品为重点的各具特色的农业区域化布局，并在区内形成了产业集群，形成了一批有竞争力和国际知名的产业带、产业链。自 19 世纪开始农业商品化进程至今，全美国已形成牧草乳酪带、玉米带、棉花带、烟草和综合农业带、小麦带、山区放牧带、太平洋沿岸综合农业带、亚热带作物区 8 个专业化农业生产带。处于每一生产带的农场一般只生产一种或几种产品，甚至只从事某种产品的某一生产环节的工作。如美国华盛顿州的苹果特色专业区，南部几个州的棉花特色专业区，中部几个州形成的小麦特色专业区，中北部平原的玉米带，东北部的牧草与乳牛带等。① 这些产业带都是依据当地资源禀赋、自然环境、经济社会发展状况以及种植传统和耕作习惯等条件建立的。这种区域分工的最大好处在于它使美国各个地方都能充分地发挥各自的比较优势，有利于降低成本，提高农业生产效率。再加上畅通的水陆运输网的建立，更进一步地促进了这种区域分工和专业化生产，显然这种区域分工和专业化生产又推动了附近地区相关产业乃至整个产业的发展。

另一方面，通过农业产业纵向融合，美国农业将农业生产、工业制造、商品流通、信息服务、金融支持等产业融为一体，形成了一套产前、产中、产后紧密结合，以农工综合企业、工商企业和农业合作社等行业组织为主的产业化经营体系，打造了一条农产品生产、加工、营销各环节紧密相连的产业链。② 农业产业纵向融合，延长了农业产业链，实现了扩展农业产业从纯农产品生产领域延伸到加工和服务等领域纵向增值空间的目的，大大地提高了农业产业的竞争力。美国农业产业横向融合发展的结果，导致农业与非农产业之间的重叠现象日益突出，产业界限日趋模糊，生物农业、分子农业、太空农业、数字农业、精确农业、生态农业、旅游农业等一些新型产业形态迅速兴起③，成为推动美国农业发展的巨大力量。

（四）价值链维度：农业产业价值的实现在于农业产业链整体价值最大化

美国农业产业价值的实现在于：首先，在美国，与工业一样，农业产

① 彭飞：《新经济地理学论纲——原理、方法及应用》，中国言实出版社 2007 年版，第235—237 页。

② 韩伟：《美国现代农业的主要特点》，《当代世界》2011 年第 4 期。

③ 蒋和平、辛岭：《建设中国现代农业的思路与实践》，中国农业出版社 2009 年版，第34—36 页。

业发展主体家庭农场依靠市场的引领实现了规模化、机械化、专业化、工厂化，农业规模经济优势明显，农业生产效率得到显著提高，为实现农业产业价值最大化打下了良好的基础。其次，出于农业产业价值最大化的追求，美国一般不直接销售初级农产品，而是对其进行加工，使其价值成倍增加。加之美国农产品加工企业发达，规模大，加工水平高，农业产业化程度高，为实现农产品价值增值，促进农业产业发展提供了可靠的保证。再次，在美国，农场与加工、销售企业都是根据市场信息来经营，他们之间的地位是完全平等的，他们之间是市场交换关系，他们在平等、自由的市场交换中，会形成均衡价格，从而使供给方和需求方形成"利益共享、风险共担"的关系，从而实现农业产业链整体价值的最大化。最后，不论是在农业生产阶段、农产品加工阶段还是销售阶段，美国农业企业都表现出了一个集群化、融合化的显著特点，目的就是为了降低成本，获得规模经济优势，追逐农业产业链的价值最大化。

二　日本农业产业发展基本经验①

（一）企业链维度：适度规模化、专业化、组织化、集约化生产的农户

1. 寻求适度规模经营的经济优势

1947 年，日本政府进行了农地改革，对出租土地 1 公顷以上的经营地主及寄生地主的出租土地进行强制收购，以极为低廉的价格转卖给佃农，建立了以农户小规模家庭经营为主的土地制度。但是为了降低成本，日本也一直在寻求规模经济优势。由于受人多地少、地貌和经营的土地过于分散等因素的影响，日本不断通过制度创新推动农业经营规模适度扩大，实践中大体上以 10 公顷左右的农地规模效果为最好，以实现提高农业生产效率、土地利用率和产出率之目的。

2. 以发展生物技术为主要手段推动农业发展

人多地少的资源禀赋特征决定了日本农业发展必须把科技进步放在重要位置，通过改良农作物品种，发展农用工业，提高化肥与农药施用水平，实现提高单位面积产量和土地生产率之目的。同时，因为土地资源的限制而广泛采用小型农用机械，虽然其大型拖拉机拥有量只相当于法国的 70%，

---

① 戴孝悌：《产业链视域中的日本农业产业发展经验及其启示》，《安徽农业科学》2010 年第 23 期。

英国的 80%，但小型拖拉机却相当于法国的 35 倍、英国的 80 倍，农业机械化水平很高。日本在生物、化学科技进步的推动下，通过小型农业机械对土地精耕细作，走出了一条小农背景下劳动密集型的现代农业之路。

3. 组织化、集约化管理与服务提高农业竞争力

日本农协是农民自己的合作经济组织，有着"民办、民管、民受益"的特点。针对农业专业化程度高的特点，为了帮助解决小农户与大市场的矛盾，日本的国家、地方、基层三级农协联起手来，组织农户开展农产品销售、农业生产资料和物资的采购、农业金融服务、农业保险服务等，这样不仅大大提高了农业经营的效率，增加了农民收入，而且为日本农业走向专业化、社会化、规模化提供了有力的保障，极大地提高了农业的竞争力。

（二）供需链维度：完善的市场体系和运作机制

1. 农业产业化经营连通大市场

作为农业产业化经营的桥梁和纽带，日本农协使供、产、销完全实现一体化，农业生产者从中获得相对稳定的供、销渠道和理想的收入。如日本"农产品中央批发市场联合会"的市场销售服务系统，将国内 80 多个农产品中央批发市场、560 多个地区批发市场的销售及海关每天各种农产品进出口通关量情况实时联网发布，由农协组织农产品的统一销售，使农户在市场需求的引导下，根据国内、国际市场需要自主决定生产，优化配置资源，获取营农收益，并带动农业关联产业的发展。

2. 第一、第二、第三产业融合互动发展

依据一、二、三产业相互供给、相互制约的关系，日本不断调整和优化一、二、三产业的产业布局，使工业生产农村化、农村生活城市化。日本引导部分工业生产特别是食品加工业、为农业服务的三产业进入农村，不但减少了城市的环境压力，缓解了因人口集中而产生的诸如住宅紧张、交通堵塞等"城市病"，又有效地发展了农村的非农产业，使农业剩余劳动力就地顺利向第二、第三产业转移，日本工业产品的销售额及第二、第三产业在许多乡村已占到主要地位。① 第一、第二、第三产业互动发展，加速了农业现代化的实现。

此外，日本也形成了全国统一、开放的商品市场、劳动力市场和发达的金融市场，确保了农业生产要素的自由流动。完备的市场体系，持续发

① 信邦：《日本农业现代化的特点》，《农机质量与监督》2005 年第 3 期。

展的农业科技创新和信息支撑体系，以及农业产业化运作机制对农业经济发展起着重要的作用，是日本农业发展的动力所在。

（三）空间链维度：实行区域专业化生产，建立农业产业区

日本各地根据各自的自然条件和经济条件，安排农业生产，实行区域专业化生产。如东北、北陆地区主要生产稻子，其中滋贺、富山等地成为稻米的单做地区。在工艺作物方面，如在凉爽的青森、长野县集中生产苹果，两县的产量占全国的80%；山梨县的葡萄，爱媛县的柑橘，鸟取县的梨，以及北海道的洋葱、马铃薯、畜牧业等都占全国同类产品的很大比重。[①] 日本的畜产则主要集中在北海道等牧草地较多的地方。日本农业之所以具有较强的竞争力，主要得益于以优势农产品为重点的各具特色的农业区域化布局，并在区内形成了产业集群，形成了一批有竞争力的产业链。这种区域分工的最大好处在于它使日本各个地方都能充分地发挥各自的比较优势，有利于降低成本，提高农业生产效率。

（四）价值链维度：农业产业价值的实现在于第一、第二、第三产业融合发展

日本农业产业价值的实现在于，首先，农业产业发展主体农户依靠市场的引领实现了适度规模化、机械化、专业化、组织化，发挥适度规模经济优势，并着力提高农业科技含量，使农业生产效率得到显著提高，为农业产业价值最大化实现奠定了良好的基础。其次，日本完备的市场体系，持续发展的农业科技创新和信息支撑体系，以及农协通过农业产业化运作机制将农业产、供、销各环节一体化起来，以实现农业产业链整体价值的最大化。最后，依据第一、第二、第三产业相互供给、相互制约的关系，在第一、第二、第三产业的产业布局不断调整和优化的过程中，在第一、第二、第三产业的产业互动发展的过程中实现农业产业现代化。

三　法国农业产业发展基本经验[②]

（一）企业链维度：规模化、专业化、集约化生产的中等规模家庭农场

1. 以中等规模为主的家庭农场经营，大大地提高了农业生产率

法国政府出台了一系列措施推动土地适度集中，促进农业规模经营。

---

① 邵振润、王国忠：《日本农业的新特点及新挑战》，《中国农技推广》2005年第1期。

② 戴孝悌：《产业链视域中的法国农业产业发展经验及其启示》，《江苏农业科学》2012年第9期。

首先，法国政府通过设立"调整农业结构行动基金"和"非退休金的补助金"，鼓励到退休年龄的农场主退出土地，并通过发放补助、奖励等措施以减少农村富余劳动力；其次，政府通过规定农场继承权只能给农场主的配偶或有继承权的一个子女，其他继承人只能得到继承金，以鼓励土地集中和联合经营；最后，政府组建"土地整治与农村安置公司"，将从私人手中买进的低产田以及小块分散土地集中连片，整治成标准农场后低价出售给有经营能力的中型农场的农场主等。通过上述政府的参与和引导，大大加快了土地集中的速度，促进了农场经营规模的扩大。到70年代，法国10公顷以下的农场由50年代的127万个减少到53万个，50公顷以上的农场增加了4万多个，农业劳力由200多万人减少到不到30万人，农业人口占总人口的比例由40%减少到10%左右。法国租赁经营成为主要方式，60%以上的农业用地是以租赁方式经营的。① 法国农业中等规模经营的情境形成了。

2. 促进农业机械化和农机标准化，大大提高农业生产效率

第一，政府通过发放购买农机具的补贴资金等补贴方式鼓励农民使用现代化农业机械；第二，鼓励建立集体购买和共同使用农机设备的"居马"合作社，提高农机具的利用率和降低生产成本，促进农业机械化；第三，专门成立农机科学研究中心，不断改进农机性能，大力发展农用工业，积极推进农业机械化；第四，积极发挥农业协会组织的作用，依靠发明者和制造商通过农业协会等民间组织，利用电视和专业报纸等媒体发布公告向农民宣传推荐推广农机化新技术；第五，农机企业注重质量控制，积极推行标准化，从而提高农机产品的质量和服务水平，进一步推动农业机械化进程。② 农业机械化大大提高了农业生产效率。

3. 农场专业化和作业专业化推进农业产业发展

法国农业现代化进程中面临的另一个突出矛盾就是农业专业化程度不高，农民一家一户经营的项目较多，种植品种复杂，专业化、商品化程度不高，从而造成技术水平和劳动生产率难以提高。"二战"以后，政府不失时机地通过价格、信贷、补贴及技术援助等手段，推进农场专业化和作业专业化等农业生产专业化。到20世纪70年代，法国半数以上农场搞起

---

① 杜朝晖：《法国农业现代化的经验与启示》，《宏观经济管理》2006年第5期。
② 付彩芳等：《国外农业经营与管理》，中国社会出版社2006年版，第90—92页。

了专业化经营。[1] 专业化生产提高了农业效益，使法国农民人均收入达到城市中等工资水平。

4. 农业生产高度集约化，农业产业表现出很强的竞争能力

法国农业的集约化除具体表现为上述以规模化、专业化、机械化为代表的高生产力水平以及由此带来的高附加值的农副产品生产外，农业的集约化还表现为高效益的产业结构和工商企业广泛参与的集约经营。依据适宜发展畜牧业的自然条件，法国实行以牧为主、农牧结合，并形成种植业、畜牧业、林业、渔业多种经营的格局。于是法国的畜牧业、蔬菜和水果业、农副产品的加工业获得大大发展。法国的工商企业广泛参与农业经济活动，他们实行资本集约、技术集约、智能化生产，使农业产业表现出很强的竞争能力。

（二）供需链维度：农工商一体化模式有效解决小农生产与大市场矛盾

法国也形成了全国统一、开放的商品市场、劳动力市场和发达的金融市场，加上法国具有世界先进水平的农业科研教育与技术推广体系的推动，农业产业获得了快速发展。尤其是法国政府通过农业产业化模式实现专业化农业生产与市场的对接，较好地解决了小农生产与大市场的矛盾，对许多国家具有借鉴的作用。

法国是通过农工商一体化模式实现专业化农业生产与市场的对接。法国的农工商联合体可分为纵向（垂直）一体化和横向（平行）一体化两种模式[2]：所谓纵向（垂直）一体化就是农业资本与工商业资本相结合，实现产、供、销为一体的综合企业。由于纵向（垂直）一体化将产、供、销三个方面结合起来统一经营，不仅可以协调各个联合体的行动，提高生产工作效率，还可以互相取长补短，增加联合体企业的盈利，实现共赢的目标。第二次世界大战后，这种纵向（垂直）一体化的农工商综合体发展迅速，在法国国民经济中占有很重要的地位。横向（平行）一体化就是组织以购销合作社、服务合作社和信贷合作社为主的各种类型的农业合作社。法国农户可同时加入按行业划分的几个合作社。农户与合作社每年签订一次合约，农民只管生产，其他事项全交由合作社办理。在扣除风险

---

[1] 刘养洁、王志刚：《法国农业现代化对我国农业发展的启示》，《调研世界》2006年第7期。

[2] 祁春节等：《国际农业产业化的理论与实践》，科学出版社2008年版，第122—130页。

基金和发展储备金外，收入按入社资金和按农产品收购量分给社员。如发生亏损，则按对应的份额由社员共同承担风险。为了鼓励合作社发展，法国法律规定合作社可免交 33.3% 的公司税。经过几十年的发展，法国农户基本上都成了合作社社员，农业合作社占据了农产品市场绝大多数的份额。如主要从事购销业务的购销合作社收购、生产了法国一半以上的主要农产品和主要农用生产资料。1996 年，农业购销合作社收购的粮油类、猪肉、羊奶奶酪分别占其总产量的 75%、89%、61%，向农场主销售肥料占农场主购买总额的 60%。① 总之，法国农业合作社已逐渐形成一个庞大的经济体系，成为法国三种经济成分之一。它在联结生产与销售及为农民提供产前、产中、产后服务方面发挥着重要的作用。

（三）空间链维度：农业产业集聚、农产品加工业集聚和农业产业融合

一方面，法国根据自然条件、历史习惯、技术水平和生产结构变化，以优势农产品为重点对农业产业空间分布进行统一规划，形成了各具特色的农业产业区域化布局，并在区内形成了一批有竞争力和国际知名的产业带。法国将全国共分为 22 个农业大区，其下又细分出 470 个小区：如巴黎大区成为全国主要的小麦、玉米产区。西南部以猪、鸡生产为主，光布列塔尼省生产的猪肉、鸡肉就分别占全国猪肉、鸡肉产量的 50%、45%。中部山区草场资源丰富则是肉牛和羊主产区。南部为向日葵、蔬菜主产区。东部为主要林业区。北部地区三个省成为甜菜的主产区。还有卢瓦河流域奶牛主产区、罗纳阿尔卑斯地区大宗水果产区、地中海沿岸波尔多葡萄主产区、北部庇卡低马铃薯产区等。这些农业产区容易做到单产高、劳动效率高、费用省。这种农业生产的区域化空间布局又决定了农产品加工业的区域化空间布局，使该区域可以围绕该地区的主要农业生产项目开展工作，这也就必然会更有利于推动本地区农业生产的持续发展。另一方面，法国的农业产业融合也发展很快，极大地推动了法国农业产业的发展。

（四）价值链维度：农工商一体化模式实现农业产业链整体价值最大化

法国农业产业价值的实现在于：首先，法国的农业产业发展市场主体

---

① 吕青芹等：《国外的农业合作社》，中国社会出版社 2006 年版，第 114 页。

是从小农经济发展而来的适合法国国情的中等规模的家庭农场，但与工业一样实现了规模化、机械化、专业化、工厂化，农业规模经济优势还是比较明显，农业生产效率得到显著提高。其次，出于价值导向及农业产业价值最大化的追求，法国采用纵向（垂直）和横向（平行）两种农工商一体化模式实现农业生产与市场的对接，以实现农业产业链整体价值的最大化。这里特别要强调法国食品产业一体化发展水平很高，为实现农产品价值增值，促进农业产业发展提供了可靠的保证。最后，为了降低成本，获得规模经济优势，追逐农业产业链的价值最大化，法国根据各地的比较优势，发展起一系列农业产业集聚区、农产品加工业集聚区和农业产业融合，大大提升了农业产业的竞争力。

第二节　韩国、巴西、印度等发展中国家的农业产业发展经验

与中国具有相似的文化背景、相同的农业发展条件的韩国，经过30多年的发展，已经实现了一个发展中国家农业的跨越式、超常规发展，农业取得了举世公认的成就；第二次世界大战以后，巴西完成了从传统农业经济向新型工业化国家的过渡，其农业产业发展在发展中国家中处于领先地位；与中国一样，印度是世界人口大国和农业大国，农业在国民经济中占有重要的地位，小农经济、传统农业占有优势，"绿色革命"后印度传统农业获得了长足的发展，也在探索传统农业向现代农业的转变路径。因此，总结上述三个发展中国家的农业产业发展经验，对于正在探索传统农业转型路径的中国来说是具有一定的理论和现实意义的。

一　韩国农业产业发展基本经验

（一）企业链维度：适度规模化、机械化、集约化生产的家庭农场

1. 通过土地关系改革与调整，发展适度规模的家庭经营

韩国从20世纪40年代中期至60年代初实施和完成了土地改革。土地改革消除了封建租佃制度，但带来了经营规模细小的问题。因此，韩国政府从20世纪70年代开始进行土地关系调整。如通过由政府全额拨款的"农渔村振兴公社"对以水田为主的生产用地进行政策性收购，同时推出土地购买融资计划和"长期土地租赁方式"，鼓励扩大专业农户的种植规

模。特别是 2002 年韩国农林部提出了有关《土地法》的修正案，通过吸引非农部门的投资等措施，废除农田拥有上限制度，促进农场规模扩大。通过近几年的努力，韩国农场规模有所提高，从 1995 年农场规模 1. 31 公顷提高到 2000 年的 1. 36 公顷（USDA，2002），并基本稳定在这个水平。韩国的农场大部分是由家庭私人经营，农场一般为综合农场，只有少数是专业农场。[①] 近年来，韩国政府更加重视土地的集中化管理和集约经营。为此，韩国政府允许土地进入市场，并许可农民作为土地交易的主体，通过土地的流转使土地逐渐走向适度集中，从而在根本上解决土地过于分散、低效率使用和粗放经营的问题。

2. 机械作业普及，大大提高农业劳动生产效率

韩国从 20 世纪 60 年代末就开始推出促进农业机械化的一系列政策措施，主要有：政府向购买农机具的农民提供低息贷款或发放购机补贴；政府每年提供长期低息贷款或无偿支援部分农机修理设施及装备，确保修理使用零部件的供应、小型农业机械的售后服务等；政府对农用电和农用柴油实行减税和补贴；政府提供非常优惠的扶持资金给农业继承者和专业农民（专业户），用于购买大型的农业机械等农业基础设施；政府还设立相关机构对农机的最终用户进行培训，以提高机器的使用效率并减少机械事故的发生。进入 80 年代，韩国农业机械化得到全面发展，特别是到 90 年代，水稻移植和收获机械技术得到大力发展，已基本实现了以耕翻、栽插、植保、收获、烘干、加工为主的水稻生产全程机械化。与此同时，韩国的蔬菜、园艺等农业机械技术也得到了长足发展。[②] 农业机械化作业的普及，大大地提高了农业劳动生产效率。

3. "新村运动"塑造现代农业市场主体

"新村运动"是指韩国政府自 1970 年开始发起设计并实施了一系列开发项目，以政府支援、农民自主和项目开发为基本动力和纽带的带动农民自发建设家乡的活动。"新村运动"由在村一级实施新村项目和培训新村领导人（新村指导员）两个部分组成。首先，实施新村项目，主要是政府支援、农民自主建设农村基础设施，为塑造现代农业市场主体提供环境条件；其次，培训新村领导人（新村指导员），通过宣讲成功农民案

---

① 强百发、黄天柱：《韩国农业发展和政策调整方向》，《吉林工商学院学报》2009 年第 2 期。

② 钱录庆、王宁：《韩国现代农业及农业机械化促进政策》，《当代农机》2007 年第 12 期。

例、农作物生产技术、小型农业工程技术、经营革新、经济发展相关问题等对新村指导员进行教育和培训，提高农业市场主体农户的经营能力。"新村运动"为韩国塑造了现代农业市场主体。

（二）供需链维度：实施以农协为主体的农业产业化

韩国是典型的人多地少的小农经济国家，农业的发展很大程度上依赖于其相当完善的社会化服务体系，而作为其农业社会化服务主体的农协，则承担着促进农业专业化、规模化以及联系小生产与大市场的重任，从而有效解决韩国小农经营的效率问题。

1961 年，韩国农协与农业银行合并成为具有综合协调和服务职能的综合农业协同组合（简称农协）。它是由农民出资、代表农民利益的主要从事供销、信用、保险、农业经营和生产技术服务等方面的合作经营活动的合作经济组织。农协是韩国规模最大、服务项目最全、服务水平最高的农业社会化服务主体。至 2003 年，韩国农协在全国范围内发展到从上到下设有 1 个中央总部、15 个地区分部、156 个支部、477 个支店、232 个办事处。另有 85 个农产品拍卖机构、9 个培训中心、4 个海外分支机构。此外，农协还建有农业协作学院、农民报刊、肥料公司、农业合作市场有限公司、畜牧市场有限公司、海外合作机构等，全国 90% 以上的农户都加入了农协。① 农协通过提供种子、化肥等产前社会化服务，锄草、施肥、收割等产中社会化服务，以及收购、加工、储存、销售等产后社会化服务，并通过创造农业发展需要的农业金融和保险、农业科学研究及技术推广环境，促进了农业生产的专业化分工，扩大了农户家庭经营规模，合理组织农民顺利进入市场，改善了农产品交换中的不平等地位，从而实现有效解决小农生产与大市场的矛盾，促进了农业产业的快速发展。

（三）空间链维度：发展农业产业集群和农业产业融合

一方面，发展农业产业集群。韩国先是依据当地资源禀赋、自然环境、经济社会发展状况以及种植传统和耕作习惯等条件实施水稻、大豆产业集聚。水稻、大豆是韩国最主要的农作物。水稻作为韩国第一大作物，水稻种植面积和总产量最高的两个地区是牙山市和全罗南道。大豆是韩国仅次于水稻的第二大作物，大豆种植主要位于南部的全南南道、庆北北道和庆南南道，这三个地方的大豆种植总面积占全国种植总面积的一半以

---

① 吕青芹等：《国外的农业合作社》，中国社会出版社 2006 年版，第 80 页。

上，而北部省份播种面积相对较少。① 这种区域分工有利于发挥各自的比较优势，降低成本，提高农业生产效率。然后，开发区域特殊产品。韩国农村振兴厅于 1990 年在全国 374 个地区推动农村区域特殊产品示范事业，并派遣指导人员驻示范区域进行技术指导。依据韩国传统区域特殊产品的比较优势，政府在全国范围内集中建立了 137 个区域特殊产品产地，重点发展园艺、蚕业、畜产业等项目，区域特产中既有各种蔬菜、水果、花卉、人参、蘑菇等初级产品，也有很多诸如泡菜、辣酱、果酒及肉类制品等加工品。开发区域特产品，发展高附加值农业，有力地提升了韩国农业产业竞争力。② 另一方面，韩国也发展农业产业融合，延长和拓宽农业产业链，以增强农业产业竞争力。

（四）价值链维度：推动产加销整条农业产业链价值最大化

韩国农业产业价值的实现在于：首先，"新村运动"为韩国塑造了现代农业市场主体，并通过土地关系改革与调整，将一个个小型家庭农场发展为适度规模的家庭农场经营，并在农业中广泛普及推广机械作业，大大提高农业劳动生产效率，从而体现规模化、机械化、专业化经济优势；其次，作为农业社会化服务主体的农协，通过提供产前、产中、产后社会化服务，并通过着力在农工地区发展乡镇企业集群，以推动农业产加销产业一体化经营，合理组织农民进入市场，从而有效解决韩国小农经营的效率问题，促进农业产业的快速发展；最后，通过发展水稻、大豆等产业集聚和开发区域特产品，发展园艺、蚕业、畜产业等高附加值农业，以提升韩国农业产业竞争力，增加农民收入。特别是通过高新技术与农业的产业融合，延长和拓宽农业产业链，以增加农业产业的增值机会与增值空间，以实现追逐农业产业链价值最大化的目标。

二　巴西农业产业发展基本经验③

（一）企业链维度：规模化、专业化、集约化生产的大中型家庭农场

1. 实施土地改革计划，促进规模经营、集约经营

虽经过几个世纪的变迁，巴西经历了从奴隶制、租佃制到现代雇工制的一系列重大变化，但大地产制度始终是巴西农村社会经济关系的基础。

---

① 李金玉等：《韩国农业及大豆生产概况》，《现代农业科学》2008 年第 10 期。
② 袁岳驷等：《韩国缩小城乡差距的经验》，《南方农村》2010 年第 1 期。
③ 戴孝悌：《产业链视阈中的巴西农业产业发展经验及启示》，《世界农业》2014 年第 12 期。

当前巴西保障规模经营的土地政策主要包括"土地征收"和"土地银行"两方面。在"土地征收"政策方面，采取把新开垦出来的土地分给无地或少地农民，从而保留了巴西大土地占有制在农村中的基础地位，为巴西发展现代农业生产创造了物质条件。就"土地银行"政策而言，巴西政府通过"土地银行"向农民提供信贷资金用于购买土地，以吸引农民到广大内陆地区开发后备耕地资源。[①] 当下，巴西大庄园主农业和小农并存，占农户数量 0.68% 的单个农场占地 1000 公顷以上大农场主占有全国 48% 的土地，许多大农场主土地经营规模高达几十万公顷，他们经营现代化的商业性农场，以生产大豆、甘蔗、咖啡等出口农产品为主，生产效率高；占农户数量 85% 的占地 50 公顷以下的小农户只占有全国 13% 的土地[②]，他们以生产木薯、菜豆等为主，劳动生产率和经济收入相对较低。巴西农场全是个体所有，绝大多数由家庭经营，农场规模不论大小，都全部实现了机械化和集约化。据巴西土地发展部数据显示，巴西共有 300 万个家庭农场。也就是说，在巴西 852 万平方千米的国土上，平均不到 3 平方千米就有一座家庭农场。它们是巴西农业集约化的"黏合剂"，贡献着该国 70% 的豆类、58% 的牛奶和 45% 的玉米。[③]

2. 政府引导家庭农户走农业专业化道路

巴西政府在推进农业发展的过程中，十分注重引导农户走专业化生产经营之路。首先，政府为农业专业化生产提供科学依据。巴西农科院利用自身的科技优势在综合分析巴西近 40 年土壤、气候、植被、雨量等有关数据的基础上绘制出"巴西宏观生物图"，并在各州政府的支持下绘制出"巴西各地区农牧业和农牧加工业发展及环境保护行动规划图"，以此来指导农户进行农业区域专业化生产。其次，巴西科研机构专业性强，在科研成果的推广和技术服务上为农业专业化生产提供了强有力的技术支持。巴西农产品生产专业化程度非常高，特别是种子生产上专业化程度更高，一般的农场（户）只生产一到两个产品。如 IBBL 农场只专门生产大豆种

---

① 江苏省农委赴巴西智利农业交流合作考察团：《巴、智农业发展及经验借鉴》，《江苏农村经济》2011 年第 10 期。

② 徐成德：《巴西发展现代农业的支持政策及借鉴》，《现代农业科技》2009 年第 6 期。

③ 李兴仁：《巴西农业的"效率革命"》，《粮油市场报》2011 年 6 月 23 日第 B03 版。

子，仅巴西农科院生产的种子就占全国种子出售总量的42%。[1] 农业专业化生产有利于提高农产品的质量和主栽品种更新换代的速度，有利于提高农产品商品率和劳动生产率，降低农产品生产成本。

3. 广泛发展应用生物技术推动农业发展

巴西于20世纪80年代中期制定了国家生物技术计划，当前巴西农业生物技术、生物工程技术、转基因技术、有机农业技术已经比较成熟并广泛应用，使巴西单位面积产量和土地生产率大大提高，巴西农业产生了"效率革命"。在过去20年间，巴西开垦的土地面积仅增加了25%，农业产量却猛增152%。近10年，巴西农业生产能力增长70%，而同期种植面积仅从3780万公顷增加到3970万公顷，这些进步只能靠科技。[2] 2010年，巴西农业仅占国内生产总值的5.8%，但是在当年经济增长中，它却贡献了26%的份额，以及38%的出口和37%的就业。[3] 可见，重视农业科技的力量，是巴西农业产生"效率革命"、实现农业现代化的一个重要的因素。

（二）供需链维度：以农工联合企业和农业合作社为主体的农业产业一体化经营

巴西是一个资本主义市场经济国家，农产品交易规范，市场与生产有机结合。巴西通过以农工联合企业为主体的一体化和以农业合作社为主体的一体化并存的农业产业化组织，推动巴西农业由传统农业向现代农业的转变。农工联合企业是巴西农村企业的主要经营形式，是集农牧业生产、农产品加工及商品交换于一体的"组合企业"。其具体经营形式主要有3种：一是工业资本家投资购置土地自己直接从事农业生产、加工和销售活动；二是大土地所有者自己创办农产品加工企业直接从事农产品加工、销售活动；三是政府机构与本土的私人资本或国外跨国公司联合，建立起大型的农工贸一体化联合企业从事农业生产、加工和销售活动。就农业合作社而言，巴西合作社本身不以营利为目的，只是一个向社员提供产、供、销及市场信息一条龙服务的经济联合体。1969年巴西成立了全国农业合作总社，1988年巴西宪法明确了合作社的合法性，并给予相应资金支持。

---

① 龚菊芳：《巴西发展农业的成功做法及启示——中国热带作物培训团赴巴西培训考察报告（二）》，《中国农垦经济》2001年第8期。

② 郑风田：《中国该向巴西农业学什么》，《粮油市场报》2011年11月8日第B03版。

③ 李兴仁：《巴西农业的"效率革命"》，《粮油市场报》2011年6月23日第B03版。

到 1989 年 7 月底，全国合作社已发展到 4000 多个，社员户数增加至 400 多万户。巴西农业合作社类型多种多样，主要有供销合作社、渔业合作社、农村电气化合作社、消费合作社、信用合作社等。供销合作社约有 1500 个，渔业合作社有近 1300 个，农村电气化合作社有近 300 个。[①] 巴西在农村建立的多种形式的农业合作社，起到了化零为整的作用，在避免农户零、小、散、乱且无序和盲目生产的同时，还在政府、市场和农民之间架起了一座直达的桥梁，以压缩中间环节和降低生产、流通成本，在推动农业生产、实现供销一体化和提供各种服务方面发挥了积极作用。总之，农业产业化是推动巴西现代农业发展的重要途径，大大加速了巴西农业现代化进程。

（三）空间链维度：实行区域专业化生产，形成农业产业集聚

巴西是世界上适宜于农、林、牧、渔各业全面发展的少数国家之一。为了发挥各个地区的比较优势，谋求农业生产经营的合理化，提高农业生产效率，巴西各个地区就根据各自的自然和经济条件，安排适宜的农业生产，发展各个地区最有利可图的农产品商品，实行区域专业化生产。具体来说，就种植业而言，咖啡业是巴西国民经济的支柱产业，主要分布在圣保罗、巴拉那、米纳斯吉拉斯州；甘蔗主要分布在东北部沿海低地和圣保罗州等地；柑橘也主要产于圣保罗州；大豆则主要产于西南部的里约格朗德州；棉花种植主要分布于圣保罗州、巴拉那州；可可则主要产于巴伊亚州。至于畜牧业，养牛业主要分布在圣保罗州、纳斯吉拉斯州；养猪业主要在圣卡塔林纳州；养鸡业则主要在南里约格兰德州。[②] 可见，由于实施以优势农产品为重点的各具特色的农业区域化布局，并在区内形成了产业集群，所以，这种区域分工提高了农业生产效率，提升了整个巴西农业产业的竞争力。

（四）价值链维度：农业分享产加销产业链的平均利润

巴西农业产业价值的实现在于：首先，巴西政府通过实施土地改革计划，调整土地关系，促进农业规模经营、集约经营，使得巴西农业产业发展主体表现为一家家大中型农场或一个个大中型农业企业。再通过政府的引导、参与，形成了规模化、专业化、机械化、集约化生产，大大提高了

---

① 徐成德：《巴西发展现代农业的支持政策及借鉴》，《现代农业科技》2009 年第 6 期。
② 郑胜华、潘海颖：《世界经济地理》修订版，浙江大学出版社 2009 年版，第 256 页。

农业生产效率和产业竞争力。其次，政府大力研发、推广农业新技术，特别是广泛发展应用生物技术，以实现巴西农业的"效率革命"，并根据市场需求调整农业产业结构，大力发展生态农业、创汇农业以推动农业产业发展。再次，巴西通过以农工联合企业为主体的一体化和以农业合作社为主体的一体化并存的农业产业化组织，将生产与市场有机结合起来，推行促进农业生产、农产品加工、农产品销售的农业产业化经营，以推动巴西农业由传统农业向现代农业的转变。最后，巴西实施以优势农产品为重点的各具特色的农业区域化布局，并在区内形成了农业产业集群，以利于获得规模效益，降低农业生产成本，形成一批有竞争力的产业带、产业链，从而大大提高农业生产效率。

三　印度农业产业发展基本经验

（一）企业链维度：规模化、专业化、集约化生产的适度规模家庭农场

1. 进行一系列土地改革，促进适度规模经营

印度独立后，从 1949 年开始，尼赫鲁政府就实施了以废除"柴明达尔"地主为中心的土地改革。改革的主要内容是废除中间人即柴明达尔土地所有制、改革租佃制度和实行土地持有最高限额法，目的是使土地得到较公平的分配。此后，印度政府又相继在农村进行过几次成效不大的土地改革。因此，虽经历了长达 40 年的"土地改革"，但印度的土地占有状况并未发生根本性变化，土地所有权仍集中在少数人手里，封建和半封建的经济成分占有很大优势。[1] 于是印度政府又通过规定土地持有最高限额、鼓励劳动力转移、允许农民垦荒以扩大部分农户的土地规模等具体措施，以稳步推进农业适度规模经营。印度虽然有大型的现代化农场，但农业主要以个体家庭农场为经营单位，据官方调查，印度农场总数达到1.155 亿个，20 世纪 80 年代中期平均经营的土地规模为 1.68 公顷。当下，印度 60% 的家庭农场规模不足 1 公顷，只有 1% 的农场规模达到或超过 10 公顷。[2] 由于印度在进行土地碎分时，小部分农户就占有相当规模的土地，原柴明达尔也仍然霸占有许多土地，所以存在一定程度的规模经营，再加上政府的多项措施促使土地适度集中，印度形成了土地产权明

---

[1]　祁春节等：《国际农业产业化的理论与实践》，科学出版社 2008 年版，第 209 页。

[2]　朱行：《印度农业现状概述》，《粮食流通技术》2010 年第 1 期。

确、以适度规模为主的家庭农场经营，大大地提高了农业生产率。

2. 进行五次科技革命，推动农户生产专业化、机械化、集约化

为了加快农业的发展，印度根据美国农业科技体制的框架，结合本国国情，相继进行了"第一次绿色革命"、"白色革命"、"蓝色革命"、"黄色革命"、"第二次绿色革命"五次农业科技革命①，推动家庭农户（企业）生产专业化、机械化、集约化，从而大大提高了农业生产力和农业总体效益，使当下印度许多农产品的产量已跨入世界前列。"第一次绿色革命"是指通过推动家庭农户发展粮食生产、大面积推广优良品种，增加使用化肥、农药、灌溉系统和农业机械，实现增加粮食产量的目标。"第一次绿色革命"后，粮食产量由 20 世纪 50 年代初期的 5000 万吨提高到 2 亿吨左右，粮食基本自给，并实现了出口。"白色革命"是指通过推动家庭农户发展奶牛和建立奶业生产、加工和销售的产业链，推动奶牛、奶业技术的研究和应用，实现畜牧业的发展目标。"白色革命"后，印度养牛的头数名列世界第一，一年养牛高达 19298 万头，占全世界的 15%，因此成为世界第一产奶大国，年牛奶产量达到 1.1 亿吨。"蓝色革命"就是指通过推动家庭农户发展渔业生产，加强对海洋的研究和开发，加大技术和人才引进，实现世界渔业大国的目标。"蓝色革命"后印度水产品出口实现了平均每年 26% 的增长，并迅速跻身世界渔业大国的前 10 位。"黄色革命"就是通过推动家庭农户发展园艺作物新品种，研究推广先进的栽培、储藏保鲜、加工和运输技术，实现农业产业发展目标。当下，印度已经成为世界最大的水果生产国和第二大蔬菜生产国。由于印度每年1.2% 的粮食增长率低于 1.9% 的人口增长率，使得印度人均粮食消费量递减，于是，印度政府又启动了旨在提高农业总体效益的"第二次绿色革命"，它不仅注重农业生产、流通分配和市场等各个环节，也注重整个农业社会、生态环境和文化的协调发展，其主要目标是提高农业生产力，用占世界可耕地面积 2% 的耕地和 4% 的淡水资源，养活占世界 17% 的人口，最终解决"三农"问题和实现农业的可持续发展。"第二次绿色革命"的实施，印度农业总体效益得到显著提高，农业产业获得长足发展。

（二）供需链维度：实施以农业合作社为主体的农业产业化模式

印度虽然实施的是政府主导的市场经济模式，尚未形成全国统一、开

---

① 祖月：《印度农业的科技革命》，《新农村商报》2010 年 10 月 13 日第 A15 版。

放的商品市场、劳动力市场和金融市场，阻碍了农业生产要素的自由流动，但20世纪90年代印度政府实行了以自由化、市场化、全球化为方向的改革浪潮，为印度农业走向市场化、国际化等多样化创造了契机。印度是小农经济和传统农业占有优势的国家，通过采用创办农工贸一体化合作社和以私营大公司为轴心、向农民订购初级产品加工后销售两种方法来促进农业产业化，使小农业有效走向市场，从而促进农业产业的发展。印度的农业合作组织被认为是目前世界上最大的农业合作组织网络。据统计，全印度共有52.8万个各种类型的农业合作组织，入社成员2.29亿人，总运营资本285643亿卢比（100印度卢比约合19.20元人民币），覆盖全国100%的村庄、67%的农户。印度农业合作社主要包括奶业合作社、农业信用合作社、农业销售合作社、加工和仓储合作社、耕种合作社和渔业合作社6种类型。[①] 印度的农业合作社主要有以下三个特点：入社自愿，民主管理；民办官助；以加工企业为核心，发展农村工业，取得良好的效果。这些特点使得印度的农业合作组织表现出极强的市场性。印度政府只是制定优惠政策，鼓励、扶持农户和农场主积极发展自己的合作组织，而从不干预农户和农场主及其合作组织的农业经营管理的实际操作。印度的农业合作组织，完全是农民自己的组织，农户自我负责，民主管理。农户和农场主及其合作组织充分发挥市场的作用，以市场为主导调节生产和经营，农户和农场主及其合作组织的市场主体地位得到极大的发挥。农户和农场主通过提高市场组织化程度来稳定市场供求关系，降低生产经营风险，并通过合作组织强化过于分散的小农生产者在市场中的竞争地位，以保护农户和农场主的利益。可见，通过农业合作社这一农业产业化主体作用的发挥，有效地减轻了印度小农经营的劣势，增强了小农进入市场的竞争力，有力地推动了农业产供销一体化进程，加速了农业产业的发展。

（三）空间链维度：农业产业集聚、农产品加工业集聚和农业产业融合

一方面，印度根据其自然条件、历史习惯、技术水平和生产结构变化，以优势农产品为重点对农业产业空间分布进行统一规划，形成了各具特色的农业产业区域化布局。印度将全国共分为4个主要农业区：东北部水稻、黄麻、茶叶区，这个区的黄麻、茶叶产量分别占全国的90%和

---

① 曹建如：《印度的农业合作社》，《世界农业》2008年第3期。

80%。西北部小麦、杂粮、油菜区，这个区的小麦、油菜、甘蔗、芝麻产量分别占全国的 80%、90%、50%、75%。半岛杂粮、棉花、花生区，这个区的棉花产量占全国的 60%，花生产量、烟草产量则占全国的 80%。西南水稻、热带作物区，这个区粮食作物以水稻为主，热带作物主要是胡椒、咖啡、腰果、椰子、木薯等。[①]另一方面，五次科技革命后，印度的农业产业融合有所发展，对提高印度农业生产的效率和农业产业竞争力起到了积极的作用。

（四）价值链维度：以合作社为主体的农业产业化有助于农业价值实现

印度农业产业价值的实现在于：首先，印度的农业产业发展市场主体是从小农经济发展而来的适合印度国情的适度规模的家庭农场，并通过五次科技革命使这种农业产业主体形成了适度规模化、机械化、专业化、集约化生产，农业生产效率得到提高，农业产业竞争力得到加强。其次，出于价值导向及农业产业价值最大化的追求，印度采用创办农工贸一体化合作社和以私营大公司为轴心、向农民订购初级产品加工后销售两种方法来促进农业产业化，使小农业有效走向市场，从而促进农业产业的发展。这里特别需要强调印度实施农村工业化推动农业产业一体化的模式。20 世纪 60 年代中期，印度推出大力支持农村工业化战略。印度农村工业化就是紧紧围绕着"农"字，充分利用农村剩余劳动力众多、自然资源丰富的优势，通过政府出台一系列政策措施，投入大量的人力、物力、财力，鼓励、扶持发展劳动密集型、投资少、见效快的以家庭为单位、采用传统技术进行小规模生产的家庭工业和采用较复杂技术、主要依靠机器生产的小企业。印度农村工业产业构成十分复杂，几乎无所不包。印度农村工业的发展，一方面迅速提高了农业生产资料供应等社会化服务水平，增强了农产品的加工、处理能力，从而实现了农产品价值增值，大大地改变了农业的弱质性特点；另一方面，农村工业的发展，扩大了农村就业，加快了剩余劳动力转移，大幅度地提高了从业农民的收入，在增加社会总财富的同时，也进一步增强了农业自身积累的能力。最后，为了降低成本，获得规模经济优势，印度根据各地的经济比较优势，发展起一系列农业产业集聚区和农业产业融合，有力地提升了农业产业竞争力，促进了农业产业发展。

---

① 郑胜华、潘海颖：《世界经济地理》修订版，浙江大学出版社 2009 年版，第 68 页。

第三节　国外农业产业发展经验及其启示

前面两节分别总结了发达国家美国、法国、日本等国发展农业产业的经验及发展中国家韩国、巴西、印度等国发展农业产业的经验。可以明显地看出，由于各国的自然资源、技术、经济、社会、政治及体制等因素的不同，上述世界各国发展农业产业的道路不尽相同，发展农业产业的方法也不完全一样，但还是可以看出上述国家的农业产业发展都具有一些共同的规律特征，并对中国的农业产业发展具有重要的借鉴作用。从产业链视角看，国外农业产业发展的经验及其启示可归纳为以下四个主要方面：

一　企业链维度：**发展培育农业产业发展市场主体**

美国、法国、日本、韩国、巴西、印度等世界各国发展农业产业的一条共同经验就是发展培育农业产业市场主体，主要是发展培育规模化、专业化和企业化的家庭农场。就规模化而言，美国是大规模农场经营的典型代表，巴西、法国等国以中等规模的农场经营为主，而日、韩、印度等国则主要是适度规模的小型家庭农场经营。就专业化来讲，发达国家的美国、法国、日本和发展中国家的韩国、巴西、印度等国，都注意发展培育家庭农场专业化、农艺过程专业化和农业地区专业化以提高农业产业效益。就企业化而言，无论是发达国家的美国、法国、日本，还是发展中国家的韩国、巴西、印度等国，都发展培育家庭农场，使之经营企业化，以便使家庭农场能够以市场为导向并根据市场需求安排农业生产经营计划，按企业规范化和标准化要求组织农业生产，迅速提高农产品的数量和质量，并按照工业产品的销售方式将这些农产品销售出去，以实现农业经济增长方式从粗放型向集约型的根本转变。

这条经验启示我们：要创新发展培育适度规模化、专业化和企业化的农业产业发展市场主体。在人多地少、土地使用权平均配置、户均耕地面积只有0.44公顷的我国，土地和土地制度已成了我国农业产业发展的"瓶颈"。因此，发展我国农业的当务之急是要建立和完善土地流转机制。建立和完善土地流转机制可从两方面展开思考：一方面，借鉴"欧洲的中国"——法国等国家的创新土地制度的做法，通过政府立法的形式，鼓励农民有偿转让土地，建立合理的土地流转补偿机制，支持农户家庭、农场主等市场主体集中土地连片开发；另一方面，在土地使用权、承包权、所有权三权分离的基础上，可考虑建立创新农用土地使用权的期约交易模式。在实现家庭农户经营适度规模化的基础上，进一步提高家庭农户生产专业化、作业专业化水平，以及用现代科学技术、现代技术装备和现代科学管理来发展自己的企业化水平。尤其要根据我国的自然资源、经济、社会、政治及体制等因素，在充分考虑前面已经分析过的四个农业产业发展市场主体影响因素的基础上，发展适度规模的家庭农场这一农业产业市场主体，并把它纳入到规模化、专业化、企业化、科学化、组织化、社会化、市场化生产之中，以实现我国传统农业向现代农业的转变。

二 供需链维度：促进农业产业一体化发展

美国、法国、日本、韩国、巴西、印度等国农业产业发展的另一条经验，在于这些国家都是市场经济国家，形成了全国统一、开放的商品市场、劳动力市场和发达的金融市场（像印度等国虽然还未形成全国统一、开放的市场，但也在为此目标努力，同时从另一个侧面反映了印度农业相比较还不够发达的原因），确保农业生产要素的自由流动，以便优化农业生产要素资源配置，提高农业产业效率。完备的市场体系和市场运作机制是推动各国农业产业发展的动力所在。在各国农业产业发展的过程中，随着上述各国农业规模化、专业化的发展，一方面通过大力发展多层次、多元化的农业生产社会化服务，以便为各国农业专业化的发展提供全方位的社会化服务，从而大大降低农业经营风险，提高整个农业生产水平；另一方面，通过发展以农工商联合体或农业合作社等为主体的农业产业一体化，紧密联系农业的生产与经营，以引导农户顺利走向市场，推动农业产供销一体化进程，从而加速农业产业的发展。可见，通过农业产业一体化促进农业产业发展，是各国农业产业发展的共同特征。

上述经验启示我们：一方面，要借鉴美国、法国、日本等国的经验，在推进我国农业由传统农业向现代农业转变的过程中，要建立统一、开放、有序的市场体系，进行一系列政府职能的创新，充分发挥市场对农业资源配置的基础作用，促进农业生产要素的自由流动，以加快农业产业的发展；另一方面，为解决我国小农家庭生产与大市场的矛盾，提高农业生产效率，增强农业产业竞争力，就要完善合作社体系建设，创新以合作社为主体的农业产业一体化模式，将农业的供产销各个环节一体化起来，以实现农业生产与市场的良好对接。

三 空间链维度：实施农业产业区域化布局，发展农业产业融合

美国的玉米、大豆等 8 个专业化农业生产带闻名遐迩，日本青森、长野县的苹果也是声名远播，法国地中海沿岸波尔多的葡萄也是无人不知，巴西圣保罗盛产咖啡恐怕也是无人不晓，美国的分子农业、太空农业，日本的超级型农业，印度的蓝色农业等也为公众所熟知，这一切都源于这些国家注意通过市场手段、政策支持等促进农业产业区域化布局，发展农业产业融合。可见，发达国家的美国、法国、日本和发展中国家的韩国、巴西、印度等国基本上都通过实施农业区域化布局和发展农业产业融合以促进各自国家的农业产业发展，虽然农业区域化布局和农业产业融合在各个国家发展得并不平衡，甚至个别国家有的发展还较慢，但各个国家、各个地区根据自己独特的农业资源禀赋条件，集中选择某种或某几种农产品在自己具有农业资源比较优势的经济区域内，实现主导产品的区域化生产，以及发展高新技术与农业这一产业的融合，从而形成高科技型农业则成了上述六国促进农业产业发展、提高农业产业竞争力的共同特征。

上述经验启示我们：首先，要根据我国各个地区的资源禀赋、自然环境、技术、经济状况以及种植传统和耕作习惯等条件，按照优势农产品生产和市场的地域性，科学合理地规划区域农业产业布局，逐步形成优势农产品的区域产业集群，以提高农业生产效率；也要围绕该区优势农产品的生产，发展该优势农产品加工业集聚，使区域优势农产品的生产、加工、流通诸环节协调发展，以提高农产品的附加值，提高产、加、销一体化水平。其次，要通过产、加、销一体化的产业纵向融合延长我国的农业产业链，还要通过高新技术与农业产业融合形成高科技型农业的产业横向融合实现拓宽农业产业链，以此促进和推动我国传统农业产业转型升级，加快实现农业现代化的进程。

四 价值链维度：实现农业产业链整体链条价值最大化

为了追逐农业产业效益最大化，实现农业产业的快速发展，一方面，美国、法国、日本、韩国、巴西等各国以较完善的市场体系为导向，不约而同地采取以规模化、专业化、企业化经营的家庭农场为主体，开展农业区域化生产，发展农业产业集群和农业产业融合，以提高农业产业价值链各链环主体的农业产业效益；另一方面，美国、法国、日本、韩国、巴西、印度等国大力发展以缔造上连市场、下连农户、保证农产品的增值和销售的农产品加工业（特别是食品加工业）为代表的农村工业，促进农

业产业纵向联合和农业产业一体化经营，以实现生产与市场的良好对接，提高农业生产、加工、销售整条农业产业价值链水平，从而实现整条农业产业链价值最大化。

上述经验启示我们：只有将我国农业锁定在产业链的中游中后端相对附加值增加空间较大、保值增值效益较高的农产品加工环节，参照法国、巴西特别是韩国、印度等国发展以农产品加工业为代表的乡镇企业以推动农业产业一体化和农村工业化发展的做法，大力发展以农产品加工业为代表的乡镇企业，以推动农业产业链中产加销各环节价值的最大化，尤其是涵盖第一、第二、第三产业在内的产加销整条产业链价值最大化的实现，才能达成农业农村经济发展效益最大化的目标。

第九章 产业链视角下中国农业产业发展机制及途径研究

本章首先构建分析了中国农业产业发展的产业链四维拓展模型；然后，基于农业、工业、服务业组成的大产业链视角，归纳分析了中国农业产业发展中农业产业发展主体、农业市场体系、农业产业空间分布和农业产业价值发展四个方面存在的主要问题和核心问题；最后，对中国农业产业的发展路径进行了探讨。

第一节 产业链视角下中国农业产业发展机制分析[①]

一 农业、工业、服务业所组成产业链拓展维度确定及依据

第二章和第三章分析指出，农业产业发展的本质是发展产业链。产业链包含价值链、企业链、供需链和空间链四个维度。从宏观的角度，将农业产业放在由第一产业、第二产业和第三产业组成的大产业链中进行分析，分别从产业链的企业链、供需链、空间链、价值链四个相互影响、相互制约的维度探讨提高农业产业效率，实现从传统农业向现代农业的转变，是一种发展中国现代农业的有价值的思路。基于农业、工业、服务业组成的大产业链视角，产业链中的企业链维度表明由农业、工业、服务业组成的产业链的各链环主体是产业，强调农业产业发展主体与工业、服务业主体一样应是企业；供需链维度是指描述农业产业与工业和服务业产业之间满足彼此供应和需求的契约关系，强调统一、开放、有序的农业产业发展市场体系；空间链维度则是指农业产业在由农业、工业、服务业组成

---

① 戴孝悌：《产业链视角下的中国农业产业成长机制探析》，《世界农业》2013 年第 11 期。

的产业链上的地理空间布局特性，强调农业、工业、服务业产业一体化和农业与工业、服务业的产业融合；价值链维度是指从工业为农业提供生产资料、服务业为农业提供各项服务到农业产品的价值传递和增值过程，强调价值的增值及分配，体现大产业链中各节点的价值目标和动力。

二　农业、工业、服务业所组成产业链的四维静态拓展模型

依据上面的分析思路，本书提出由农业、工业、服务业所组成的大产业链的四维静态拓展模型，如图 9 - 1 所示，该模型是一个由企业链、供需链、空间链和价值链维度构成的四面体模型，其中，ACD 代表企业链维度，表明由农业、工业、服务业组成的产业链的各链环主体是企业或者产业；ABD 代表供需链维度，它描述农业产业与工业和服务业产业之间满足彼此供应和需求的契约关系；ABC 代表空间链维度，反映了农业产业在由农业、工业、服务业组成的产业链上的地理空间布局特性；BCD代表价值链维度，是指从工业为农业提供生产资料、服务业为农业提供各项服务到农业产品的价值传递和增值过程，四个维度相互依托，相互对接，共同支撑，整合为农业、工业、服务业所组成的大产业链。

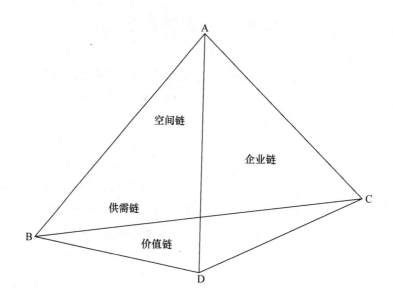

图 9 - 1　产业链四个维度示意图

三　农业、工业、服务业所组成产业链的四维动态拓展模型

基于价值链是企业链、供需链和空间链维度的价值导向，是农业、工业、服务业所组成的大产业链中各节点的价值目标和动力所在，因此，从动态角度来看，基于价值导向，由农业、工业、服务业所组成的大产业链的四维拓展首先从企业链开始，然后通过供需链，引起产业链形成一定的时空布局，而产业集聚、产业融合等效应带来产业链价值环节的不断提升，继而产生新的市场需求，如此良性互动，形成如图9－2所示的四维动态拓展模型。

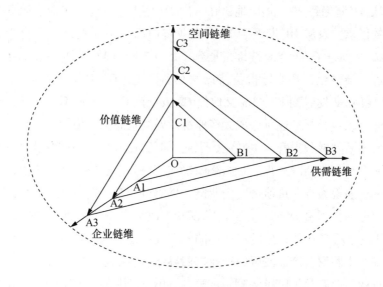

图9－2　产业链四维动态拓展模型

在图9－2中，A1、A2、A3 表示企业链，其中 A3 > A2 > A1 表示由农业、工业、服务业所组成的大产业链的各产业链链环主体实力不断提高，特别是各产业发展市场主体组织化程度不断提高；B1、B2、B3 表示供需链，B3 > B2 > B1 表示服务业与农业、农业与工业各环节相互匹配，农业、工业和服务业产业链内部资源的配置更加合理、高效；C1、C2、C3 表示空间链，其中，C3 > C2 > C1 表示农业、工业、服务业所组成的大产业链空间布局不断优化，多产业融合进一步加深。三个坐标相交于原点O，表示产业链的各产业链链环主体实力十分薄弱，各产业发展市场主体组织化程度非常低；产业链上既没有供给、需求，也没有产业的空间集

聚、产业的融合；产业链没有价值创造，且处于产业链尚未产生的初始状态。由农业、工业、服务业所组成的大产业链的四维动态拓展模型从 A1 点开始，而不是从坐标原点开始，意味着产业链的各产业链链环主体是组织化、企业化程度较高的企业组织，这些主体地位平等的产业链环主体是由农业、工业、服务业所组成的大产业链的物理分布的起点，也是大产业链产生的起点，A1 的存在导致了 B1 供求关系的产生，在 B1 作用下，形成了 C1 的产业空间布局，进而产生了相应的产业价值，产业链价值的实现又促进了产业链链环主体组织化、企业化程度的相应提高，于是企业链维度从 A1 演化到 A2。相应地，在 A2 的作用下，农业、工业、服务业产业间的供求关系从 B1 发展到 B2，产业链内部资源配置进一步合理和高效，B2 又促进了 C1 空间链维发展到 C2，产业空间布局进一步优化、多产业进一步融合，产业链价值持续增加。同理，C2 促使 A2 发展到 A3，A3 又促使 B2 发展到 B3，B3 又促使 C2 发展到 C3，如此循环往复，形成由农业、工业、服务业所组成大产业链的四维动态拓展模型，促使大产业链价值不断发展和提升。由农业、工业、服务业所组成的产业链的整合发展是一个动态协调的过程，它始终围绕如何提高产业链上各个节点的效益和效率，表现为产业价值链、企业链、供需链和空间链特性的改变，表现为产业链的扩展和延伸。由于技术创新、政策管制等因素的影响，由农业、工业、服务业所组成的产业链的整合发展已成为一种常态。

四 中国农业产业发展的产业链四维拓展模型分析

农业产业涉及国民经济第一、第二、第三产业的多个部门，产业链条长、覆盖范围广。因此，就产业链视角下中国农业产业发展模型而言，没有现成的发展模型可直接套用。基于上述对农业、工业、服务业所组成产业链的四维拓展模型和前面有关产业链的理论分析，考虑农业产业的多重功能和使命，本书拟从所确定的企业链、供需链、空间链和价值链四个维度提出产业链视角下中国农业产业发展模型。

首先，从企业链维度看，中国农业、工业、服务业产业链上的农业产业链环主体应像工业、服务业链环主体一样，是组织化程度较高的企业。因为只有中国农业产业主体组织化、企业化程度较高，才能与工业、服务业主体平等协作，获得协同效应。这种协同效应一方面可通过提高在农业产业内生产相同农产品的生产环节的组织化程度进行生产协同；另一方面，农业产业向后延伸到服务业和向前延伸到工业产业，强化农业产加销各环节的配合，从而获得协同效应。

其次，从供需链维度看，中国农业、工业、服务业产业链上的服务业与农业、农业与工业各环节互为供需，服务业的产出就是农业的投入，农业的产出就是工业的投入，所以服务业与农业、农业与工业各环节要相互匹配。如果上游服务业与下游农业环节或者上游的农业与下游的工业的接口口径基本一致，这样就可避免上游环节粗下游环节细或者下游环节粗上游环节细所带来的生产要素资源的浪费，从而从农业、工业和服务业产业链的内部保证了资源的合理配置和高效。

再次，从空间链维度看，中国农业、工业、服务业产业链上的服务业与农业、农业与工业各环节之间的空间距离应尽量考虑在一个合适的地理区域内，并尽量构建成完整的产业链条。如果中国服务业与农业、农业与工业各环节之间的空间距离较远，或者说没有构建一条农业、工业和服务业的完整的产业链，这样就会增大中国农业、工业和服务业间的交易成本，也不利于中国农业产业集群发展和产生农业产业集群效应。

最后，从价值链维度看，因为产业链是基于农业、工业、服务业各环节相互联系、相互作用并相互制约的产业关联关系，所以，中国农业、工业、服务业产业主体会因产业链条的紧密关联协同所产生的产业关联效应和协同效应而降低产业间的耦合成本，也会因农业、工业、服务业上下游环节之间外部交易内部化而获得交易费用的降低，产业间耦合成本和交易费用降低，将使中国农业、工业、服务业产业链上的包括农业产业在内的链环主体获得更大的利益，从而实现整条产业链条的价值最大化。

故下面本书将从中国农业产业发展的产业链四个维度，即分别从农业产业发展市场主体、农业产业市场体系、农业产业发展空间分布和农业产业价值发展四个方面提出中国农业产业发展的途径。

第二节　产业链视角下中国农业产业发展问题分析

一　中国农业产业发展的主要问题

第四章至第七章，分别从不同的角度分析了现阶段中国农业产业发展存在的主要问题及其产生的原因，结合上节中国农业产业发展机理，基于产业链的视角，可将中国农业产业发展的主要问题归纳如下：

　　首先，从企业链维度看，由于当下农业产业发展主体家庭农户和合同生产模式、合作社模式、公司企业模式等各种各样的农业产业组织的组织化、企业化程度较低，难以平等地实现与工业、服务业的生产协同。

　　其次，从供需链维度看，现实是由于中国还没有建立统一、开放、有序的商品市场，导致生产要素资源在农业、工业和服务业产业间的配置不合理，结果带来了生产要素资源的浪费，更加加剧了农业生产要素资源的紧张状况。加上中国农产品流通中存在的诸多问题，使农产品的供给与需求矛盾更加尖锐，严重地影响了工业和服务业的发展，工业和服务业的滞后发展反过来又会阻碍农业产业的进一步发展。

　　再次，从空间链维度看，当下，由于受我国工业、服务业发展水平的制约和影响，就农业产业纵向融合和农业产业一体化而言，虽然我国农业供、产、加、销环节纵向融合加快，上游的辅助性、原料性企业和下游的销售、服务性企业已经进入，但一方面这些企业的数量少、规模也不大；另一方面，农业供、产、加、销环节产业联系不紧密，利益联结机制不完善，农业与工业、服务业的产业集群协同效应不强，易发生机会主义行为。就农业产业横向融合而言，虽然自20世纪80年代以来农业产业开始出现横向融合，产生了精确农业、工厂化农业、分子农业、太空农业等，增加了农业产业的横向增值机会，但由于受到体制、资金、技术、人才等方面的制约，我国的农业产业横向融合仍处于起步阶段，分子农业、快速农业、白色农业、蓝色农业等高科技农业仍有很大的发展空间。

　　最后，从价值链维度看，中国的工农产品价格"剪刀差"还将长期存在，这种价格机制将使农业、工业产业的发展差距进一步拉大，使农业、工业、服务业产业间的产业关联效应和协同效应降低，从而使得农业、工业、服务业产业间的耦合成本和交易费用增加，使产业链上的链环主体农业、工业、服务业获得的利益相应地变少，从而影响整条产业链条价值最大化的实现，自然会波及影响到农业产业追逐价值最大化目标。

二　中国农业产业发展的核心问题[①]

　　结合第三章和上节内容，基于产业链视角，中国农业产业发展的原始动因就是要实现农业产业利益的最大化，实现中国农业产业利益最大化有两条基本的路径：一是受价值增值的驱动，农业产业本身横向发展，实现

---

① 戴孝悌：《产业链视角下的中国农业产业成长机制探析》，《世界农业》2013年第11期。

农业生产规模化，以获得规模经济效益；二是受价值增值导向，农业产业上下延伸与工业、服务业融合，以获得农业产业价值保值、增值。在农业产业上下延伸与工业、服务业融合的过程中，尽可能减少农业与工业、服务业的耦合成本，以追逐农业、工业、服务业产业链整体链条价值最大化，从而实现农业产业利益最大化。据此，我们可以构建出中国农业产业成长图（见图9-3）。

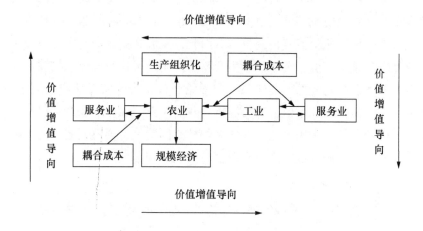

图9-3　产业链视角下中国农业产业成长

从图9-3可以分析得出，中国农业产业发展的核心问题是价值链问题，理由如下：

上面刚做了分析，从企业链维度看，中国农业产业发展的问题主要是农业产业发展主体大多是农户、农民合作社等组织化程度不高的组织，并且大多不是企业，难以获得与工业、服务业主体平等的地位，因而要求农业通过生产规模化、组织化等手段增强自身的产业竞争力；从供需链维度看，由于二元市场的存在，未能形成全国统一的生产要素市场和商品市场，使农业与工业、服务业间的供需关系存在问题，难以使农业与工业、服务业间互相满足彼此的供应和需求关系，影响了生产要素资源的合理有效配置；从空间链维度看，由于一些体制、机制的原因，中国农业与工业、服务业融合的农业产业一体化和农业与高新技术的融合进程不快，农业与工业、服务业完整的产业链条并未构成，农业产业空间布局还有很大的优化空间；从价值链维度看，由于工农产品价格"剪刀差"的存在，农业、工业、服务业的价值分配存在明显的不公，使得从农业生产原料到农产品或服务的价值传递和增值过程出现严重扭曲，表现为现阶段中国的农业产业仍处于农业、工业、服务业大产业链的价值链低端。结合前面已经分析过的产业链包含价值链、企业链、供需链和空间链四个相互影响、相互制约的维度，从图9-3可以分析得出，价值增值是农业产业向前延伸到工业、向后延伸到服务业的价值导向，也是农业产业主体生产组织化、规模化的价值导向，表明产业价值链是企业链、供需链和空间链的价值导向，即企业链的发展、供需链的完善、空间链的优化，目的只有一个，那就是使产业价值链得到发展。因此，发展企业链提高农业产业组织化程度，完善供需链，有效配置生产要素资源，优化空间链，构建农业与工业、服务业的完整的产业链条，归根结底都是为了实现从农业到工业、服务业的价值传递和增值，努力实现农业、工业、服务业大产业链价值最大化。由此可见，中国农业产业发展的核心问题是价值链问题，是如何实现农业、工业、服务业大产业链价值最大化的问题。

第三节　产业链视角下的中国农业产业发展路径分析[①]

一　从企业链维度看，要提高农业产业组织化水平

既然从企业链维度看，农业产业组织化程度低，阻碍了中国农业产业的发展。因此，要发展中国农业产业，就必须进行组织创新，以提高农业产业组织化水平。我国资源禀赋状况和农村社会经济发展水平决定了现阶段农户家庭是我国农业生产的核心，面对一家一户的分散生产与千变万化的大市场日益突出的矛盾，只有创新符合市场需求的农业产业组织体系，才能把广大农民组织起来，变一家一户的小生产为社会化大生产，从而提高小农家庭生产效率，解决分散生产与千变万化的大市场的矛盾。市场主导型合作经济组织和企业主导型一体化经济组织是联系农户与市场的纽带，各种合作经济组织是农业产业组织的主体，政府主导型公共服务部门是农业产业组织体系的重要组成部分。

---

① 戴孝悌：《产业链视角下的中国农业产业成长机制探析》，《世界农业》2013年第11期。

由于各地资源状况、生产力水平、技术水平和市场发育程度等因素不同，所以要根据当地的上述这些具体条件和实际需要创新农业产业组织。又由于任何类型的经济组织总是处于相应的环境之中，所以组织创新还要注意与其所处的特定的具体环境相容这样一个问题，即利益相容、激励相容、时间相容、空间相容和信息相容问题，否则，任何组织创新都是不可能实现的。

二　从供需链维度看，要建立统一、开放、竞争、有序的市场体系

既然从供需链维度看，二元市场影响全国统一市场体系的建立，阻碍了农业生产要素资源的合理配置，从而不利于农业产业的发展。因此，在推进我国农业由传统农业向现代农业转变的过程中，需要进行制度创新，转变政府职能，充分发挥市场对农业资源配置的基础作用。于是，当务之急只有建立全国统一、开放、有序的包括生产要素市场和商品市场在内的市场体系，才能充分发挥市场对农业生产要素资源配置的基础性作用，提高农业生产要素资源的配置效益。具体需做好以下几方面的工作：第一，根据我国土地实际情况，完善农村土地流转制度，在坚持家庭承包经营的前提下，采取租赁等形式实现农地的适度规模经营；第二，建立健全的覆盖全国的多层次农业金融体系，以满足不同企业、农户对农业资金的迫切需求；第三，创新农业技术开发推广制度。各科研院所要加快农业应用课题和实用技术的开发推广，以指导帮助农民用现代科学技术武装农业发展生产；第四，健全农业市场信息收集发布制度。各级政府职能部门以及商会、协会等各行业组织，要尽可能收集包括市场在内的各方面信息，并及时准确提供给农户，以便为其生产经营决策服务；第五，建立农村劳动力顺利转移制度。清除由城乡二元结构所带来的阻碍劳动力顺畅转移的各种障碍，建立起城乡统一的劳动力市场，实现劳动力生产要素的自由流动，为农业产业发展创造有利条件。

三　从空间链维度看，要统一规划、协调农业产业布局

既然从空间链维度看，不完善的社会主义市场经济体制和政治体制是影响农业产业空间布局进一步优化的因素，而要优化农业产业布局以推进我国农业现代化进程，就必须进行体制创新，完善社会主义市场经济体制和加快政治体制改革进程。当下，首先要完善社会主义市场经济体制，建立全国统一、开放、竞争有序的市场体系，形成土地、资本、劳动力等生产要素资源优化配置的市场环境；其次，加快政治体制改革进程，改革多头管理农业及农业产业布局的行政管理体制，建立一套统一规划、管理协调的农业产业布局行政管理体制，以强化农业产业空间布局的统一规划和管理。具体要做好两个方面的工作：首先，一方面要根据我国各个地区自然资源和经济资源优势，按照优势农产品生产和市场的地域性，科学合理地规划区域农业产业布局，逐步形成优势农产品的区域产业集群，以提高规模经济效益；另一方面，围绕该区优势农产品的生产，发展该优势农产品加工业集聚，使区域优势农产品的生产、加工、流通诸环节协调发展，以加速我国农业产业的发展。其次，要高度重视科技进步在农业产业融合发展中的重要作用，通过产业纵向融合延长我国的农业产业链，实现扩展农业产业从纯农产品生产领域延伸到加工和服务等第二、第三产业领域纵向增值空间的目的，以及通过产业横向融合实现拓宽农业产业链，扩展农业产业从单一的农业发展平台到服务、高新技术等产业领域的横向增值空间的目的，以此推动我国传统农业产业转型升级，加快实现农业现代化进程。

四　从价值链维度看，要统筹工农业协调发展

既然从价值链维度看，农业处于农业、工业和服务业组成的产业链价值的低端。因此，要发展中国农业，就必须进行机制创新，统筹协调发展农业、工业和服务业产业，以实现农业、工业和服务业产业链整体价值最大化。首先，统筹工农业发展。工农业统筹发展先要考虑的是工农业产业生产要素统筹。工农业产业生产要素统筹对象应是土地、资金、劳动力、技术、管理等。在土地使用上，工业用地应尽量少占用耕地，以保持农业最基本的生产资料耕地面积的动态平衡；在资金的投向上，国家要根据国民经济的增长和财力的增加，相应地增加对农业的投资；就劳动力而言，我国农村剩余劳动力多，这就要求政府在大力发展资本和技术密集型产业时，切不可忽视能够吸纳较多农村剩余劳动力的劳动密集型工业；在技术方面，国家要积极引导工业为农业提供先进的技术和机器设备以武装农业；在宏观管理方面，国家要适时调整工农产品比价，消除工农产品价格"剪刀差"，以改变长期存在的"重工轻农"不良倾向。其次，统筹农业与服务业发展。统筹农业与服务业发展，关键是要大力发展服务业。根据服务业的层次划分，大力发展服务业，主要应加强四个方面的工作：第一，加快交通运输业、邮电通信业、物资供销业和仓储业等流通部门的建设和发展，为化肥、农机具等农业用生产资料的物资流动畅通渠道，以降

低农业产业的生产成本，同时也是为了通过农产品的销售物流顺利实现农产品的价值最大化。第二，加快金融业、保险业、咨询信息业和各类技术服务业等为生产和生活服务部门的建设和发展，以保障农业产业发展所需。第三，加快教育文化、科学研究、卫生体育等为提高科学文化水平和居民素质服务的部门的发展，以培养和造就一大批高素质的社会主义新型农业劳动者。第四，加快包括国家机关、党政机关、社会团体等为社会公共需要服务部门的改革和发展，以适应社会主义市场农业发展的要求。总之，推动服务业的发展再上一个新的台阶，目的是为改造传统农业提供技术、资本、制度和教育四个基本要素，以便加快传统农业向现代农业的转变。

第十章　产业链视角下中国农业产业发展的对策措施

本章基于产业链的四个维度的视角，提出了要培育现代农业产业发展市场主体，促进农业生产经营集约化、专业化、组织化、社会化；要建立开放、统一、有序的市场体系，促进农业生产要素优化配置，提高农业生产效率；要不断优化农业产业空间布局，促进农业产业集群、农业产业融合，增强农业产业竞争力；要大力推进以农民合作社为主体发展农产品加工业的农业产业化经营，实现农业产业链整体价值最大化的对策措施。

第一节　培育现代农业产业发展市场主体[①]

第四章从企业链维度的视角，分析了现阶段中国农业产业发展主体农户、农民合作社、家庭农场和农业企业存在的主要问题，分析了这些农业产业主体不能适应现代农业发展需要的两个方面的原因。要发展现代农业，就必须培育现代农业产业发展的市场主体，而要培育我国现代农业产业发展市场主体，就必须从培育农业市场主体发展环境条件和发展能力两个方面加以考虑。

一　培育农业市场主体发展的环境条件

（一）完善农业市场主体发展的市场条件

市场经济条件下，农户作为独立自主的农业市场主体，享有根据市场的需求独立进行生产、经营决策的权利。而要完成生产、经营决策，追逐利润最大化的目标，则需要具备必需的生产要素资源和便利的商品流通两

---

① 戴孝悌、陈红英：《中国现代农业产业发展市场主体培育措施初探》，《发展研究》2012年第12期。

个条件。因此，需要从土地、劳动力、资金等主要生产要素资源和农用生产资料、农产品流通两方面完善农业市场主体发展的市场条件。只有通过这两个方面的改革创新，促进生产要素资源及商品的顺畅流动，才能为加快农业市场主体成长提供良好的制度环境（深入的阐述见本章第二节）。

（二）完善服务，支持发展农民合作社等组织

在市场经济条件下，分散的农户家庭经营无力与组织化、社会化程度较高的大企业、大公司竞争，也无法解决千家万户生产与千变万化的市场衔接问题。所以，必须依据市场化要求和经济利益原则，把分散的农户家庭生产经营单位组织起来，组建多种形式的农产品生产、加工、销售合作社等农业产业组织，从而使农户分散的土地、资金和劳动力等生产要素在较大的范围内和较高的层面上有效地组合起来，形成社会化的生产组织，从而使分散的农户能够联合起来有序地进入市场。

近些年来，我国虽出现了多种类型的农民合作社等经济组织，但由于缺乏政府有力的扶持和引导，农民合作社等组织还不规范，发展不够快，作用也不十分显著。所以，必须通过法律、政策等途径扶植农民合作社等组织的发育和形成，鼓励农户按照自愿原则参与到遵循"农有、农治、农享"原则的农民合作社等组织中来。即要贯彻落实农民合作社法，通过出台一系列相关配套法规和财政扶持、税收优惠、信贷保险等政策措施，通过充分发挥农村能人或专业大户的示范带动作用引导农民开展各种形式的合作、鼓励农产品流通加工企业与农户通过合同关系或股份合作关系相互连接形成"公司＋合作社＋农户"的产业化合作模式以及鼓励县、乡农技推广部门牵头领办合作社等多种途径，发展培育围绕农产品加工、流通、储藏、销售、农用生产资料供应、技术和信息服务、法律咨询等的各类专业协会、研究会和专业合作社等多种形式的农业专业合作经济组织，充分发挥各类农民合作社组织在服务农民、落实政策、对接市场等方面的作用，以提高农民的组织化程度，增强市场竞争力。

（三）建立、健全农业科技研究、开发和推广体系

我国人多地少，人均资源占有量低，农业生产资源的约束性较大，农业发展的根本出路在科技。然而，我国农业科学技术水平还不高，农业科技创新不足，科技与经济脱节，农业投入得不到保障，农业推广体系"网破、线断、人散"等问题较突出，极大地阻碍了我国农业的可持续发展。因此，必须采取切实有效的政策措施，创新农业科技体制机制，加大

公共财政对农业科学教育及农业技术推广的投入力度，加快农业科技成果的转化，以提高劳动者的素质，进而提高农业劳动生产率。具体措施主要有：提高 R&D 经费在 GDP 中的比例，加强高产、优质、高效、生态、安全的农作物品种研发和中小型农用机械、化肥、农药、节水灌溉、耕地保护与节约利用、农产品保鲜、农产品精深加工、高科技农业及农业生态环境保护等现代农业关键技术的攻关研发；根据农业科研机构的纯公益性、准公益性和非公益性性质，进行分级、分类指导和改革，建立、健全农业科技创新体制机制；改革、完善农业科技推广体系，强化农业科技推广力度，调动全社会力量参与农业科技推广工作，逐步形成国家扶持和市场引导相结合、有偿服务与无偿服务相结合的以科研机构、大学和企业为中心的新型农业技术推广体系，实现推广队伍的多元化、推广行为的社会化、推广形式的多样化。特别要强化电视、广播、报刊等各种传媒对农业科技的宣传和普及教育功能，充分发挥农村中致富带头人的榜样示范和辐射作用，促进农业科技在农村中的运用。

（四）增加财政投入，加强农业基础设施建设

由于二元经济结构的硬约束，我国农村农田水利基础设施建设长期"欠账"。据统计，当前，我国财政用于农业支出占农业产值的比重约为5％，这种低投入导致农业基础设施老化陈旧，制约了农业产业的发展。为此，要按照《农业法》的要求，切实增加财政投入，逐年提高预算内农业基本建设投资等财政支农资金用于农业的比重，切实保证国家对农业投入的增长速度高于财政经常性预算收入增长的速度，充分发挥基础设施为农业"保驾护航"的作用，顺利推动农业发展。加强农业基础设施建设具体要做好以下几方面的工作：首先，切实抓好农田水利基本建设。主要加快大型灌区的续建配套和节水改造工程建设，推行灌溉用水总量控制和定额管理，以扩大农业的有效灌溉面积；扩大小型农田水利工程建设补助专项资金规模，加大对年久失修的病险水库除险加固和修复力度，使其发挥应有的防洪防旱功能。其次，守住18亿亩耕地红线，切实提高和改善耕地质量。一方面，要强化农用耕地保护责任制，管控农用地转为建设用地的规模，牢牢守住18亿亩耕地红线；另一方面，要配合农田水利设施建设，加快建设旱涝保收、高产稳产的高标准良田，继续实施沃土工程，扩大土壤的有机质，切实提高和改善耕地质量。再次，持续支持以植树种草、水土保持、防沙治沙和退耕返林、返草、返渔为重点的农业生态

环境建设，为我国农业的持续稳定发展创造良好的生态环境。最后，继续支持加强气象防灾减灾服务设施建设，强化重大农业自然灾害的预警预报能力和气象资源的合理开发、利用和保护工作，更好地为农业生产和国民经济服务。

二 培育农业市场主体的发展能力

上面提出要从土地、劳动力、资金等主要生产要素资源和农用生产资料、农产品流通两方面完善农业市场主体发展的市场条件，要发展市场农业，更应该培育农业市场主体的发展能力，即通过教育、培训发展其技术、经营、管理的能力，以达到提高农业生产效率，促进农业产业发展的目的。

（一）开展职业技能培训，发展农业市场主体的生产技术能力

农业市场主体的生产技术能力，在很大程度上影响着农业生产的效率。要提高农业市场主体的生产技术能力，就必须对农业市场主体的核心农民进行技能培训，而对农民的职业技能培训则要坚持分类培训、注重实效的原则，原因在于我国农村地域广阔，农民成分角色复杂多样，产业优势各具特色，对农业科学技术的需求多样，这就要求培训部门要针对传统农民、兼业农民、专业农民、职业农民①等不同对象的不同科技水平和科技需求，进行分类的科技指导和培训。因此，根据现阶段我国农业的发展特征以及农民自身的实际情况，重点应从以下几方面开展职业技能培训：除了要对农民普遍进行农产品质量全程监管技术、农业废弃物再利用技术、农村有机废弃物再利用技术、农村能源生态模式、节约型农业技术、农业资源保护技术、农作物生产机械化技术、高效植保机械化技术、农机节能技术、多功能田园管理机械化技术及其他农业机械技术培训外，还要分专业开展有针对性的专业技能培训，即对于专业从事水稻等粮食作物的农民而言，还要进行农作物优质高产新技术、提高耕地质量的农艺技术培训；对于主要从事养殖的专业农民而言，则主要进行动物健康养殖技术、动物疫病防治技术、禽畜产品加工技术、水生动物养殖技术、水生动物疫病防治技术、水产品储藏加工技术、重大动物疫病防控技术、高发重大动物疫病的防控技术、畜医畜药的管理技术培训等；对于那些主要从事经济作物种植的农户而言，那就主要进行高效经济作物生产新技术、园艺作物

① 简小鹰：《中国现代农业的组织结构》，中国农业科学技术出版社2010年版，第6页。

生产新技术的培训等。

（二）强化经营素质培训，发展农业市场主体的经营能力

由于市场经济条件下，生产什么产品、为谁生产、采取什么方式销售产品这些经营决策，决定着所生产的产品能否销售出去、产品的价值和生产的目的能否达到。因此，除了要发展农业市场主体的生产能力之外，还应该发展农业市场主体的经营能力，这样才能实现农业生产之目的。

因此，要通过农村职业教育体系、农业技术培训基地，依托"新型农民创业培植工程"、"星火科技培训专项行动"等几大"农业工程"，强化对农业市场主体的经营素质培训，发展其经营能力。一方面要加强对农民进行社会主义市场经济理论知识的培训，使广大农民懂得市场经济的一般价值规律、供求规律、竞争规律等，理解市场经济条件下市场是资源配置的基础方式和手段，并自觉运用市场手段配置农业生产要素资源，开展农业生产活动，生产出满足消费者需求的农产品；另一方面，要对农民进行市场营销方面的知识培训，让其了解市场营销的基本原理和基本知识，从而掌握产品开发、产品定价、市场开拓策略以及广告营销、渠道营销、文化营销、绿色营销、整点营销等方面的营销技术，从而提高农业生产市场主体的经营能力，迅速地将已生产的满足消费者需求的农产品销售出去，以取得最大的农业经济效益。这里特别需要指出的是，要根据我国农业产业发展的实际，注意强化对农民进行农业产业化经营、农民专业合作等经营知识的指导培训，使农民懂得通过专业合作，进行农业产业化经营，将农业生产与市场连接起来，从而解决我国小农生产与大市场之间的矛盾，降低农业生产成本，提高农业生产效率，促进农业产业发展。

（三）加强企业管理知识培训，发展农业市场主体的管理能力

企业是市场经济条件下最重要的市场主体，是一种有效率的制度安排。不论是家庭农场、农民合作社还是农业企业，作为适应我国市场经济发展要求的农业市场主体应该是企业法人，所以，必须加强对农业市场主体的企业管理知识培训和管理实践，发展我国农业市场主体的企业管理能力，才能协调主体内部各个组成部分之间的关系，调动各个组成成员之间的积极性，从而提高农业市场主体发展农业产业的水平。

一般来讲，农业市场主体的管理能力系统主要包括准确的理解能力、高效的执行能力、有效的激励能力、悉心培育人才的能力、卓越的团队建设能力、娴熟的专业运作能力、成熟的控制情绪能力、快速的沟通能力、

耐心的倾听能力等。这些管理能力不是与生俱来的，是完全可以通过学习、锻炼得以形成、掌握和应用的。[①] 因此，要发展农业市场主体的管理能力，第一，要学习，学习钻研有关决策、计划、组织、领导、协调、沟通、控制、战略、战术的管理以及市场营销管理、生产管理与物流管理、人力资源管理、财务管理等管理理论知识，学习优秀管理者的经验和风格，学习管理团队成员、员工及所接触的所有人员的优点、长处，学习优秀企业的成功经验，总结落后企业的经验教训。第二，由于每个农业市场主体企业管理者所处地域、所在层次、所具性格、自身素质、从事行业和员工群体等情况的不同，导致农业市场主体企业管理者的努力方向和追求目标不同。这就要求根据农业市场主体企业管理者的实际情况制定不同的管理能力目标，明确他们各自管理能力提升的方向。第三，学以致用，以用促学，学用相长，在实践中打造卓越的管理能力。要引导农业市场主体企业的管理者将上述学习掌握的管理理论、管理知识、管理技术、管理方法、管理手段等大胆地、创造性地付诸实践，通过管理实践，加深对管理理论、管理知识的理解，从而加以消化、吸收和运用，实现在实践中打造卓越的管理能力的目标。第四，农业市场主体企业管理者要养成时时、日日、事事总结的习惯，将总结与思考结合起来，明确差距及其原因所在，为持续性提升管理能力注入动力，提供保证。第五，明确认识农业市场主体企业管理者自身的差距、不足，有计划、分步骤地持续对其进行整改，自觉修正差距与不足，并要根据整改、修正的实际成效，结合自身管理能力的提高，不断创新整改的内容和方式，不断拓宽整改的范围，不断提高整改的效能，从而全面提升农业市场主体的管理能力。

第二节　建立开放、统一、竞争、有序的市场体系

第五章在对农业与工业、服务业供需关系进行考察的基础上，分别探讨分析了现阶段中国农业产业主要生产要素资源土地、劳动力和资金的供给与需求，农产品的供给与需求状况，以及农业生产要素市场和农产品流通市场存在的主要问题及其产生的原因。结果表明，农业生产要素市场和

---

① 郭俊伟：《企业管理能力建设方法论》，《山西煤炭管理干部学院学报》2009 年第 2 期。

农产品流通市场的不完善，严重制约了中国农业产业的发展。因此，要发展农业产业，就必须建立起包括生产要素市场和商品市场特别是农产品市场在内的城乡统一、开放、有序的市场体系，以促进农业生产要素资源的优化配置和农产品的顺畅流通，从而提高农业生产效率。

一　农业生产要素市场①

（一）土地要素市场

针对当下我国土地的供给与需求存在的诸多问题，我们主要可以采取以下三个方面的措施，来创新农村土地管理机制，激活农村土地要素。

1. 强化农户土地承包权，使承包权法律化

我国的国情决定了实施土地家庭承包经营责任制，《物权法》也已将土地承包使用权界定为用益物权，但由于政策的笼统和操作性规定的缺乏，侵害农民土地承包权的现象屡见不鲜，因此，要进一步从法律上完善这种制度，使农地产权上升到法权的形态，特别是要强化农户承包的地块、面积、合同和证书的"四到户"水平，进一步提高承包合同的签订率和经营权证的发放率，完善土地承包合同登记、备案和档案管理制度，建立健全土地承包纠纷的调处机制，确保农民享有完整的、长期的土地承包经营权。可喜的是，这项工作现正在全国有序推进。

2. 创新农村土地管理，使土地流转市场化

效益原则认为流转是一切稀有资源优化配置和有效利用的必要条件。在市场经济条件下，农地作为一种稀缺的基本生产要素资源，只有同劳动力、资金、技术等其他生产要素一样流动，才能实现诸生产要素之间的优化组合，提高土地的利用效率。因此，首先要求政府加强对农村土地的宏观调控，强化土地利用总体规划和集镇建设规划，严格各类用地规划和土地使用标准，严格执行闲置土地处置政策，坚决制止耕地撂荒行为；其次，确立农民的市场经济主体地位和根据耕地占用成本确立科学、合理的耕地补偿标准，让农民能够平等地依据科学、合理的耕地补偿标准参与市场交易活动，从而避免土地被廉价或无偿占用，减少土地的无序流动；最后，完善土地转让制度，建立土地一级拍卖市场，使土地价格形成机制公平合理。因此，当务之急是建立农地流转的市场中介组织，规范土地市场流转，从而降低农地流转中的市场交易成本，依靠价格机制的引领，使农

---

① 　陈红英、戴孝悌：《完善农业生产要素市场初探》，《上海农村经济》2015 年第 2 期。

民自愿将土地流转出去，以便发展集约型高效农业。

3. 保证耕地资源不减少，并切实提高耕地质量

在快速推进工业化、城镇化过程中，优质耕地被占用、以劣质地用地指标置换优质耕地、耕地闲置等诸多怪现象大量存在，导致大量优质耕地资源流失。为此，需要从制度上着手，从两个方面采取有效措施：一方面，从制度上加强对农地非农化的控制和管理，严格耕地统计标准，坚决杜绝耕地面积虚报，统计上严防耕地被增加的现象发生，确保18亿亩农地红线。另一方面，在保持耕地总量动态平衡的基础上，切实提高耕地质量。主要对策措施有：加强农田水利等基础设施建设，大力发展大中小型农田水利，完善田间水利、机耕道路等基础设施配套建设，并切实加强、增加有效灌溉面积和高效产田示范区建设；要大力推广测土配方施肥和免耕、绿肥种植、秸秆覆盖等耕地培肥和保护性耕作技术，加快中低产田的改造，有效控制农业面源污染。

（二）劳动力要素市场

针对现阶段我国农业劳动力资源在数量上相当富裕，供过于求，而在质量上却显得比较贫乏，往往供不应求的结构问题，我们可以采取的对策措施主要有：

1. 发展农村基础教育，着力提高农村人力资源的总体质量水平

农业劳动力的质量状况很大程度上取决于农村教育的普及状况，因此，要提高农村人力资源总体质量水平，最主要的是要强化农村九年甚至十二年制义务教育，普遍提高农村人力资源的文化素质。根据国家统计局2008年2月发布的第二次全国农业普查主要数据公报，2006年年末，全国69.4%的村在5公里范围内有中学，87.6%的村在3公里范围内有小学，30.2%的村有幼儿园、托儿所。国家要继续加大财政投入，充分利用、完善这些基础教育资源设施，为提高全体农村劳动力素质打好基础。

2. 加大投入，完善管理，培养社会主义新型农民

众所周知，人力资本是改造传统农业，获得经济增长和发展的主要源泉。因此，首要的任务是要加大农村人力资本投资的力度。农村人力资本投资需要国家进行财政直补，并随着经济的发展逐步加大农村教育投资力度，以构建农村基础教育体系、农村职业技术教育、农村成人教育体系、高校农业教育四大教育体系相互配合为主要内容的立体农村教育体系，使农民真正能够实现终身学习和教育，切实提高农村人力资源的质量水平。

其次，完善农村人才管理机制。国家应适时修制更具针对性的就业指导政策，鼓励高素质的农村劳动力在本乡、本土就业创业，特别是要出台吸引大学毕业生回乡创业的优惠政策，大大提高农村人力资本质量；还要进一步抓好农村实用人才的选拔、培训、管理、服务工作，特别是要对农村实用人才的人事代理、专业技术职称评聘、社会保障等方面给予政策倾斜，以解除其后顾之忧。最后，进一步整合培训资源，建立省、市、县、乡、村5级培育网络，培育社会主义新型农民。按照简小鹰博士的观点，依照市场的参与程度从小到大排序，我国农民可划分为传统农民、兼业农民、专业农民和职业农民四种不同类型。因此，要培育的社会主义新型农民主要指专业农民和职业农民，即严格意义上的现代农民或农民企业家。于是要求进一步整合培训资源，按照5级培育网络分级分类培训的原则，整体推进社会主义新型农民培训工作。省、市建立职业农民培训中心，通过对重点村社干部、专业农民进行长期和短期培训以及参观性培训，培养他们的创新精神、责任意识、风险意识，使之具备一个企业家的精神；县、乡镇建立专业农民培训学校，通过对重点专业致富能手培训现代实用农业科技、市场意识和经营管理等知识，使之具备较好地参与市场经营的能力；村一级则建立农民培训点，主要结合农业生产实际，培训实用农业技术，为培育社会主义新型农民储备力量。

3. 改革创新制度，建立和完善全国统一的完全竞争性劳动力市场

由于我国长期以来存在的二元经济结构，形成了城乡不同的户籍制度、产业政策、就业服务体系、社会保障体制，从而促成了城乡分割的劳动力市场，未能形成劳动力自由流动的完全竞争性劳动力市场。所以，在这样的市场条件下，理性驱使农村劳动力大量外出转移至城镇的工业、服务业就业，形成农村劳动力向城镇工业、服务业的单向流动，根本的原因在于城镇的工业、服务业行业有着相对较高的劳动生产率和较高的报酬率。因此，要形成劳动力在农业与工业、服务业之间的双向流动，关键是要通过市场机制和政策引导，进行一系列包括现有的户籍制度创新、产业政策创新、就业服务体系创新、社会保障体制创新在内的制度创新，首要的重点是彻底根除城乡二元户籍制度，剔除依附在户籍关系上的种种经济社会利益差别，变现行的户籍制度为居住登记制度，真正做到城乡居民具有平等的发展机会。其次，创新就业服务体系和社会保障体系，统一城乡就业制度和保障制度，为农村居民提供平等的就业机会。这样通过利益机

制提高农业产业的效率和报酬率，以增加农业产业吸引力作为切入点，逐步引导优质的农村人力资源不向或少向非农部门或相对发达地区转移，并逐步形成有利于生产要素流入农业部门（包括农产品流通部门）的宏观条件。当劳动者作为流动行为主体，能够根据市场供需状况，完全自主决定其是否流动，怎样流动，流向何处时，全国统一的完全竞争性劳动力市场就形成了，地区之间、城乡之间的差距也就不复存在。

（三）资金要素市场

针对当下我国农村、农业资金需求远远大于供给，供需矛盾突出的很多问题，我们主要可以采取以下三个方面的措施，来创新农村农业资金管理机制，激活农村农业资金要素。

1. 制度创新，加大资金供给力度，满足农业农村资金需求

政府要站在统筹城乡发展的高度，发挥对市场缺失的弥补作用，通过制度创新，建立市场主导与政策扶持相结合的城乡资金供给体系，综合运用法律和财税政策等调控手段，加大资金供给力度，以满足农业农村资金需求。首先，加大财政支农的力度。前面已经分析我国的国情决定了不断加大财政对农业的投入始终是缓解农业资金紧张的重要渠道。所以，要继续坚持对农业、农村实施的"多予、少取、放活"方针，加大公共财政对农业、农村投入的力度，扩大公共财政覆盖农村的范围，从根本上解决农业资金供需不平衡的矛盾。其次，进一步完善支农政策，创新农村资金来源渠道。建立完善农业投入激励机制，通过税收、补贴、贴息、担保、土地抵押、差别货币政策等方式以及按照"谁投资，谁经营，谁收益"的原则，引导并刺激银行信贷资金、外资、民资、工商资本等社会资本投入农业，增加农业资金的供给。最后，从制度层面确立农业发展资金的回流渠道，防止农业资金净流出。可通过规章制度等形式规定设在农村的所有金融机构在保证资金安全的前提下，必须将新吸收的存款主要用于当地发放贷款的实施办法，支持当地农业和农村经济发展。特别是要扩大邮政储蓄银行资金的自主运用范围，建立引导邮政储蓄银行资金返还农村的回流机制。

2. 组织创新，完善农村金融组织体系，为资金供给提供组织保障

从农村农业金融需求多样性出发，依据多种产权、多种组织、正规与非正规等多种形式并存的原则，进行农业农村金融组织创新，完善农村金融组织体系，为资金供给提供组织保障。首先，可按照王森、杨昊

（2010）的观点，创新建立符合我国地区差异大和农业生产力发展不平衡的复合型农村金融模式。这种模式由类似国有银行这样的正规金融机构和包括合作性金融机构、政策性金融机构、商业性金融机构以及其他涉农基金等在内的小额信贷公司共同承担提供农业信贷资金。采用复合型模式，既可以发挥政府的调控作用，又可以发挥市场的调节作用，使得各类金融机构在服务"三农"中互相补充、相互促进，以满足农民多样化金融需求。其次，重组适应农业发展的金融组织体系。也正如李靖（2009）所言，应继续合理推进现有的国有商业银行改革，纠正国有商业银行改革中资金投向过度偏离农村和农业的倾向；调整完善农业发展银行的职能定位，进一步拓宽其业务范围和资金来源；进一步推动国家开发银行加大支持农业基础设施建设和农业资源开发的力度；巩固和发展农村金融主渠道农村信用社的改革成果，继续完善其治理结构和运行机制；加快发展和培育新型的多种形式的民营银行、民间小额贷款组织等农村金融机构和非金融机构等。

3. 管理创新，提高金融组织效率，最大限度地发挥支农资金效益

市场经济条件下，政府的管理干预只是针对"市场失灵"状态而言的有益举措，但并不能替代市场的作用。因此，首先，要界定好政府的职能，尽量减少行政干预，充分发挥市场机制的作用，运用利益诱导机制引导资金流入农业农村，从而建立农业农村的资金供给良性循环机制。当然建立这种良性循环机制需要按照《预算法》、《会计法》、《农业法》以及其他有关法律、法规的规定，依法对支农资金进行全面的监管，对那些违反国家财政支农资金管理、侵害国家利益的政府及个人行为进行惩戒。其次，加强对农业农村各类金融机构的管理，促其推出多层次、多元化、差异化、优质化的金融服务产品，以提高其经营效率。一方面，要对各类金融机构工作人员经常开展理论教育、形势教育、职业道德教育，提高他们的道德素质和职业素养。要对其进行营销知识、市场经济知识和信贷操作知识的培训，以提高他们的专业素质和办理贷款的水平。要建立科学的激励和约束机制，充分调动信贷员的积极性，提高金融机构的组织效率。另一方面，要根据农村金融供给空间和时间上的差别，进一步创新推出适合不同地区、不同时间段的农村金融产品和服务。要根据农村地区不断发展和城乡一体化水平逐步提高，对金融服务的需求不同以及各个地区经济发展不平衡、各地区对金融服务的需求不同创新推出相应的金融产品和服

务。要调整贷款种类结构。根据当地农业生产的特点调整贷款期限，合理搭配短中长期贷款；要综合运用信用贷款、担保贷款、票据贴现贷款，以满足农村信贷资金的合理需求；开发房产抵押、土地抵押等新贷款品种，以进一步满足农民的日益增长的资金需求。还要大力拓展中间业务，以适应农户及中小企业对结算、票据流通、金融中介等方面的要求。

二　农产品流通市场①

与农业紧密相连的商品市场主要包括农用生产资料市场和农产品流通市场两大市场，相比较而言，农用生产资料市场比较规范，基本上能在城乡间、地区间自由流动，并展开公平竞争。因此，这里仅讨论农产品流通市场的完善问题。要完善农产品流通市场，当然首先要创新培育规模化、规范化、企业化的农产品流通市场主体，这已经包含在上一节培育农业产业市场主体之中，这里不再重复。除此之外，完善农产品流通市场，还应从下面几个方面加以分析：

（一）加快农产品流通体制改革，创新农产品市场流通体系

众所周知，由于农业生产季节性强、生产周期长，农产品在市场交易过程中波动强烈，导致市场不稳定，很容易出现农产品卖难买难的问题。因此，特别需要通过加快农产品流通体制改革、创新农产品市场流通体系来减少农产品流通中的环节和风险，畅通农产品销售渠道，从而解决农产品卖难买难这个问题。具体就是要建立健全农产品集中、集货的初级市场、中心市场和终点市场，建立健全农产品分散、散货的批发市场和零售市场，以及农产品现货市场和期货市场。而根据现阶段我国许多地方通过农工商一体化这一农业产业化经营纽带将小农生产与大市场联系起来的实际情况，在农产品流通体系创新方面，可重点考虑分别建立区域性的地方特色农产品市场、农业工业化制成品专业市场和农产品期货市场，以减少流通环节，降低流通中的风险，从而降低农产品流通成本。作为农产品市场体系尖端形式的农产品期货市场，应该成为农产品流通体系创新的重点方向。具体是要有计划、有步骤地建设完善农产品期货市场，在以大连商品交易所主要开展大豆、豆粕、啤酒大麦、玉米农产品期货交易与郑州商品交易所主要开展小麦、绿豆、红小豆、花生仁等 25 种农产品期货交易

---

①　赵玉阁、戴孝悌：《中国农产品流通现状、问题与对策分析》，《物流技术》2015 年第 1 期。

的基础上，扩大商品交易的规模，增加商品化程度高的大宗农产品期货交易的种类，交易方式上可以先发展长期合同，以发现农产品价格，稳定农产品供求关系，转移农产品流通风险。

（二）加强政府的资金、政策支持，完善农产品流通市场设施建设

由于农业是弱质产业，国际上通行的做法是政府通过在银行贷款、税收方面给予政策优惠，支持农产品批发市场的硬件建设、综合服务能力建设、农产品信息收集传输建设、农产品物流配送体系建设等。因此，借鉴有关国际经验，要加强政府的资金、政策支持，完善我国农产品流通市场设施建设。首先，增加政府的投入，完善农产品批发市场的公共环境。建设通往农产品批发市场的道路设施，改善农产品批发市场周围的自然、社会环境，完善农产品批发市场周围的信息网络设施等，为农产品批发市场提供一个良好的市场交易环境，以吸引八方来客前来交易。其次，加强政府的资金、税收政策支持，建立完善以农产品交易期货市场、批发市场、共同出售市场、农产品集散中心、集体零售市场等为主体的多个层次的农产品流通市场体系，以加快农产品进入市场的进程。同时支持、鼓励发展农产品物流中心、大型农产品超市和农产品直销、电子商务等流通平台建设，实现农产品流通形式的多样化。最后，规划、支持建设一批国家公益性的设施大型化、手段现代化的农产品批发市场，以减少农产品流通环节，降低流通成本，提高农产品的国际竞争力。

（三）建立健全农产品流通政策法规体系，规范农产品流通市场秩序

市场经济是法治经济，作为支撑国家市场经济基础的农产品流通组织，也必然要求通过法治的手段来管理其市场秩序。因此，应该建立健全农产品流通组织相关政策法规，使农产品的流通组织运行有法可依、依法管理。虽然我国维护商品市场秩序的诸如《价格法》、《反不正当竞争法》、《商品市场登记管理办法》、《期货市场管理暂行条例》等法律法规已初步建立，但有关农产品流通组织特别是针对农产品批发市场方面的法律法规还比较欠缺，所以，我国政府一方面应高度重视农产品流通组织的建设，积极制定相关的法律法规，通过农业立法的方式对农村市场、农产品流通市场的设立、建立、组织、管理、运作进行严格详细的规定，使之成为农村市场、农产品流通市场管理和经营行为的准则，从而为建立有效的农村市场、农产品流通市场秩序奠定基础。并在发展中不断加以修订和完善。另一方面，加强农业立法工作，建立完善农产品检验检疫和农产品

质量国际标准体系。加快建立、健全完备的农产品质量认证体系，构建高质量的农产品质量标准评价体系与检测检验体系，制定、完善农产品质量认证标准和评价标准，确保农产品的质量与安全，促进农产品的国际贸易，从而增强农产品的国际竞争力。

（四）推进农产品市场信息化建设，建立完善农村信息市场

及时获取经常活动所必需的、完整的、可靠的信息，是保证决策成功的前提条件。经营管理者只有迅速准确地获取信息，充分有效地利用信息，才能把握决策时机，提高决策效益。反观我国的农民家庭，由于信息意识的薄弱、收集分析信息的手段落后，导致只能根据过去的信息和当前的信息来确定自己生产的产品品种，容易出现农产品卖难买难的问题。因此，为了加强农民的信息意识，提高其生产经营决策的能力和水平，就要推进农产品市场信息化建设，建立完善农村信息市场。当下，推动农村信息化建设，应重点从以下三方面开展工作：首先，应该由政府牵头，加快农业农村市场信息化建设进程，完善农村计算机、互联网络、有线电视、广播等市场信息化基础设施建设，为农产品市场信息化建设提供良好的物质基础。其次，各级农业部门要增强服务意识，尽快主导建立完善的权威性的农产品供求信息网络，专人负责农业、农产品信息的收集、整理、甄别，并提供短期、中期、长期的市场预测分析。要在建立完善灵敏快捷的农产品市场信息网络体系基础上，充分利用有线电视、互联网络等现代信息技术手段及时准确将权威的农产品供求信息向农户发布。最后，要鼓励倡导农民使用互联网等现代信息技术手段以开发利用国内外农产品市场信息资源，及时获取农业生产活动所必需的、完整的、可靠的市场信息，以提高农业生产经营决策水平。与此同时，逐步推进农产品交易结算、客户信息管理、财务管理、人才管理等方面的信息化工作，以提高农村信息化水平，促进农业产业发展。

第三节　进一步优化农业产业布局[①]

第六章在分析农业与工业、服务业产业融合的农业产业空间分布新特

---

① 戴孝悌：《中国农业产业空间布局现状、问题及对策分析》，《农业经济》2013 年第12 期。

点，探讨农业产业发展的空间演变个性特征与规律的基础上，分析了新中国成立以来的农业产业发展空间布局和现阶段中国农业产业发展空间布局存在的主要问题及其产生的原因。分析结果表明我国的农业产业发展空间布局还不够完善，还需要根据我国的资源禀赋、技术进步、经济发展等进一步优化布局，以促进我国农业产业的发展。

一 建立完善农业产业布局体制机制

优化农业产业空间布局，发展农业产业集群与农业产业融合，目的是为了提高农产品竞争力，而提高农产品竞争力除了发展技术、发挥比较优势之外，还取决于政府对农业资源的配置。当下，虽然我国已经建立了社会主义市场经济体制，但由于政治体制改革还不到位，政府仍沿袭过去的计划经济管理方式的农业管理机构及其相应的管理体制机制来规划农业产业空间布局，极大地阻碍了农业产业集群与农业产业融合发展。因此，首先必须建立完善农业产业布局体制机制，借鉴大多数发达的市场经济国家实行的由农业部门集中统一管理的从田间到餐桌的一体化的管理体制，以代替目前我国分散的农业管理体制，从而实现提高农业产业区域集群与农业产业融合建设的效率。在社会主义市场经济条件下，建立完善农业产业集群与产业融合发展的农业产业空间布局体制机制，重点应充分发挥市场对农业资源配置的基础性作用，进一步深化政治体制改革，理顺完善农业管理体制机制，消除影响农业产业空间优化布局的体制机制障碍，统一领导农业生产、加工、销售等各个环节，强化政府对农业产业集群与产业融合发展的引导、支持、协调与服务功能，搞好宏观调控，为农业产业集群与产业融合发展提供一个良好的政策制度环境，以推进农业产业集群与产业融合发展。

二 实施差异化的农业产业布局优化战略

由于我国各个地区的自然资源、人口劳动力、生产力水平、经济资源等条件差别很大，适宜于发展各具优势的农产品，因此，应根据各个地区的资源优势，按照优势农产品生产和市场的地域性特征，确定我国农业发展的区域布局框架，在9大农业产区布局的基础上，根据资源、劳动力、生产力水平出现的新变化科学合理设置区域农业产业结构，进一步优化农业生产力布局，发展建设东北地区、东部地区、中部地区、西部地区现代农业区域布局，并实施与各个地区资源条件、经济发展水平相适应的不同的农业产业集群与产业融合发展的农业产业空间布局优化战略。具体产业空间布局优化战略为：由于东北地区是条件最好的地区之一，生产力水平较高，经济社会条件也较好，应立足这些资源和经济优势，发展节约劳动型的商品粮生产、畜牧水产、林特产品、农产品精深加工产业基地，形成专用玉米、优质小麦、大豆、畜牧、林特产品产业带。东部地区虽然人均耕地资源较少，但农业精耕细作，农业生产力发达，经济发展水平高。立足这些资源和生产力条件，东部地区适宜发展节约土地型的高科技型农业、出口外向型农业、农产品精深加工产业基地。中部地区相对于东部地区来说，具有较好的土地资源条件，相对于西部来说具有较好的农业生产力水平和经济发展条件，在此资源和经济条件下，适宜发展节约劳动与节约土地并重的水稻、小麦、棉花、油菜、畜产品和水产品等优势农产品产业带，并发展与之相适应的农产品加工产业集聚。西部地区农业生产力水平不高，经济欠发达，但土地、水资源丰富，物种多样。基于这样的资源经济条件，适宜建设特色农业、生态农业、文化农业和特色农产品加工产业基地，可考虑建设优质棉花、糖料、水果、花卉、中药材、烟叶、茶叶等特色农产品产业带。

三　推进农业产业布局优化重点战略

要实施推进以优势农产品产业带和农产品加工业为重点的农业产业布局重点战略，首先需要新型农民或农民企业家这一参与主体。即要通过前面所分析的教育、培训措施，培育一批有文化、懂技术、会经营、善管理的新型农民或农民企业家，参与实施这一农业产业布局重点战略。其次，加快科技进步，发挥科技对农业产业布局重点战略的支撑作用。一方面，以满足市场需求为方向合理调整农业产业区域集群内主要产品的发展方向，紧紧围绕区域集群内主要产品发展的方向，加快这些成果、产品、技术的研发；另一方面，要注意及时将这些新成果、新产品和新技术推广、应用到区域内农产品产业带发展和农产品加工业集聚中去。再次，引导农业投资倾向农业产业区域内产业集群、产业融合。需要进一步深化投融资体制改革，建立和完善符合社会主义市场经济体制要求的投融资主体、投融资渠道、投融资方式多元化的农业投融资体系，引导农业投资倾向那些区域内资本密集型的优势农产品产业、农产品加工业，以促进农业产业区域的产业集群和产业融合。最后，要建立和完善农业风险保障体系，以规避农业产业区域发展的更大风险。一方面，开发推广运用农业新成果、新产品、新技术以及发展高科技型农业面临相对较大的风险；另一方面，由于农业产业集群区域内一般生产比较单一的产品，而单一的农产品生产容易导致因自然灾害发生而使整个区域农业同时受损的局面出现，并且面对市场的变化单一的农产品生产结构缺乏足够的回旋余地。所以，农业产业区域内的农业产业集群、产业融合发展中易出现农业生产经营风险，需要建立和完善农产品储备、农产品期货市场、农业信息预警等一系列风险防范措施，进一步发展和完善农业风险保障体系，并率先在实施推进以优势农产品产业带和农产品加工业为重点的农业产业区域内进行试点，以规避农业产业区域发展的更大风险。

四　统筹与协调农业产业布局

一个农业产业集群里边，既有第一产业，也有第二产业，还有第三产业。而农业产业融合本身指的就是农业与工业、服务业等其他产业之间的融合发展。所以，发展农业产业集群、产业融合，既是发展农业，又是发展工业和服务业，既是发展第一、第二产业，又是发展第三产业。并且在形成农业产业集群的过程中，工业与服务业也同样存在着集群发展的趋势。因此，在一个区域内发展农业产业集群、产业融合，就必须统筹、协调好第一、第二、第三产业之间的共同发展的问题。具体来说，主要应注意统筹与协调好区域共同市场方面的问题。即在统一、开放、有序的全国性市场建成之前，要统筹协调建设中观层面的区域共同市场，特别是要构建完善优势农业产区微观层面的区域全要素流通体系，尤其要通过系列改革优先发展完善土地、劳动力、资金等生产要素市场以及农产品和农用生产资料等商品市场，促进优势农业产区内的资金、信息和人才等要素按照市场规律在农业、工业、服务业间畅通流动，实现资源的优化配置，从而提高资源的使用效率。推动优势农业产区区域共同市场建设，还有利于合理利用各个农业产区的区域优势，扩大区域内的市场规模，发挥区域分工的作用，加深区域间的经济合作，促进整个区域经济的发展。基于此，农业优势产区的各个省市政府应根据自身的优势和不足，从比较优势的角度出发在区域内进行第一、第二、第三次产业间及第一、第二、第三次产业内尤其是农业产业内的合理分工，以便构筑可持续发展的农业产业结构和农业产业空间布局，形成真正意义上的农业产业集群和农业产业融合，从而推动农业产业的快速发展。

第四节　创新农业产业化经营，推动实现农业产业链整体价值最大化

第七章分析了中国农业产业链短、窄、薄的特点，并在分析农业处于农业、工业、服务业组成的产业链上的低端价值环节的基础上，阐明工农产品价格"剪刀差"实质上反映了工业与农业高低端产业间的价值关系，表明现阶段中国农业产业仍处于产业价值链的低端。因此，要实现我国农业产业的价值发展，就应该将农业锁定在产业链的中游中后端相对附加值增加空间较大、保值增值效益较高的农产品加工环节，大力推进以农民合作社为主体的农业产业一体化经营，以实现农业产业链整体价值最大化，从而促进农业产业发展。

一　培育扶持农业产业化龙头企业

（一）选择农产品加工企业做农业产业化龙头企业

农业产业化是一种新型的农业生产管理体系和经营方式，是以龙头企业为依托建立起来的包括研发、教育、生产基地、产品加工和商贸等第一、第二、第三产业紧密结合、相辅相成和五位一体的综合性产业集团，是一个实施企业化管理的利益共同体。[①] 可见，农业产业化实施的关键是龙头企业。所谓农业产业化龙头企业是指在农业产业化经营中，实力比较雄厚、辐射面广、带动力强，具有引导农业生产、深化农产品加工、服务生产基地和开拓农产品市场等综合功能，与生产基地农户形成"风险共担、利益均沾"利益机制的农副产品加工企业、流通企业或新型合作经济组织。一般来讲，农业产业化龙头企业有加工企业、流通企业、批发市场、合作经济组织、科技实体五种基本类型。农业产业化龙头企业具有三个明显的特点：以加工、销售农产品为主；具有带动农户的较大规模和较雄厚的实力；与农户结成共担风险、共享利益的共同体，使农户分享加工、销售环节的部分利润。[②]

根据上述农业产业化龙头企业具有的特点以及其基本类型，应重点选

---

① 杨文钰：《农业产业化概论》，高等教育出版社 2005 年版，第 13—14 页。
② 同上书，第 27 页。

择以农产品加工企业作为发展农业产业化的龙头企业，理由很简单：首先，农产品加工是农业产业链的价值保值增值环节。前面已分析，农业产业链是由与农业初级产品生产密切相关的具有关联关系的产业群所组成的网络结构，它包括为农业生产做准备的技术支持、农资供应等前期产业部门，农作物播种、收获、畜禽饲养等中间产业部门，以及以农产品为原料的加工、储运、销售等后期产业部门。显然，播种、施肥、收获等环节只为整个农业产业链提供较为初级的农业产成品，农业加工环节则是对初级农产品的初加工和精深加工，而对初级农产品的初加工和精深加工，使农业产业分工进一步扩大，增加迂回的生产方式，使农产品价值保值增值，从而通过农产品加工这一农业产业链的延伸提高农业产业链整条链的价值。其次，初级农产品经加工后能够扩充市场容量。由于初级农产品基本上是生物产品，具有鲜活的特性，保存时间短，保存起来难；初级农产品的鲜活特性又容易导致包装难、对运输工具要求高、运输流通难；初级农产品需求弹性低、附加值低。如果将初级农产品进行加工改造提升变成制成品，一则使鲜活农产品保存期可延长几倍甚至几十倍，也易于包装运输储存，降低运输成本；二则加工后的农产品需求弹性和附加价值将大幅度提高，从而提高农业效益。最后，农产品加工业既可拉动种植业、促进畜牧业发展，增加农民收入，又可带动第三产业，改变农牧产品的贸易条件和协调城乡关系。总之，农产品加工业在扩展农产品市场销售空间、延伸销售时间、扩充市场容量、增加附加价值、提高农业比较利益、增加农民收入、协调城乡关系方面发挥了重大作用，所以，以农产品加工业为基础作为发展农业产业化的突破口，也就顺理成章了。

（二）培育扶持农产品加工企业龙头企业

1. 鼓励合作社兴办农产品加工企业和农产品加工业为主的乡镇企业

一方面，鼓励农民合作社兴办农产品加工企业。要根据市场经济发展的客观要求，大力培育农民合作社组织，当农民合作社组织发展到一定规模并拥有相当经济实力时，引导由农民合作社组织直接建立和兴办农产品加工企业龙头企业，改变那种农业以农产品生产环节为中心环节、农产品加工和销售由工商企业完成的做法，实现生产和流通、经营和服务的统一，实现从原料生产到加工再到市场销售整个过程的控制，可以有效提高消费品的质量和多样性，大大地降低生产、组织和管理成本，社员也可以获得加工、销售环节增值形成的平均利润。这种模式不仅能使农民充分获得农产品加工增值利益，实现让农民获得平均利润的产业化经营目标，还可以形成网络一体化格局，以此支撑形成更大规模的跨区域、跨国的农业合作社，从而增强合作社兴办的农产品加工企业集团的市场竞争力。

另一方面，发展以农产品加工业为主的乡镇企业。《中华人民共和国乡镇企业法》第二条规定，乡镇企业，是指农村集体经济组织或者农民投资为主，在乡镇（包括所辖村）举办的承担支援农业义务的各类企业。显然，乡镇企业大都以农村为基地、以农产品为原料、以农民为主体，与农业生产、农民生活和农村经济有密切的联系。有许多乡镇企业本身就是从事农产品加工的，要支持他们做大、做强、做优。对于那些不是从事农产品加工的一些涉农乡镇企业，要根据市场需求和他们与农民、农业、农村存在的血肉联系以及已积累的资金和经验，引导他们发展农产品加工业，壮大企业自身的经济实力，为担当龙头企业的角色奠定坚实的基础。

2. 培育和扶持农产品加工企业龙头企业的主要措施

首先，要按照"产权明晰、权责明确、政企分开、管理科学"的现代企业制度要求，将农民合作社兴办的农产品加工企业建设为现代企业制度，将以农产品加工业为主的乡镇企业通过改制、改组、改造为现代企业，并加强企业管理，以提高农产品加工企业的经济效益。其次，支持农产品加工企业技术改造。一方面要通过发展引进先进的农产品加工设备，提高由主产品到副产品、正品到下脚料的综合加工利用程度，增强农产品的精深加工能力；另一方面要大力推广科研院所与农产品加工企业联姻，加快农业科技成果的转换，进一步提高农产品精深加工的技术，以降低生产成本，提高产品质量，使企业不断发展壮大。最后，提高农产品加工企业龙头企业的营销、组织管理能力。农产品加工企业龙头企业的营销、组织管理能力的提高，关键在企业的人才，只有发现、培养、使用一批有胆识、信息多、交际广、懂经营、善管理的营销、组织管理人才，才能发挥农产品加工龙头企业引导农业生产、深化农产品加工、服务生产基地和开拓农产品市场等功能，才能提高农产品加工龙头企业的企业竞争力，才能使农产品加工企业成为真正的农业产业化龙头企业。

二　引导发展主导产业及其商品生产基地

选择主导产业和建设优势农产品生产基地，是农业产业化经营的两个重要环节，是农业产业化经营取得良好经济效益的重要保证。这里的主导产业是指一个地区、一定时期内农业产业体系中技术先进、生产规模大、商品率高、经济效益显著，能够较大幅度地增加农民收入和地方财政收入，并在农业产业结构中占有较大比重，对其他农业产业和整个经济的发展具有很强推动作用的产业。所谓优势农产品生产基地，是指根据市场的需要、各地的资源禀赋和农业产业化经营的要求，由政府、企业、农村集体和农户等共同投资，有规划、有重点地建设的最适合各地区自然条件和社会经济条件的优势农产品专业化区域。显然，优势农产品生产基地是围绕一个地方的主导产业和优势产品建立起来的。

（一）引导发展以粮、棉、油和畜禽业等为重点的主导产业和产品

一般来说，一个地区主导产业和产品的确定需要考量以下五个方面的因素：市场需求导向因素，因为市场经济条件下，产品的市场需求量、市场的占有能力等影响着产业产品的发展壮大；资源禀赋因素，因为农业生产在很大程度上受到土地、光照、气候等资源禀赋条件的限制；经济发展水平，因为经济发展水平较高的地区，就越有条件突破限制农业产业发展的资源禀赋条件；现有的主导产业和产品，因为发展现有的优势产业和产品，投资少，见效快、效益高；国家产业政策，因为符合国家产业政策发展方向的产业和产品，就容易获得国家更多的政策支持。因此，在考虑了上述主要影响因素和兼顾考虑交通、技术等多方面的因素后，要因地制宜地引导和发展以优质水稻、小麦、玉米、大豆、棉花、花生、油料为重点的粮棉油系列产业，确保粮棉油生产稳定增长；发展要以奶牛、肉牛、猪、山羊、禽及特种珍畜禽为重点的畜禽产品产业；发展海洋捕捞、海水养殖和淡水渔业等水产品产业；发展优质苹果、梨、桃、葡萄等果产品系列产业；发展营养、安全的蔬菜系列产业等。其中重中之重要引导发展粮、棉、油和畜禽业等主导产业和产品，因为粮棉油事关13亿多人口的吃饭问题，事关社会的稳定，而发展畜禽业则可以带动种植业、食品加工业的发展，从而推动农业产业一体化发展。

通过发展农民合作社推动主导产业和优势产品形成是一种很好的思路。如发展产加销一体化的农民合作社或者农民销售合作社，这些农民合作社就可以利用自身的专业优势，及时掌握农业生产技术和农产品市场动态，从而能够适时根据市场需求和本地的资源条件组织和指导广大农户生产市场需求、技术含量较高的农产品新品种，形成规模化生产和农产品集中，促进农业产业结构的调整和优化，使一批优势品牌产品和一些支柱产业迅速崛起，最终形成区域性的主导产业和优势产品。

（二）引导建设以粮、棉、油和畜禽业等为重点的商品生产基地

建立具有一定规模的农产品商品基地，是推动农业产业化的一项基础性工作。由于主导产业和产品实际上是农业生产专业化分工的结果，在空间地域上的表现形态就是农业生产的区域化布局，而在农业产业化进程中的表现就是农产品商品生产基地，只不过每个基地生产的农产品更加专一，地域特色更为突出。所以，引导建设以粮棉油和畜禽业等为重点的商品生产基地，就必然是各个地方围绕自己地区的粮、棉、油和畜禽业等主导产业和优势产品进行商品生产基地建设，并在建设发展的过程中实现产业集聚、集群，形成每个商品生产基地集中、专业生产两三种优势产品，形成体现各地农业特色和区域特征的优势产品生产基地。比如，我国著名的商品粮生产基地：三江平原以生产大豆、水稻、玉米为主；珠江三角洲以蚕丝、水稻、甘蔗为主；江汉平原以油菜、芝麻、花生为主；成都平原则以水稻、小麦、棉花和油菜籽为主。还有诸如河北省保定望都的辣椒、安国的中药材、阜平的大枣、曲阳的梨、顺平的苹果、雄县的肉鸡、容城的肉猪等规模相对较小的商品生产基地。

根据我国农产品生产基地地区和部门间分割严重，投资渠道单一、自我发展能力不足，基地规模小、档次低、配套差的特点，农产品生产基地建设的基本思路是：要以市场需求为导向，在对当地自然资源、技术水平、社会经济条件进行综合分析的基础上，围绕当地的主导产业和主导产品，创新组织管理方式，采取诸如农民合作社等适宜的组织方式，集中力量统筹规划主导产品的生产、加工、经营、开发和管理，以提高资源利用效率，生产出更多优质、安全的农产品商品，以满足龙头企业和农业产业化的需要。

三　建立完善农业产业化经营组织模式与运行机制

（一）选择以互助合作为纽带的内生龙头一体化农业产业化经营模式

一个组织要想高效、持续地运转下去，必须找到一个适合的组织模式和良好的机制作为保障。农业产业化经营组织也不例外。按照张学鹏（2011）的观点，可将农业产业化组织模式分为以契约为纽带的契约模式、以资本为纽带的外生龙头一体化模式和以互助合作为纽带的内生龙头一体化模式。而根据宋英杰（2006）的研究，农业产业化经营的运行机制可概括为要遵循一条"风险共担、利益分配"原则，以及利益分配机制、运营约束机制和基本保障机制。经过分析研究，笔者很认同张学鹏的

研究结论：契约模式是以农产品加工企业、运输企业或销售企业等为龙头，通过与生产基地或农户签订合同的方式而形成的融生产、加工、销售为一体的经营模式。契约模式的优势在于降低农业生产和经营的不确定性、降低搜寻市场信息的费用、对土地集中程度和经济发展水平要求不高等，局限性则表现在弱小的农户有可能成为企业转嫁风险的对象、易引发道德风险和逆向选择问题、企业面对众多农户监督成本高昂的问题等。就整体而言，受上述契约模式种种局限性的限制，其不可能成为我国农业产业化的主导模式。外生龙头一体化模式是指通过资本纽带将农业生产中的供、产、销各环节纳入到一个产权独立的决策实体内而形成企业化经营的农业产业化组织模式。外生龙头一体化模式的优势在于降低生产成本、一定程度上可以减少道德风险和逆向选择的发生、抵御市场风险能力较强。局限性则表现在一体化组织垄断程度高又易导致中小农户（农场）破产、模式的适应性较差。一般而言，这种模式只能成为我国部分地区、部分农业行业农业产业化的主要组织模式。

内生龙头一体化模式是指以合作社为龙头，以互助合作为纽带，通过合作社创办加工企业、运输公司、销售公司等组织，维系产加销一体化的各种农业产业化组织模式。虽然内生龙头一体化模式的运行效率与外生龙头一体化模式相比存在一定的差距，但它远远高于契约模式的运行效率，内生龙头一体化模式的优势在于合作社以互助合作为纽带将规模小、素质低、实力弱的分散小农户组织起来，一方面提升农民的素质，另一方面提高农民的组织化程度，实现农业生产的专业化、规模化、标准化，从而降低市场交易费用，提高农民的收益，增强农户的实力。与以资本密集型的专业化大公司为龙头的外生龙头一体化模式相比，以合作社为龙头的内生龙头一体化模式的差距主要体现在技术创新、引进改造设备、农产品标准化、产品质量安全检测、信息化建设以及农产品市场开拓等方面。此外，相对来说，我国内生龙头一体化模式的组建和运作成本也相对较高，加之我国目前有关农村合作经济组织的法律、法规建设仍相对滞后，这种状况导致对农村合作经济组织的财政金融扶持政策不完善，影响该模式的健康发展。但由于内生龙头一体化模式与我国山地显著多于平地、土地的集中度不高、各地区光热水土自然条件分布不均衡、配合不协调的农业自然条件相适应，与手工劳动和机械化劳动并存、一家一户生产的农业生产方式相适应，与家庭承包经营基础上统分结合的双层经营体制这一农业基本经营制度相适应。所以，内生龙头一体化模式在我国广大农村、即使在一些较为落后的地区也是适应的，这种模式的广泛适应性，加上上述它的不错的运行效率和优势，将使得该模式发展成为我国农业产业化的主导组织模式。

（二）实施以农民合作社为主体的农业产业化主导组织模式发展策略

上面的分析告诉我们，以合作社为龙头、以互助合作为纽带的内生龙头一体化模式是我国农业产业化的主导组织模式。所以，建立完善以农民专业合作社为主体的农业产业化经营主导组织模式是推进我国农业产业化的重要举措，特别是要把建立完善农民专业合作社创办农产品加工企业维系产供销一体化作为发展农业产业化的突破口。如前所述，由于我国农民合作社还处于发展过程中，面临诸多挑战。从发展程度看，地区之间、产业之间合作社发展还很不平衡；从合作社内部看，成员覆盖面不广，带动农户能力较弱，经营规模不大，经营水平不高，内部管理还不够规范，缺乏有效的民主管理与监督机制等；从发展外部环境看，有关支持发展的财政、金融、税收扶持政策不完善，协调处理各方利益关系的配套法律、法规不健全等。所以，要建立完善以农民合作社为主体的农业产业化经营主导组织模式，首先，中央各有关部门、地方各级政府要采取积极措施，完善《农民专业合作社法》的配套法规、规章，细化《农民专业合作社法》的有关规定，建立促进农民专业合作社发展的法律支持体系，将合作社发展的数量与质量联系起来，确保合作社运行的效率与效益。其次，建立和完善扶植农民合作社组织发展的政策体系：引导、鼓励、支持合作经济组织发展的产业政策，授信担保贷款、农业政策性贷款等资金政策，对农村合作经济组织减免税的税收政策以及财政贴息或补贴等财政政策。再次，进一步完善农民合作社内部的运行机制：督促健全合作组织成员（代表）大会、董事会、监事会等内部治理结构和民主决策、民主管理制度以及财会、劳动、人事等各项规章制度；本着公平与效率兼顾、经济效益与劳动合作兼顾的原则，完善利益分配机制，实行按交易额分配与按股份分配并举并有所侧重的多元化分配格局；要建立健全政府有关职能部门的社会监督与监事会和农户的内部监督相结合的监督机制。最后，要进一步强化有关合作社组织知识的宣传和培训，引入职业经理人，提高合作社管理水平。要加强对基层干部、合作社管理者和农户的宣传和培训，深化对发展农民专业合作社组织的认识，提高合作社参与者的合作意识与合作能力。

与此同时，通过吸收一些非社员成员进入董事会，引入职业经理人，实行专家管理等办法，以提高合作社管理层的素质，提高合作社管理的整体水平，进而提高合作社的运行效率。

四　充分发挥政府对农业产业化的引导与服务作用

市场经济条件下，实施农业产业化必须充分发挥市场的导向作用，但也不能忽视政府的宏观调控作用。当下，我国社会主义市场经济体制还不完善，发展农业产业化，尤其需要充分发挥政府对农业产业化的引导与服务作用，以确保农业产业化经营的有序、健康、稳定发展。

（一）引导作用

1. 强化农业产业化经营规划的引导作用

政府在农业产业化中的作用首先应该是制定农业产业化经营发展规划。由于我国地域辽阔，各地资源条件、技术经济发展水平和社会发展条件差异很大，政府应从各地的资源、技术、经济和社会条件出发，制定相应的科学的农业产业化发展规划体系，以避免布局雷同、重复发展。从全国、全省范围来讲，要有一个整体的农业产业化发展规划，从各个地方来说，也要制定一个与全国、全省衔接配套的农业产业化发展规划。在农业产业化经营规划中，从是否以农民合作社为主发展农产品加工业龙头企业、是否以发展粮、棉、油和畜禽业作为主导产业和优势产品生产基地以及如何扶持龙头企业建设、发展农民合作社、因地制宜发展多种形式的农业产业化和创造农业产业化发展的外部环境等都应有一个总体的规划和安排。

2. 大力发挥农业产业化政策的引导作用

政府在农业产业化中的另一个很重要的作用就是研究和制定农业产业化的政策，形成能促进农业产业化发展的政策措施，并由此整合政府部门、社会和农民的资源，形成明确的农业产业化运行的目标，规范在农业产业化经营中参与的所有组织和个人的行为，形成农业产业化发展的合力。首先，制定优惠政策，支持农业产业化发展。政府要制定通过贴息、担保、优先贷款等方式为农业产业化提供信贷支持政策；要制定对加盟农业产业一体化的企业给予一定的税收减免的税收扶持政策；制定落实"以工补农"战略的具体措施和增加农业投入的政策，完善国家引导、多方配套、企业为主的投入机制，引导和聚集社会资金，支持农业产业化发展。其次，制定促进农业产业化发展的人才政策。同地方政府长期所热衷的"招商引资"相比,"招才引智"对于农业产业化的可持续发展显然更加重要。几乎可以这么说,拥有发展农业产业化经营相适应的人才,尤其是大量职业农民和具企业家精神的农民企业家人才,是农业产业化运行的根本前提。因此,要围绕农业产业化发展需要高效人才队伍的要求,出台一系列有效政策措施,尽快完善农村教育体系,强化农村义务教育,大力发展农民职业技术教育和农民职业培训,切实提高农民的科学文化素养和职业技能,将农业产业化经营主体农户(农民)培育为职业农民和农民企业家,为发展农业产业化经营培养和造就更多的适用人才。

(二)服务作用

1. 建立完善农业产业一体化管理体制,提高服务能力

农业产业一体化实质就是把与农业生产、加工、销售相关联的第一、第二、第三产业集中起来构建一系列优化的经济组合,目的是实现农产品的保值和增值,提高农业比较利益。可见,农业产业一体化发展涉及第一、第二、第三产业三个产业部门和生产、加工、销售等多种类型企业,是一个复杂的运作系统。农业产业一体化能否顺利发展,取决于各产业部门、各类型企业之间的相互协调、促进。因此,建立适合于农业产业一体化发展的管理体制,包括农用生产资料的生产和供应体制,农产品的生产、储运、加工和综合利用以及农产品的销售体制等,提高政府的管理服务能力是至关重要的。要根据农业主管部门与其他部门职能重复的情况,重新整合管理资源,强化农业主管部门管理农业产业化的职能,尤其需要组成农业产业化协调小组,负责统筹协调工作;根据管理层次过多、基层管理组织分散的情况,明确各级农业主管部门的职权,构建科学合理的中央和地方农业调控体系,促进农业产业化的发展。

2. 强化指导、协调工作,建立农业产业化发展的服务保障体系

农业产业化就是农业产加销一体化,就是实行生产专业化、服务社会化,社会化服务是农业产业化发展的重要一环。可见,农业产业化客观上需要建立覆盖包括农产品生产加工技术、农用生产资料供应和农产品市场需求信息等农业产前、产中和产后部门在内的社会化服务体系,为之提供系列化、专业化、全方位的社会化服务,从而将农业产前、产中和产后各环节服务统一起来,形成综合的生产经营服务体系。而作为政府部门的主要职责就是指导、协调搞好农业产业化社会服务网络的组织建设工作,确保农业产业化社会服务网络功能齐全、运转协调,以便为农业产业化的发

展提供切实可行的服务保障。

3. 加快改革，营造同农业产业化运行相适应的社会环境

首先是市场环境。一方面，要通过深化改革，培育农业产业化发展的市场主体，加快建立和完善统一、开放的农业生产要素市场和农产品销售市场；另一方面，要加大投入，加快农业灌溉、水电、通信、气象、交通、邮电、金融、信息等方面的农业产业化发展所依托的基础设施建设，为农业产业化的发展创造更好的外部条件。其次是法律环境。农业产业化要健康、有序发展，必须有与之配套的一系列法律、法规提供保证。为此，为了促进农业产业化的健康发展，针对我国法律法规体系还不健全的状况，需要政府部门组织力量，调查研究制定、完善诸如农产品市场公平交易法、农民合作经济组织法、土地集中流转法、农业产业促进法等一系列法律法规，以规范农业产业化行为，促进农业产业发展。

第十一章　总结与展望

一　本书的研究结论

本书参考国内外专家学者的相关研究成果，结合我国农业产业发展的实际，尝试将农业产业放在由第一产业、第二产业和第三产业组成的大产业链中进行分析，分别从企业链、供需链、空间链和价值链四个维度探讨农业产业发展的途径，得出了若干个结论，主要表现在以下几个方面：

首先，从企业链维度看，中国农业、工业、服务业产业链上的农业产业链环主体应像工业、服务业链环主体一样，是组织化程度较高的企业。因为只有中国农业产业主体组织化、企业化程度较高，才能与工业、服务业主体平等协作，获得协同效应。这种协同效应一方面可通过提高在农业产业内生产相同农产品的生产环节的组织化程度进行生产协同；另一方面，农业产业向后延伸到服务业和向前延伸到工业产业，强化农业产加销各环节的配合，从而获得协同效应。

其次，从供需链维度看，中国农业、工业、服务业产业链上的服务业与农业、农业与工业各环节互为供需，服务业的产出就是农业的投入，农业的产出就是工业的投入，所以服务业与农业、农业与工业各环节要相互匹配。如果上游服务业与下游农业环节或者上游的农业与下游的工业的接口口径基本一致，这样就可避免上游环节粗、下游环节细或者下游环节粗、上游环节细所带来的生产要素资源的浪费，从而从农业、工业和服务业产业链的内部保证了资源的合理配置和高效。

再次，从空间链维度看，中国农业、工业、服务业产业链上的服务业与农业、农业与工业各环节之间的空间距离应尽量考虑在一个合适的地理区域内，并尽量构建成完整的产业链条。如果中国服务业与农业、农业与工业各环节之间的空间距离较远，或者说没有构建一条农业、工业和服务业的完整的产业链，这样就会增大中国农业、工业和服务业间的交易成本，也不利于中国农业产业集群发展和产生农业产业集群效应。

最后，从价值链维度看，因为产业链是基于农业、工业、服务业各环节相互联系、相互作用并相互制约的产业关联关系，所以，中国农业、工业、服务业产业主体会因产业链条的紧密关联协同所产生的产业关联效应和协同效应而降低产业间的耦合成本，也会因农业、工业、服务业上下游环节之间外部交易内部化而获得交易费用的降低，产业间耦合成本和交易费用降低，将使中国农业、工业、服务业产业链上的包括农业产业在内的链环主体获得更大的利益，从而实现整条产业链条的价值最大化。

二 本书的创新之处

本书尝试着从产业链的企业链、供需链、空间链和价值链四个维度的视角，对我国的农业产业发展进行了宏观层面的分析研究，创新之处在于：

第一，基于农业、工业、服务业组成的大产业链视角，从产业链的企业链、供需链、空间链和价值链四个相互关联的维度出发，通过构建农业产业发展概念模型，首次系统地对中国的农业产业发展进行研究，分析指出中国农业产业发展的本质是发展农业、工业、服务业大产业链，而发展产业链的实质在于发展产业价值链。只有在实现农业、工业、服务业大产业链整体链条价值最大化过程中，中国农业产业自身价值才能获得最大发展。

第二，用比价和比值"剪刀差"方法分别计算分析了中国从1951—2013年年底的工农产品价格"剪刀差"变动状况，并在分析了中国农业产业处于农业、工业、服务业组成的产业链上的低端价值环节的基础上，指出工农产品价格"剪刀差"的存在表明中国农业产业仍处于产业价值链的低端，提出要实现中国农业产业的价值发展，必须彻底消除工农产品价格"剪刀差"，继续推进农业产业一体化发展。

第三，首次从产业链四个维度的视角系统总结了国外农业产业发展的经验及对我国农业产业发展的启示：发展培育适合本国情况的实施规模化、专业化和企业化的农业产业发展市场主体；通过大力发展农业生产社会化服务，促进以农工商联合体或农业合作社等为主体的农业产业一体化发展；注意通过市场手段、政策支持等促进农业产业区域化布局，发展农业产业融合；通过追逐产加销各环节效益最大化，实施农业产业一体化经营以推动实现包括第一、第二、第三产业在内的产加销整条产业链价值的最大化。

三　研究展望

本书虽然在参考国内外专家学者的相关研究成果的基础上，从宏观层面对我国的农业产业发展进行了分析研究，做了一些力所能及的工作，但是，由于笔者能力、时间、篇幅所限，对我国农业产业发展的中观和微观层面的理论研究和实证分析不够深入，特别是对农村第一、第二、第三产业融合互动发展等问题的深入研究方面还做得不够。这也是笔者下一步进行农业产业发展深入研究所必须加以分析和思考的问题。

参 考 文 献

一 中文著作

1. 蔡昉等:《中国农村改革与变迁——30年历程和经验分析》,上海人民出版社2008年版。

2. 曹阳:《当代中国农村微观经济组织形式研究》,中国社会科学出版社2007年版。

3. 陈才、李文华:《世界经济地理》,北京师范大学出版社1999年版。

4. 陈德铭、周三多:《中小企业竞争力研究》,南京大学出版社2003年版。

5. 陈杰峰等:《世界市场经济模式及其最新演进》(上下卷),经济科学出版社2008年版。

6. 陈瑞莲等:《破解城乡二元结构:基于广东的实证分析》,社会科学文献出版社2008年版。

7. 道格拉斯·诺斯、罗伯斯·托马斯:《西方世界的兴起》,华夏出版社1995年版。

8. 范三国:《国外的农业合作组织——以日本为例》,中国社会出版社2006年版。

9. 方天堃、陈仙林:《农业经济管理》,中国农业大学出版社2005年版。

10. 方卫华:《中介组织研究——制度变迁中产权交易机构的案例分析》,社会科学文献出版社2007年版。

11. 傅晨:《中国农村合作经济:组织形式与制度变迁》,中国经济出版社2006年版。

12. 傅夏仙:《农业中介组织的制度变迁与创新》,上海人民出版社2006年版。

13. 高鸿业、刘凤良:《20世纪西方经济学的发展》,商务印书馆2004年版。

14. 高煜：《国内价值链构建中的产业升级机理研究》，中国经济出版社2011年版。

15. 龚禄根：《中国社会中介组织发展研究》，中国经济出版社2005年版。

16. 管鸿禧：《我国中小企业竞争力研究——评价体系、实证比较与提升对策》，中国经济出版社2007年版。

17. 郭海涛：《经济转轨过程中的市场结构与有效竞争——基于中国制造业产业组织演变的实证研究》，中国市场出版社2008年版。

18. 郭红东、张若健：《中国农民专业合作社调查》，浙江大学出版社2010年版。

19. 国家发展和改革委员会产业经济与技术经济研究所：《中国产业发展报告2008》，经济管理出版社2008年版。

20. 国家发展和改革委员会产业经济与技术经济研究所：《中国产业发展报告2010》，经济管理出版社2011年版。

21. 郭剑雄：《农业发展：三部门分析框架》，中国社会科学出版社2008年版。

22. 郭晶等：《世界市场经济模式及其最新演进》（上卷），经济科学出版社2008年版。

23. 胡川：《产业组织演进与产权制度变迁的关联研究》，武汉大学出版社2007年版。

24. 胡剑锋：《中国农业产业组织发展演变的制度分析》，人民出版社2010年版。

25. 胡晓鹏：《中国食品加工业的竞争力与发展出路》，中国经济出版社2005年版。

26. 胡跃高：《农业发展原理》（第2版），中国农业大学出版社2005年版。

27. 黄钢、徐玖平：《农业科技价值链系统创新论》，中国农业科学技术出版社2007年版。

28. 黄建宏：《中国农村经济解难》，中国经济出版社2005年版。

29. 黄蕾：《农民专业合作经济组织发展研究——基于农业产业化经营组织的比较》，江西人民出版社2007年版。

30. 黄泰岩：《中国经济热点前沿》第5辑，经济科学出版社2008年版。

31. 黄泰岩：《国外经济热点前沿》第5辑，经济科学出版社2008年版。

32. 黄泰岩：《中国经济热点前沿》第 6 辑，经济科学出版社 2009 年版。

33. 黄祖辉等：《中国农民合作经济组织发展：理论、实践与政策》，浙江大学出版社 2009 年版。

34. 冯开文、李军：《中国农业经济史纲要》，中国农业大学出版社 2008 年版。

35. 江小涓等：《体制转轨中的增长、绩效与产业组织变化——对中国若干行业的实证研究》，上海人民出版社 1999 年版。

36. 蒋昭侠等：《产业组织问题研究——理论、政策、实践》，中国经济出版社 2007 年版。

37. 孔祥智、陈丹梅等：《统和分的辩证法——福建省集体林权制度改革与合作经济组织发展》，中国人民大学出版社 2008 年版。

38. 李杰义：《农业产业链视角下以工促农的机制研究》，中国经济出版社 2011 年版。

39. 李金华：《中国产业：结构、增长及效益》，清华大学出版社 2007 年版。

40. 李瑞芬：《中国农民专业合作经济组织的实践与发展》，中国农业出版社 2004 年版。

41. 李柱锡：《韩国经济开发论》，上海财经大学出版社 1996 年版。

42. 林毅夫：《经济发展与转型：思潮、战略与自生能力》，北京大学出版社 2008 年版。

43. 林毅夫：《中国经济专题》，北京大学出版社 2008 年版。

44. 林毅夫：《制度、技术与中国农业发展》，上海三联书店、上海人民出版社 2008 年版。

45. 刘明宇：《贫困的制度成因——产业分工与交换的经济学分析》，经济管理出版社 2007 年版。

46. 刘南昌：《强国产业论——产业政策若干理论问题研究》，经济科学出版社 2006 年版。

47. 罗必良：《现代农业发展理论——逻辑线索与创新路径》，中国农业出版社 2009 年版。

48. 毛科军、巩前文：《中国农村改革发展三十年》，山西出版集团、山西经济出版社 2009 年版。

49. 母俊芝：《中国农民合作经济组织的理论与实践》，中国社会出版社

2008 年版。

50. 彭飞：《新经济地理学论纲——原理、方法及应用》，中国言实出版社 2007 年版。

51. 秦富等：《国外农业支持政策》，中国农业出版社 2003 年版。

52. 任佳：《印度工业化进程中产业结构的演变》，商务印书馆 2007 年版。

53. 沈志渔、罗仲伟：《经济全球化与中国产业组织调整》，经济管理出版社 2006 年版。

54. 宋英杰、陈银春：《农业产业化经营概述》，中国社会出版社 2006 年版。

55. 孙杰、余剑：《开放经济条件下中国产业结构调整——基于比较优势和汇率因素的理论考察与计量研究》，经济管理出版社 2007 年版。

56. 隋广军等：《产业演进及其微观基础研究》，经济科学出版社 2007 年版。

57. 谭崇台：《发展经济学》，山西经济出版社 2001 年版。

58. 陶怀颖：《我国农业产业区域集群形成机制与发展战略研究》，中国经济出版社 2010 年版。

59. 王贵宸：《中国农村合作经济史》，山西经济出版社 2006 年版。

60. 王景新：《乡村新型合作经济组织崛起》，中国经济出版社 2005 年版。

61. 王蒲华：《农民合作经济组织的实践与发展——福建实证分析》，中国农业出版社 2006 年版。

62. 王守臣、申龙均：《农村合作经济学概论》，吉林人民出版社 2002 年版。

63. 王新清等：《制度创新与林业发展——福建省集体林权制度改革的经济分析》，中国人民大学出版社 2008 年版。

64. 王玉：《竞争力管理——理论、实践、展望》，上海财经大学出版社 2007 年版。

65. 王振中：《中国农业、农村与农民》，社会科学文献出版社 2006 年版。

66. 魏作磊：《中国服务业发展战略研究》，经济科学出版社 2009 年版。

67. 温铁军：《"三农"问题与制度变迁》，中国经济出版社 2009 年版。

68. 文峰：《制度变迁与中国二元经济结构转换研究》，经济科学出版社 2008 年版。

69. 伍华佳、苏东水：《开放经济条件下中国产业结构的演化研究》，上海财经大学出版社 2007 年版。

70. 向国成、韩绍凤：《小农经济效率分工改进论》，中国经济出版社 2007 年版。

71. 徐金海：《专业化分工与农业产业组织演进》，社会科学文献出版社 2008 年版。

72. 许经勇：《中国农村经济制度变迁六十年研究》，厦门大学出版社 2009 年版。

73. 杨德才：《工业化与农业发展问题研究——以中国台湾为例》，经济科学出版社 2002 年版。

74. 杨蕙馨、王军：《新型工业化与产业组织优化》，经济科学出版社 2005 年版。

75. 杨蕙馨、徐向艺：《开放经济与中国产业组织研究》，商务印书馆 2006 年版。

76. 杨建文、周冯琦：《产业组织：21 世纪理论研究潮流》，学林出版社 2003 年版。

77. 杨云龙：《中国经济结构变化与工业化（1952—2004）》，北京大学出版社 2008 年版。

78. 叶祥松：《新型农村经济组织：农联模式》，上海三联书店 2010 年版。

79. 俞可平等：《农业问题与新农村建设》（第 5 辑），中央编译出版社 2006 年版。

80. 于俊秋：《农牧资源加工型企业发展战略研究》，经济管理出版社 2005 年版。

81. 于立：《产业组织与政府规制》，东北财经大学出版社 2006 年版。

82. 于仁竹、胡继连：《山东蔬菜产业组织问题研究》，中国农业出版社 2007 年版。

83. 袁春新：《农业工业化与农民增收——兼论南通农业的发展构想》，经济管理出版社 2006 年版。

84. 占俊英、方齐云：《中国农村走势——农业产业组织及技术进步与农业剩余劳动力转移》，中国经济出版社 2006 年版。

85. 张建君：《论中国经济转型模式》，中共中央党校出版社 2008 年版。

86. 张培刚：《农业与工业化（上卷）：农业国工业化问题初探》，华中科技大学出版社 2002 年版。

87. 张培刚：《农业与工业化（中下合卷）：农业国工业化问题再论》，华中科技大学出版社 2002 年版。

88. 张学鹏、卢平：《中国农业产业化组织模式研究》，中国社会科学出版社 2011 年版。

89. 张耀辉：《产业组织与规制》，经济科学出版社 2006 年版。

90. 张永丽：《合作与不合作的政治经济学分析——欠发达地区市场化进程中的农民经济组织发展研究》，中国社会科学出版社 2005 年版。

91. 张卓元：《中国经济学 60 年（1949—2009）》，中国社会科学出版社 2009 年版。

92. 张展：《中国市场中介组织的发展研究》，中国经济出版社 2007 年版。

93. 赵继新：《中国农民合作经济组织发展研究》，中国市场出版社 2004 年版。

94. 赵羽翔：《经济学说史研究》，中国社会科学出版社 2004 年版。

95. 中国工业经济学会：《产业组织评论》（第一辑），东北财经大学出版社 2007 年版。

96. 周琳琅：《统筹城乡发展的理论与实践》，中国经济出版社 2005 年版。

97. 周维宏：《农村工业化论——从日本看中国》，中国社会科学出版社 2008 年版。

98. 周镇宏：《1.5 次产业论》，中共中央党校出版社 2003 年版。

99. 周震虹：《中国农业产业化之路——洞庭湖区个案研究》，人民出版社 2006 年版。

100. ［澳］杨小凯、黄有光：《专业化与经济组织——一种新兴古典微观经济学框架》，张玉纲译，经济科学出版社 1999 年版。

101. ［美］奥兹·夏伊：《产业组织理论与应用》，周战强等译，清华大学出版社 2005 年版。

102. ［美］费景汉、古斯塔夫·拉尼斯：《增长和发展：演进观点》，洪银兴、郑江淮等译，商务印书馆 2004 年版。

103. ［英］弗兰克·艾利斯：《农民经济学》（第二版），胡景北译，上海人民出版社 2006 年版。

104. ［英］马丁·利克特：《企业经济学》（第三版），范黎波、宋志宏译，人民出版社 2006 年版。

二 中文论文

1. 安福仁：《中国农业发展的产业化问题研究》，《东北财经大学学报》2006 年第 3 期。

2. 巴志鹏：《建国后我国工农业产品价格"剪刀差"分析》，《临沂师范学院学报》2005 年第 2 期。

3. 毕朱、柳建平：《现代农业的特征及发展途径》，《经济体制改革》2008 年第 3 期。

4. 蔡昉：《"工业反哺农业、城市支持农村"的经济学分析》，《中国农村经济》2006 年第 1 期。

5. 曹娟等：《中国、印度产业发展进程的比较研究》，《西南民族大学学报》（人文社科版）2005 年第 7 期。

6. 曹利群：《现代农业产业体系的内涵与特征》，《宏观经济管理》2007 年第 9 期。

7. 曹献庆、杨萍：《我国农业现代化发展探析》，《当代经济》2008 年第 10 期。

8. 常婕：《借鉴美国现代农业发展经验促进我国农业发展》，《农业经济》2007 年第 1 期。

9. 陈红英、戴孝悌：《新中国农业产业发展演变进程分析》，《农业考古》2015 年第 1 期。

10. 陈历幸、徐澜波：《产业布局法若干基本问题研究》，《南京社会科学》2009 年第 11 期。

11. 陈锡文：《资源配置与中国农村发展》，《中国农村经济》2004 年第 1 期。

12. 陈锡文：《构建新型农业经营体系刻不容缓》，《中国合作经济》2014 年第 1 期。

13. 陈心宇：《中国转型期农业工业化体制问题探讨》，《生产力研究》2006 年第 12 期。

14. 陈耀兴：《以产业融合理念推进现代新城乡建设——兼论无锡实施"一村一品、一村一企"战略》，《江苏农村经济》2007 年第 3 期。

15. 陈正伟、夏波：《中国投入产出表系数变动研究》，《重庆文理学院学报》（自然科学版）2010 年第 4 期。

16. 成新华：《我国农业微观组织模式的比较与选择》，《科学·经济·社会》2006 年第 3 期。

17. 戴小枫等：《发达国家发展现代农业的若干做法》，《中国农学通报》
    2007 年第 4 期。

18. 戴孝悌、陈红英：《美国农业产业发展经验及其启示——基于产业链
    视角》，《生产力研究》2010 年第 12 期。

19. 戴孝悌：《产业链视域中的日本农业产业发展经验及其启示》，《安徽
    农业科学》2010 年第 23 期。

20. 戴孝悌：《我国农业产业发展市场主体选择因素探析》，《安徽农业科
    学》2011 年第 22 期。

21. 戴孝悌：《我国农业产业组织与工业产业组织比较分析》，《发展研
    究》2011 年第 3 期。

22. 戴孝悌：《供需链视域中的我国农业产业发展新理路分析》，《发展研
    究》2011 年第 6 期。

23. 戴孝悌：《新世纪以来我国农业产业发展研究述评》，《黑龙江农业科
    学》2011 年第 12 期。

24. 戴孝悌：《产业空间链视域中的美国农业产业发展经验及其启示》，
    《世界农业》2012 年第 2 期。

25. 戴孝悌：《产业链视域中的法国农业产业发展经验及其启示》，《江苏
    农业科学》2012 年第 4 期。

26. 戴孝悌、陈红英：《中国现代农业产业发展市场主体培育措施初探》，
    《发展研究》2012 年第 12 期。

27. 戴孝悌、陈红英：《职业农民培育理论研究述评》，《安徽农业科学》
    2012 年第 34 期。

28. 戴孝悌：《新中国成立以来工农产品价值交换的历程分析》，《农业考
    古》2013 年第 1 期。

29. 戴孝悌：《新中国成立以来工农产品价格"剪刀差"的变动分析》，
    《南京晓庄学院学报》2013 年第 6 期。

30. 戴孝悌：《中国农业产业空间布局演变进程分析》，《湖北农业科学》
    2013 年第 9 期。

31. 戴孝悌：《产业链视角下的中国农业产业成长机制探析》，《世界农
    业》2013 年第 11 期。

32. 戴孝悌：《中国农业产业空间布局现状、问题及对策分析》，《农业经

济》2013 年第 12 期。

33. 戴孝悌:《新中国成立以来工农产品价格"剪刀差"的变动分析》，《经济史》2014 年第 3 期。

34. 戴孝悌:《产业链视阈中的巴西农业产业发展经验及启示》，《世界农业》2014 年第 12 期。

35. 戴孝悌:《发展产业链:中国农业产业发展新理路》，《农业经济》2015 年第 1 期。

36. 戴孝悌:《中国农业产业价值链现状、问题与对策分析》，《农业经济》2015 年第 9 期。

37. 邓常春:《印度政府对农业的支持及其成效》，《南亚研究季刊》2005 年第 4 期。

38. 丁慧媛:《中国农业产业链主体协调的现状与整合探析》，《经济研究导刊》2009 年第 9 期。

39. 邓勤:《政府农业还是市场农业——解决"三农"问题的一种改革思路》，《理论视野》2003 年第 4 期。

40. 董吾苟等:《试论我国现代农业之现状与发展策略》，《农业装备技术》2008 年第 1 期。

41. 杜吟棠:《农业产业化经营和农民组织创新对农民收入的影响》，《中国农村观察》2005 年第 3 期。

42. 费方域:《团队生产、监控和激励——评阿尔钦和登姆塞茨的古典企业理论》，《外国经济与管理》1995 年第 7 期。

43. 封志明等:《中国耕地资源数量变化的趋势分析与数据重建:1949—2003》，《自然资源学报》2005 年第 1 期。

44. 傅爱民、王国安:《论我国家庭农场的培育机制》，《农场经济管理》2007 年第 1 期。

45. 傅元海:《基于制度视角的我国农业产业组织研究》，《北方经济》2007 年第 9 期。

46. 高贵如、王双进、李健宏:《交易效率视角下农业家庭经营方式创新》，《农村经济》2013 年第 5 期。

47. 高军峰:《反哺农业背景下农业内部产业的结构性互动》，《农村经济》2013 年第 11 期。

48. 龚勤林:《产业链空间分布及其理论阐释》，《生产力研究》2007 年第

16 期。

49. 关付新：《我国现代农业组织创新的制度含义与组织形式》，《山西财经大学学报》2005 年第 3 期。

50. 关付新：《中国现代农业企业组织的形式及演进》，《农业现代化研究》2009 年第 1 期。

51. 韩兆洲：《工农业产品价格"剪刀差"的计量方法研究》，《统计研究》1993 年第 1 期。

52. 韩喜平等：《建国以来党对农业与工业关系的理论认识与政策演进》，《科学社会主义》2009 年第 6 期

53. 胡彬：《我国农业工业化进程探析》，《江西农业学报》2008 年第 5 期。

54. 郭少新：《培育农业分工组织的依据和途径》，《山西师大学报》（社会科学版）2006 年第 6 期。

55. 郭振宗：《我国农业企业化理论与实践模式分析与评价》，《理论学刊》2006 年第 1 期。

56. 郭振宗：《小规模农户与家庭农场：两种家庭经营类型的比较》，《今日科苑》2009 年第 16 期。

57. 何官燕：《农民专业合作组织的问题与对策》，《农村经济》2008 年第 4 期。

58. 何玉霞：《新农村建设背景下农业生产要素的流动性悖论分析》，《齐鲁学刊》2009 年第 4 期。

59. 胡昌暖：《谈谈"剪刀差"和价格总水平问题》，《经济研究》1979 年第 6 期。

60. 胡霞：《日本农业扩大经营规模的经验与启示》，《经济理论与经济管理》2009 年第 3 期。

61. 黄锦明：《我国发展现代农业的对策研究》，《未来与发展》2008 年第 11 期。

62. 黄连贵等：《我国农业产业化发展现状、成效及未来发展思路》，《经济研究参考》2008 年第 31 期。

63. 冯逃、李冬梅、高蜀晋：《农业产业形成及可持续发展的实证分析——基于一个村庄的实践案例》，《农业经济问题》2013 年第 7 期。

64. 冯旭芳、陈克毅：《农业市场化的现状分析》，《山西农经》2008 年第

4 期。

65. 霍学喜：《我国农业产业转换与升级过程的基本特征》，《经济研究参考》2000 年第 5 期。

66. 冀纯堂：《世界农业产业一体化发展的一般规律与经验》，《世界经济》1998 年第 10 期。

67. 贾聪敏等：《从拓展农业功能视角对现代农业发展的思考》，《青岛农业大学学报》（社会科学版）2007 年第 3 期。

68. 贾生华：《知识经济时代农业的产业特征和发展趋势》，《浙江社会科学》2000 年第 1 期。

69. 贾晓峰：《我国三次产业结构的历史演变及发展趋势》，《中国统计》2001 年第 9 期。

70. 江小国、吴凤平：《发展现代农业物流助推新农村建设进程》，《江苏商论》2009 年第 10 期。

71. 靳相木：《试论农业产业组织创新——着重于农业产业化实践的理论解释及比较分析》，《农业技术经济》1998 年第 1 期。

72. 金瑛、韩研：《21 世纪韩国农业机械化的发展趋势》，《当代韩国》2002 年第 1 期。

73. 孔祥智、何安华：《新中国成立 60 年来农民对国家建设的贡献分析》，《教学与研究》2009 年第 9 期。

74. 李德锋：《农业弱质性若干表现及原因分析》，《农村经济》2004 年第 11 期。

75. 黎东升：《我国家庭农场发展的现状与对策》，《福建农业大学学报》（社会科学版）2000 年第 3 期。

76. 黎东升、曾令香：《进一步发展我国家庭农场的思考》，《农业经济》2000 年第 7 期。

77. 李杰义：《农业产业链城乡间延伸的机理及政策建议》，《中州学刊》2009 年第 3 期。

78. 李杰义：《农业产业链视角下的"以工促农"机制的动力模式与路径选择》，《农业经济问题》2010 年第 3 期。

79. 李京文：《浅谈我国产业结构的现状与发展趋势》，《经济改革与发展》1995 年第 9 期。

80. 李仁方：《我国农业产业组织的效率评价》，《商场现代化》2007 年第

13 期。

81. 李卫东：《日本农业发展中的主要矛盾及对我们的启示》，《清江论坛》2007 年第 1 期。

82. 李仙娥、周骏：《关于传统农业向现代农业转变基本理论问题研究》，《陕西农业科学》2007 年第 4 期。

83. 李小健：《农业产业化内涵与机制探讨》，《西北农林科技大学学报》（社会科学版）2002 年第 3 期。

84. 李学兰、汪上：《农业组织化的实现形式：家庭农场》，《安徽科技学院学报》2010 年第 4 期。

85. 梁伟军、易法海：《中国现代农业发展路径的产业融合理论解释》，《江西农业大学学报》（社会科学版）2009 年第 4 期。

86. 梁志刚：《我国发展现代农业的特征及对策研究》，《太原科技》2009 年第 2 期。

87. 廖欣：《"剪刀差"与城乡收入分配》，《数据》2009 年第 6 期。

88. 刘成林：《现代农业产业体系特征及构建途径》，《农业现代化研究》2007 年第 4 期。

89. 刘菲菲：《农业产业链运行特征与意义》，《现代商业》2008 年第 3 期。

90. 刘茂松：《论我国农业产业发展中的制度创新与制度分析》，《湖湘论坛》2004 年第 5 期。

91. 刘茂松：《中国农业工业化理论探索——论中国特色的农业现代化道路》，《湖南农业大学学报》（社会科学版）2007 年第 6 期。

92. 刘敏华等：《发达国家农业现代化规律与启示》，《农业经济》2009 年第 6 期。

93. 刘涛：《中国现代农业产业体系建设：现状、问题及对策》，《当代经济管理》2013 年第 4 期。

94. 刘希宋、陈权利：《"农业产业化"的内涵及特征》，《学术交流》2002 年第 1 期。

95. 刘学文：《国内外优势农业企业发展概述》，《广东农业科学》2006 年第 6 期。

96. 刘铮：《改革开放 30 年中国农业贡献的经济学分析》，《福建论坛》（人文社会科学版）2009 年第 2 期。

97. 罗必良：《农业产业组织：一个解释模型及其实证分析》，《制度经济学研究》2005 年第 1 期。

98. 卢艳、刘明：《我国农业产业分工与价值链延伸——基于微笑曲线理论的分析》，《当代经济》2013 年第 3 期。

99. 马骥：《农业产业化问题初探》，《辽宁经济》2008 年第 1 期。

100. 马培衢：《农民合作经济组织运营绩效的调查与思考》，《河南农业科学》2006 年第 2 期。

101. 马晓河、赵淑芳：《我国产业结构变动趋势及政策建议》，《中国城市经济》2008 年第 11 期。

102. 马晓河：《建国 60 年农村制度变迁及其前景判断》，《改革》2009 年第 10 期。

103. 毛尔炯、祁春节：《国外农业产业链管理及启示》，《安徽农业科学》2005 年第 7 期。

104. 梅付春：《城镇化进程中农业生产要素流动与农业经济可持续发展问题》，《河南农业科学》2005 年第 5 期。

105. 梅士建：《发展农业产业集群推进新农村建设的思考》，《安徽农业科学》2007 年第 17 期。

106. 孟祥林等：《中国农业经济增长中的制度分析》，《江西农业大学学报》（社会科学版）2003 年第 4 期。

107. 孟晓哲：《现代农业产业融合问题及对策研究》，《中国农机化学报》2014 年第 6 期。

108. 莫鸿钧：《巴西农牧业现状及相关政策》，《世界农业》2003 年第 4 期。

109. 倪羌莉等：《城市化进程中的耕地减少问题浅析——以南京市为例》，《资源与产业》2006 年第 2 期。

110. 潘士远、金戈：《发展战略、产业政策与产业结构变迁——中国的经验》，《世界经济文汇》2008 年第 1 期。

111. 秦琴：《我国农业产业化经营中存在的问题及对策探讨》，《商场现代化》2006 年第 21 期。

112. 邱剑锋等：《走新型农业现代化的道路》，《中国农业科技导报》2004 年第 6 期。

113. 邱谊萌：《英国家庭农场的早期实践对我国的启示》，《沈阳航空工业学院学报》2009 年第 6 期。

114. 任伯琪：《基于产业链的农业产业组织成长路径分析》，《企业研究》 2014 年第 4 期。

115. 任伯琪、胡承波：《农业产业组织绩效评价体系建构及实证研究》， 《广东农业科学》2014 年第 7 期。

116. 任义涛：《美国的家庭农场制度与我国的"农场新村"建设》，《经 营管理者》2010 年第 3 期。

117. 宋伟：《以产业集聚改善农业产业结构》，《西安邮电学院学报》 2007 年第 4 期。

118. 孙迪亮：《农村社区合作经济组织对新农村建设的价值、面临的困境 及对策》，《四川经济管理学院学报》2010 年第 2 期。

119. 孙莉苹、龙茜：《我国农业产业化经营中存在的问题及对策探讨》， 《农业科技与信息》2007 年第 7 期。

120. 孙中叶：《农业产业化的路径转换：产业融合与产业集聚》，《经济经 纬》2005 年第 4 期。

121. 孙仲彝：《关于传统农业向现代农业转变的思考》，《上海农村经济》 2002 年第 8 期。

122. 谭建新等：《我国农业产业集群的浅析》，《中国乡镇企业会计》 2008 年第 8 期。

123. 王爱香、霍军：《试论海洋产业布局的含义、特点及演化规律》，《中 国海洋大学学报》（社会科学版）2009 年第 4 期。

124. 王朝全：《农业产业组织创新：动因、目标与路径》，《科技进步与对 策》2003 年第 8 期。

125. 汪登伦：《印度的农业政策及农业现代化成就》，《山东省农业管理干 部学院学报》2007 年第 3 期。

126. 王锋：《构建农业产业化集群发展的长效机制》，《农业经济》2008 年第 8 期。

127. 王国才：《供应链管理与农业产业链关系初探》，《科学学与科学技术 管理》2003 年第 4 期。

128. 王凯：《加强我国农业产业链管理的战略思考》，《科技与经济》 2004 年第 1 期。

129. 王立平等：《农民专业合作经济组织绩效评价研究》，《农村经济》

2008 年第 3 期。

130. 王小叶、刘基林、刘晶：《我国农业产业链的组织关系评价》，《西南农业大学学报》（社会科学版）2013 年第 3 期。

131. 王亚飞、唐爽：《农业产业链纵向分工制度安排的选择》，《重庆大学学报》（社会科学版）2013 年第 3 期。

132. 王嘉康：《浅谈家庭农场的发展》，《上海农村经济》2011 年第 6 期。

133. 王静：《浅析农业产业链构建》，《北方经济》2009 年第 9 期。

134. 王孝春：《我国农业工业化问题浅析》，《税务与经济》2006 年第 6 期。

135. 王香花、张伟婷、苏彩平：《山西省农业产业集群的测度》，《中北大学学报》（社会科学版）2014 年第 6 期。

136. 王学兴：《工业化国家发展现代农业的经验及启示》，《理论学刊》2008 年第 4 期。

137. 王亚飞：《农业产业链管理理论研究综述》，《安徽农业科学》2008 年第 27 期。

138. 王亚静、祁春节：《我国契约农业中龙头企业与农户的博弈分析》，《农业技术经济》2007 年第 5 期。

139. 王艺、王耀球：《构建新型农业产业链》，《中国储运》2004 年第 5 期。

140. 王英姿：《中国现代农业发展要重视舒尔茨模式》，《农业经济问题》2014 年第 2 期。

141. 王岳平：《"十一五"时期我国产业结构变动趋势及政策建议》，《宏观经济研究》2004 年第 3 期。

142. 王昀：《打造农业产业集群：发展现代农业产业的题中应有之义》，《上海农村经济》2006 年第 6 期。

143. 王正国：《日本经济发展对我国的几点启示》，《合肥教育学院学报》2003 年第 1 期。

144. 魏峰：《美国农业的主要特点》，《山东农机化》2003 年第 3 期。

145. 伍国勇、刘烨：《农业生产要素的贡献评价与对策探讨》，《安徽农业科学》2010 年第 8 期。

146. 文富德：《印度农业的全球化对策》，《南亚研究季刊》2005 年第 1 期。

147. 温家宝：《不失时机推进农村综合改革为社会主义新农村建设提供体制保障》，《求是》2006 年第 18 期。

148. 吴研：《中国的农业生产要素禀赋与农产品比较优势》，《中国证券期货》2010 年第 9 期。

149. 邬滋：《产业关联效应分析及产业结构调整的政策建议》，《经济论坛》2004 年第 20 期。

150. 夏显力等：《美国农业发展对加快我国现代农业建设的启示与借鉴》，《农业现代化研究》2007 年第 4 期。

151. 熊德平、冉光和：《农业产业结构调整：制度经济学的解释、定义与建议》，《福建论坛》（经济社会版）2002 年第 10 期。

152. 肖小虹：《农业产业链成长要素研究》，《东北师大学报》（哲学社会科学版）2013 年第 1 期。

153. 谢方、王礼力：《农业产业集群作用于农村市场体系的机理初探》，《商业研究》2008 年第 9 期。

154. 谢特立：《美国农业产业特征与农业推广体系运作、推广目标》，《世界农业》2008 年第 6 期。

155. 许传红：《毛泽东农业基础地位思想及其当代价值探究》，《华中农业大学学报》（社会科学版）2009 年第 5 期。

156. 徐金海：《契约的不完全性对"公司＋农户"农业产业化组织效率影响的经济学分析》，《扬州大学学报》（人文社会科学版）2000 年第 5 期。

157. 徐明峰：《小型农业生产者的问题、困境与出路》，《中国合作经济》2010 年第 11 期。

158. 徐晔、孟亚君：《国外农业产业链管理运作研究及其对我国的启示》，《农业经济》2007 年第 4 期。

159. 徐勇、汪艳：《理顺关系重构机制实现我国工农业平等协调发展》，《改革与理论》1996 年第 6 期。

160. 严瑞珍等：《中国工农业产品价格"剪刀差"的现状、发展趋势及对策》，《经济研究》1990 年第 2 期。

161. 杨国才：《日本农业问题的结构特征分析》，《现代日本经济》2007 年第 3 期。

162. 杨国才：《中日农业问题的比较分析》，《经济社会体制比较》2007

年第 4 期。

163. 杨加猛、张智光：《江苏木材加工产业技术创新的三维路径》，《福建林业科技》2008 年第 1 期。

164. 杨丽、王鹏生：《农业产业集聚：小农经济基础上的规模经济》，《农村经济》2005 年第 7 期。

165. 杨生照、杨非：《浅论构建城乡产业链，促进城乡区域经济统筹发展》，《中国商界》2009 年第 7 期。

166. 姚本安：《我国农业产业组织的典型模式研究》，《中国证券期货》2011 年第 11 期。

167. 姚麒麟：《以家庭农场为依托推进农业现代化》，《农技服务》2009 年第 6 期。

168. 叶少荫：《我国农业功能的转换与构建农业产业新体系》，《福建农林大学学报》（哲学社会科学版）2003 年第 4 期。

169. 雍天荣：《农业产业链的析取、构建模式以及升级路径分析》，《人民论坛》2012 年第 26 期。

170. 余海、陶亚民：《浅析农业产业链管理与提高农业综合生产力》，《安徽农业科学》2005 年第 12 期。

171. 于秋华：《解读斯密和马克思的劳动分工理论》，《大连海事大学学报》（社会科学版）2007 年第 4 期。

172. 于亚文：《我国农业工业化道路探析》，《经济纵横》2006 年第 1 期。

173. 袁春新、周明霞：《培植企业创新科技实现农业工业化》，《贵州农业科学》2007 年第 4 期。

174. 袁秀华：《日本农业供产销一体化经营的经验及其启示》，《河北大学学报》（哲学社会科学版）2000 年第 6 期。

175. 曾福生：《中国现代农业经营模式及其创新的探讨》，《农业经济问题》2011 年第 10 期。

176. 翟慧卿、吕萍：《农业产业链理论研究综述》，《甘肃农业》2010 年第 11 期。

177. 张聪群：《基于产业集群理论的农业产业化障碍与对策》，《上海交通大学学报》（农业科学版）2006 年第 5 期。

178. 张虹：《农业产业化经营面临的主要问题及对策》，《辽宁经济》2005 年第 6 期。

179. 张宏升:《我国农业产业集聚影响因素分析》,《价格月刊》2007 年第 9 期。

180. 张红宇:《中国农业管理体制:问题与前景——相关的国际经验与启示》,《管理世界》2003 年第 7 期。

181. 张红宇:《中国现代农业的制度创新》,《唯实》2008 年第 11 期。

182. 张红宇:《关于我国现代农业发展的定位问题》,《农村经济》2013 年第 9 期。

183. 张会平、孙艳杰:《合理解决农业贷款资金供给和需求的矛盾》,《吉林财税高等专科学校学报》2006 年第 3 期。

184. 张莉芬:《农业产业化发展现状和对策探讨》,《云南农业》2011 年第 1 期。

185. 张利庠、张喜才:《我国现代农业产业链整合研究》,《教学与研究》2007 年第 10 期。

186. 张满园、张学鹏:《基于博弈视角的农业产业链延伸主体选择》,《安徽农业科学》2009 年第 1 期。

187. 张晴:《日本和印度区域农业及对中国农业发展的启示》,《中国农学通报》2006 年第 11 期。

188. 张清:《我国农业产业组织制度的历史考察》,《甘肃农业》1998 年第 4 期。

189. 张廷海:《农业产业集群研究述评》,《内蒙古农业科技》2009 年第 2 期。

190. 张新光:《近代法国小农资本主义的演进道路及其现代转型》,《理论学刊》2009 年第 3 期。

191. 张新光:《关于现代世界农业发展规律的思考》,《经济前沿》2008 年第 6 期。

192. 诸振强:《中国农业市场贡献的思考》,《当代经理人》2006 年第 1 期。

193. 张永丽、姚华:《试论我国市场化进程中的农业产业组织体系创新》,《生产力研究》2005 年第 9 期。

194. 张振华、卫峰:《中韩工业化进程中农业发展的三个比较》,《当代韩国》2007 年第 3 期。

195. 赵华、郑江淮:《从规模效率到环境友好——韩国农业政策调整的轨迹及启示》,《经济理论与经济管理》2007 年第 7 期。

196. 赵树丛、顾江:《农业产业化过程中组织形式的演变》,《现代经济探讨》2003 年第 1 期。

197. 赵万林、董冲:《我国农业产业化组织形式探讨》,《北方经济》2008 年第 4 期。

198. 赵绪福、王雅鹏:《农业产业链、产业化、产业体系的区别与联系》,《农村经济》2004 年第 6 期。

199. 赵玉阁、戴孝悌:《中国农产品流通现状、问题与对策分析》,《物流技术》2015 年第 1 期。

200. 赵予新:《新时期政府与农户的博弈关系分析》,《农业经济》2001 年第 11 期。

201. 郑贵斌:《正确处理一、二、三产业的关系促进产业结构的优化和升级》,《东岳论丛》1996 年第 1 期。

202. 郑文凯:《我国农业产业化现状及政策》,《农村实用工程技术·农业产业化》2004 年第 4 期。

203. 郑小兰:《发展农业产业集群与新农村建设关联性研究》,《价格月刊》2009 年第 11 期。

204. 郑兴耘:《中国宏观农业产业结构的演变趋势》,《农村实用工程技术·农业产业化》2005 年第 6 期。

205. 郑新立:《借鉴韩国"新村运动"经验加快我国新农村建设》,《农村工作通讯》2005 年第 9 期。

206. 郑有贵:《半个世纪中农业对国民经济的贡献》,《古今农业》1999 年第 3 期。

207. 朱博文:《美法日家庭农场发展的经验与启示》,《长江大学学报》(自科版) 2005 年第 5 期。

208. 朱小静、唐国华:《"新一代合作社"的发展及其对中国合作社发展的启示》,《求实》2008 年第 11 期。

209. 朱修国:《日本农协的经验及其启示》,《中国合作经济》2008 年第 6 期。

210. 庄荣盛:《日本农业现代化经验对我国的启示》,《中共中央党校学报》2008 年第 6 期。

211. 周加来、石丽娟:《基于"剪刀差"分析的以工哺农、以城带乡思考》，《安徽广播电视大学学报》2008 年第 1 期。

212. 周新德：《农业产业集群发展的国际经验及启示》，《调研世界》
2008 年第 5 期。

213. 周一珉、李淑梅：《产业链内涵和形成机制述评》，《甘肃省经济管理
干部学院学报》2008 年第 3 期。

214. 左两军、张丽娟：《农产品超市经营对农业产业链的影响分析》，《农
村经济》2003 年第 3 期。

三 英文文献

1. Alan de Brauw, Jikun Huang, The Evolution of China's Rural Labor Markets During the Reforms, *Journal of Comparative Economics*, 2002 (30).

2. Borgen, S. O., *Rethinking Incentives Problems in Cooperative Organizations*, Norwegian Agricultural Economics Research Institute, 2003.

3. Cook, M. L., The Role of Management Behavior in Agricultural Cooperatives, *Journal of Agricultural Cooperatives*, *Journal of Agricultural Cooperation*, 1994 (6).

4. Cook, M. L., The Role of Management Behavior in Agricultural Cooperatives, *Journal of Agricultural Cooperation*, 1994 (9).

5. Cook, M. L., The Future of U. S. Agricultural Cooperatives: A Neo – Institutional Approach, *American Journal of Agricultural Economics*, 1995, 77 (10).

6. Cook, S. Surplus Labor and Productivity in Chinese Agriculture: Evidence from Household Survey Data. *Journal of Development Studies*, 1999 (35).

7. Dai xiaoti, Selection Factors for Market Subjects of Agricultural Industrial Development, *Asian Agricultural Research*, 2012, (3).

8. Ding Lu, Sectoral Factor Reallocation and Productivity Growth: Recent Trends in the Chinese Economy, *Journal of Economic Development*, 2002 (11).

9. Factors conditioning Innovation Agriculture in Mechanical Engineering. March 1995.

10. Fulton, M., The Future of Canadia Agricultural Cooperatives: A Property Rights Approach, *American Journal of Agricultural Economiccs*, 1995, 77 (5).

11. Helmberger, P. G. , Future Roles for Agricultural Cooperatives, *Journal of Farm Economics*, 1996 (48) .

12. Hendrikse, G. W. J. , Screening, Competition and the Choice of the Co-operative as an Organisational Form, *Journal of Agricultural Economics*, 1998, 49 (2) .

13. John W. Goodwin, *Agricultural Price Analysis and Forecasting*, Wiley Press, 1994 (38) .

14. Le Vay, Clare, Some Problems of Agricultural Marketing Co – Operatives Price/Output Determination in Imperfect Competition, *Canadian Journal of Agricultural Economics*, 1983 (31) .

15. Le Vay, Clare, Agricultural Co – operative Theory: A Review, *Journal of Agricultural Economics*, 1983 (34) .

16. Mundlak, Y. , *Agricultural and Economic Growth: Theory and Measurement*. Cambridge: Harvard University Press, 2000.

17. Mundlak, Y. D. F. Larson and R. Butzer, *The Determinants of Agricultural Production: A Gross – Country Analysis*, Working paper, 2002.

18. Rebelo, Sergio, Long – run Policy analysis and Long – run Growth, *The Journal of Political Economy*, 1991, 99 (3) .

19. Sexton, Richard J. , Imperfect Competition in Agricultural Markets and the Role of Cooperatives: A Spatial Analysis, *American Journal of Agricultural Economics*, 1990 (72) .

20. Stevens, Robert D. and Cathy L. Jabara, *Agricultural Development Principles Econpmic Theory and Empirical Evidence*, The Johns Hopkims University Press, 1988.

21. Sexton, R. J. , Cooperatives and Forces Shaping Agricultural Marketing, *American Journal of Agricultural Economics*, 1986, 68 (5) .

22. Shenggen Fan, Xiaobo Zhang, Sherman Robinson, Stuctural Change and Economic Growth in China. *Review of Development Economics*, 2003, 7 (3).

23. Sylvie Demurger, Jeffrey D. Sachs, Wing Thye Woo, Geography, *Economic Policy and Regional Development in China*, Asian Economic Papers 2002.

24. Torgerson, R. E. , Reynolds, B. J. , Gray, T. W. , Evolution of coopera-

tive thought, theory and purpose, *Journal of Cooperatives*, 1998 (13).

25. Tsui, Kai Yuen, Trends and Inequalities of RURAL Welfare in China: Evidence from Rural Households in Guangdong and Sichuan, *Journal of Comparative Economics*, 1998 (26).

26. Wong, Lung – fai, *Agricultural Productivity in the Socialist Counties*, Westview Press, 1986.

27. Yujiro Hayami, Vemoon W. Ruttan, *Agricultural Development*, The Johns Hopkins University Press, 1985.

后　记

本书是在我的博士学位论文的基础上修改而成的，也算了结了我多年来的一桩心愿。

2004 年以来，中央一号文件已连续 12 年聚焦"三农"问题，2015 年中央一号文件更是提出，要把产业链、价值链等现代产业组织方式引入农业，促进第一、第二、第三产业融合互动发展。

记得 7 年前与导师探讨博士论文选题时，导师指出农业产业涉及国民经济第一、第二、第三产业的多个部门，产业链条长、覆盖范围广。农业问题是涉及十几亿人口吃饭的问题，农业问题关系党和国家事业发展全局，始终是经济社会发展的基础。尽管经过 30 年的改革开放，我国农业发展改革已经取得伟大成就，但总体上看，我国农业产业仍处于产业价值链的低端，农业产业链中的初级农产品生产与农产品加工、农产品营销等环节相对割裂，农业产业链还需要进一步延伸和拓宽。因此，从产业链的视角，将农业产业放在由第一、第二、第三产业组成的国民经济大产业链中进行分析，以推进我国农业产业的发展，对于逐步解决我国的"三农"问题，对促进农民增收和城乡经济统筹发展具有重要的理论和现实意义。现在看来当时的选题虽然有点冒险但还是颇具前瞻性的。

农业产业发展是指农业产业总体产业产生、成长的一个不断从低级向高级演进的进化过程。具体来说，就是农业产业主体受价值驱动，根据自身资源状况决定以最低的农业产业发展成本投入，获得价值最大的农业产业产出，以满足市场的各方面的需求。而农业产业价值发展就是要实现包括农业生产、加工、销售等各个链环在内的农业产业链整体价值最大化。因此，从本质上说发展农业产业就是发展农业产业链。

一般认为产业链包含价值链、企业链、供需链和空间链四个维度。由于农业产业链是一条涉及国民经济第一、第二、第三产业多个部门的产业链条，所以，发展企业链提高农业产业组织化程度，完善供需链，有效配置生产要素资源，优化空间链，构建农业与工业、服务业的完整的产业链条，归根结底都是为了实现从农业到工业、服务业的价值传递和增值，努力实现农业、工业、服务业所组成的国民经济大产业链整体价值最大化。可见，中国农业产业发展的核心问题是价值链问题，是如何实现农业、工业、服务业所组成国民经济大产业链价值最大化的问题。

本书研究主题是产业链视域中的中国农业产业发展问题，全书围绕产业链的企业链、供需链、空间链和价值链四个维度，分别对中国农业产业发展主体、农业产业市场体系、农业产业空间布局和农业产业价值发展进行了研究，并提出了要培育现代农业产业发展市场主体，促进农业生产经营集约化、专业化、组织化、社会化；要建立开放、统一、有序的市场体系，促进农业生产要素优化配置，提高农业生产效率；要不断优化农业产业空间布局，促进农业产业集群和第一、第二、第三产业融合发展，增强农业产业竞争力；要大力推进以农民合作社为主体发展农产品加工业的农业产业化经营，实现农业产业链整体价值最大化的对策措施。

感谢南京林业大学为我提供了宝贵的学习机会。在这不算短的时间里，我在经济管理学院全面、系统地学习了有关经济、管理方面的新知识，也在思考、解决问题和科研能力方面取得了长足的进步，而且结识了不少良师益友，所有这一切使我受益终身。在此，谨向关心和教导过我的所有老师表示崇高的敬意！

特别要感谢恩师张晓辛教授。对于一个缺乏科研训练的我来说，恩师手把手地教我怎样选题，又三番五次地帮我修改论文开题报告，在论文的撰写、修改的过程中，从论文的结构、内容到文字和标点符号，恩师始终给予我悉心指导。此外，恩师还经常在生活上给予我无微不至的关怀，常常教育我怎样为人。恩师渊博的知识、严谨的治学作风、孜孜不倦的工作精神、正直善良的品格，将成为我学习的楷模。

还要特别感谢张智光教授、沈文星教授、沈杰教授、蔡志坚教授、许向阳教授在论文开题中给予的宝贵建议，特别感谢所有参与论文评阅和论文答辩的老师们，没有她们的支持、帮助，我不可能完成此文。衷心谢谢她们！

衷心感谢所有帮助过我的同学们、朋友们，向他们为我顺利完成论文所提供的大量帮助致以诚挚的谢意！

借此机会，我要深深感谢我的父母，是他们无尽的关心、爱护、支持和帮助激励着我不断进取以顺利完成学业。

当然还要感谢我的妻子陈红英博士和女儿戴宁馨小姐,是她们工作上、学习上取得的巨大成就鞭策着我完成了论文和学业。

在论文的写作过程中,曾参考了大量学者的论文和专著,在此一并表示谢意!

最后,还要特别感谢中国社会科学出版社的李庆红编辑,正是她的辛勤劳动和对待工作一丝不苟的态度才使这部书稿得以出版。

导师的教诲、同学的友谊、朋友的帮助、亲情的关怀,才使我终于写下了"后记"二字,没有如释重负的感觉,只是觉得沉甸甸的分量,毕竟从管理学的角度来看,将自己这些年来所得的与自己的研究成果相比较,内疚之余感到奉献和回报的责任重大。在未来的日子里,吾将上下而求索,以回报导师的教诲、同学的友谊、朋友的帮助、亲情的关怀。

谨以此书献给我的师长、父母和妻女。

戴孝悌

2015 年 7 月 16 日于南京